VIE

DE LA MÈRE

ÉLISABETH GIRAUD

FONDATRICE DES SŒURS DU SAINT ROSAIRE

AVEC DES LETTRES APPROBATIVES

De Mgr l'Archevêque de Besançon et de NN. SS. les Évêques
d'Orléans et de Grenoble

PAR

A.-M. de FRANCLIEU

NOUVELLE ÉDITION

REVUE, AUGMENTÉE ET ENRICHIE D'UNE LETTRE

Adressée à l'Auteur

AU NOM DU SOUVERAIN PONTIFE

Fortem virili pectore
Laudemus omnes feminam.

Célébrons cette femme au
cœur viril et fort.

(Hym. du Brév. romain.)

PARIS

JULES VIC, ÉDITEUR

RUE CASSETTE, 23

1879

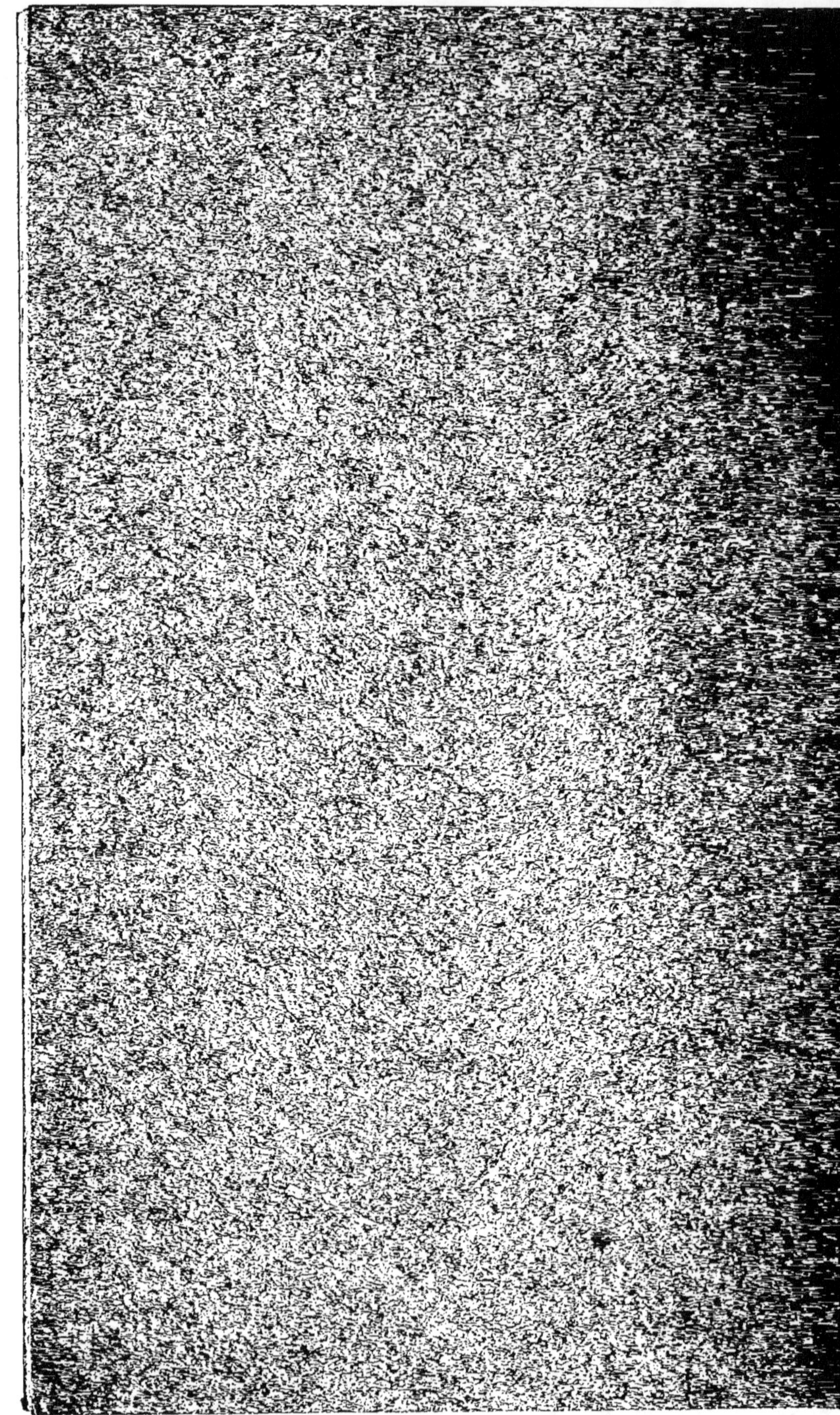

VIE

DE LA MÈRE

ÉLISABETH GIRAUD

VIE

DE LA MÈRE

ÉLISABETH GIRAUD

FONDATRICE DES SŒURS DU SAINT ROSAIRE

AVEC DES LETTRES APPROBATIVES

De Mgr l'Archevêque de Besançon et de NN. SS. les Évêques d'Orléans et de Grenoble

PAR

A.-M. de FRANCLIEU

NOUVELLE ÉDITION

REVUE, AUGMENTÉE ET ENRICHIE D'UNE LETTRE

Adressée à l'Auteur

AU NOM DU SOUVERAIN PONTIFE

Fortem virili pectore
Laudemus omnes feminam.

Célébrons cette femme au
cœur viril et fort.

(*Hym. du Brév. romain.*)

PARIS

JULES VIC, ÉDITEUR

RUE CASSETTE, 23

1879

BOURG, IMPRIMERIE J.-M. VILLEFRANCHE, PLACE DARMES, 1

LETTRE

ADRESSÉE A L'AUTEUR

AU NOM DU SOUVERAIN PONTIFE

———

Très-noble Demoiselle,

Notre Saint-Père le Pape Pie IX, à qui j'ai offert votre travail relatif à la vie de la servante de Dieu Elisabeth Giraud, fondatrice des sœurs du Rosaire, a été très-heureux d'apprendre avec quelle piété, quelle exactitude, quelle fidélité vous avez raconté les œuvres de cette vierge simple, humble et sans lettres, dont Dieu, qui converse avec les simples, et qui confond l'orgueil du monde par l'humilité, a cultivé l'âme, l'a perfectionnée et conduite comme par la main, de telle sorte que, sans l'avoir désiré ni prévu, elle est devenue l'institutrice et la mère d'une nouvelle famille religieuse. Tous vos lecteurs pourront profiter de ces exemples, particulièrement opportuns dans les circonstances où nous vivons. Car les vertus qu'elle a pratiquées montreront à tous combien cette humilité et cette obéissance si odieuses à notre siècle peuvent enfanter de merveilles; combien la charité chrétienne, même dénuée de tout ce qui est nécessaire à la vie, peut trouver de ressources pour soulager le prochain, et ce qu'il faut penser des haines, des mépris, des persécutions par lesquelles ceux-là mêmes qui se proclament les amis du peuple poursuivent les congrégations religieuses afin de les disperser et de les anéantir. C'est pourquoi Sa Sainteté, qui loue et recommande votre travail, a reçu avec joie le volume offert en votre nom, et m'a chargé de vous transmettre, ainsi qu'aux filles d'Elisabeth Giraud, la bénédiction apostolique que vous avez demandée.

Je suis d'autant plus heureux d'accomplir cet ordre, qu'il me fournit l'occasion de vous féliciter bien sincèrement, et de la piété qui vous a fait entreprendre cet ouvrage, et du talent simple et vrai avec lequel vous l'avez écrit.

Recevez les sentiments de respect que je vous offre, en demandant à Dieu pour vous toutes les prospérités.

Votre dévoué serviteur,

François Mercurelli,
Secrétaire de S. S.
Pour les lettres aux Princes.

Rome, 15 novembre 1877.

LETTRE

ADRESSÉE A L'AUTEUR

PAR MONSEIGNEUR PAULINIER

ARCHEVÊQUE DE BESANÇON

Besançon, le 2 février 1876.

MA BIEN CHÈRE FILLE,

J'ai lu avec le plus vif intérêt les pages que vous avez consacrées à la mémoire de la mère Elisabeth Giraud. Vous me demandez ma pensée sur cette sainte femme que j'ai eu le bonheur de connaître pendant mon séjour dans mon premier diocèse, et sur la convenance de la publication de votre œuvre, à laquelle votre modestie voudrait se soustraire, malgré les pressantes sollicitations dont vous êtes entourée. Je n'hésite pas à répondre à votre confiance, trop heureux d'évoquer un des meilleurs et des plus édifiants souvenirs de ma vie en causant avec vous d'une âme d'élite.

C'est la grâce de Dieu, ma chère fille, qui fait les saints, et nos grands docteurs chrétiens ont souvent comparé la grâce à la lumière. Or, la lumière ne projette pas sur tous les objets les mêmes reflets. Voyez les fleurs de votre jardin de Long-pra, que le soleil fait éclore : chacune d'elles a sa nuance. Variées à l'infini par la forme de la corolle ou par le parfum qu'exhale leur calice, elles ne diffèrent pas moins par le coloris et l'éclat. Ainsi, dans le jardin mystique que l'on appelle l'Eglise, les fleurs, c'est-à-dire les saints que Notre-Seigneur Jésus-Christ, le vrai soleil, fait germer, ont toutes un caractère spécial, et elles font reluire dans leur ensemble *la variété des richesses du ciel*, qui, selon la parole de David, *forment autour de la Reine* des saints *une brillante couronne.*

II.

Quel a été le trait distinctif de l'humble fondatrice de la *Congrégation des Sœurs du Rosaire?*

Je n'exagère rien en disant qu'elle sut joindre à l'énergie de volonté de la séraphique Thérèse quelque chose de la douceur de saint François de Sales et de la simplicité de saint Vincent de Paul; mais je ne crains pas d'ajouter que la vertu de Dieu se manifesta rarement d'une manière plus sensible dans une âme.

La grâce, vous le savez, ne détruit pas la nature; elle opère sur elle, elle l'épure, elle la perfectionne, et quand la nature est riche et belle, l'action de la grâce est moins visible, surtout pour les esprits peu réfléchis. Ainsi l'éducation première de la réformatrice du Carmel, le milieu dans lequel elle vécut, l'élévation naturelle de son intelligence et la richesse de son imagination ne suffisent pas, il est vrai, à expliquer la sublimité de sa doctrine et la fécondité de ses œuvres, mais, en lisant ses livres ou l'histoire de ses fondations, on sent l'action de la femme supérieure s'unissant à celle de Dieu.

Dans la vie de la mère Elisabeth Giraud, Dieu seul se révèle : il agit sans se servir d'aucun élément étranger; le travail qu'il accomplit dans cette âme n'a rien d'humain, et en étudiant les opérations de sa grâce, on comprend une fois de plus cette parole de saint Paul que, pour confondre l'orgueil de notre sagesse, Dieu se plaît à choisir quelquefois les instruments les plus infimes et les plus dédaignés.

Simple fille des champs, issue d'une famille pauvre, réduite de bonne heure à mendier son pain, privée du modeste enseignement de l'école de village, elle n'avait pas même appris dès son enfance à épeler l'alphabet, et pourtant elle est arrivée insensiblement et comme sans effort à une hauteur de pensée, à une puissance de conception, à une science pratique, disons-le, à une énergie et une limpidité de langage que rien d'humain ne saurait expliquer. Sans y être préparée par l'éducation, sans le secours d'aucun livre, grâce à l'union la plus intime avec Notre-Seigneur, elle s'est initiée aux secrets de la théologie mystique. Les profondeurs de la vie religieuse n'ont eu pour elle aucune obscurité; une douce lumière émanée sans doute du cœur adorable de Jésus, a illuminé son intelligence, et l'on eût dit qu'elle sentait, qu'elle touchait, qu'elle voyait les choses de Dieu, tant elle en parlait avec une aisance pleine de charme. Combien de fois j'ai admiré, en l'écoutant, cette transfiguration surnaturelle dont sa simplicité native faisait ressortir encore l'éclat.

Je n'oublierai jamais une conversation intime que j'eus un jour avec elle touchant les Constitutions qu'elle avait données aux *Sœurs du Rosaire*. Je lui demandais si, avant de réaliser cette œuvre, elle avait connu les règles de quelques-unes de nos familles religieuses. Elle m'avoua simplement qu'elle n'en avait jamais entendu parler. Et comme j'insistais pour avoir quelques détails sur la formation de sa communauté, elle me fit cette réponse empreinte d'une grâce charmante et qui est restée gravée dans mon souvenir : « Lorsque, me dit-elle, je conçus le projet, avec quelques compagnes ignorantes comme moi, de mettre notre travail en commun en faveur des pauvres, — car nous n'avions pas alors d'autre but, — il nous sembla que plus le travail serait long, plus aussi notre vie serait utile. La pensée ne me vint donc pas d'assigner une heure au lever du matin ; nous convînmes ensemble que dès qu'une de nous s'éveillerait de son premier sommeil, elle donnerait le signal par une invocation pieuse, et que, après avoir prié, nous nous hâterions de prendre nos quenouilles. Or, notre petite lampe fumeuse ne s'éteignait que bien avant dans la soirée, et nos fuseaux ne cessaient de tourner que quand l'accablement du travail du jour venait fermer nos paupières. La lassitude n'empêchait pas pourtant toujours l'insomnie, et il arrivait plus d'une fois à une de nous de s'éveiller au bout de quelques heures et de rappeler ses sœurs au travail. Je m'aperçus que nos forces seraient bien vite épuisées avec un régime semblable, et je compris la nécessité d'assigner au repos un nombre d'heures réglé. J'agis ainsi, continua-t-elle, pour tous les autres points de la règle. Chaque chose arrivait à son temps. Peu à peu le grain jeté dans le sillon devint un modeste arbrisseau ; il est vrai que le bon Dieu était là pour l'arroser et le faire grandir. »

La sainte femme avait raison. Dieu était avec elle ; il l'éclairait de son esprit, il la revêtait de sa force, il inspirait ses résolutions, il dirigeait ses démarches, et on ne peut expliquer autrement la sagesse éminemment pratique qui distingue les règles des *Sœurs du Rosaire* et qui, préparant pour les pauvres enfants des montagnes des mères dévouées, ne les empêche pas de s'élever par la simplicité du cœur jusqu'aux sublimes hauteurs de la vie intérieure.

Je vous félicite, ma bien chère fille, d'avoir compris et mis en relief ce côté surnaturel de la vie de la mère Elisabeth. Sa pure et douce figure revit admirablement dans votre récit; vous avez saisi sa physionomie véritable, aucun de ses traits caractéristiques n'est altéré, et si, malgré vos efforts et la pureté de votre palette, le portrait reste au-dessous de la réalité, c'est la conséquence de l'infirmité humaine. Humilions-nous en devant Dieu! Pour peindre la beauté d'une âme déifiée par la grâce, le pinceau le plus délicat ne trouvera jamais d'assez suaves couleurs.

Une des choses que j'aime le plus dans votre livre, c'est l'attention presque filiale avec laquelle vous avez cherché à conserver les paroles de la sainte femme dans l'intimité de qui vous avez vécu.

On a eu naguère l'heureuse idée de recueillir dans les lettres de Mme Barat, les pensées, maximes, aspirations tombées de sa plume ou plutôt échappées du trop-plein de son cœur, et ce charmant opuscule est devenu la révélation la plus complète de l'âme de la célèbre fondatrice du *Sacré-Cœur*. La mère Elisabeth Giraud n'a rien écrit—elle n'avait réussi, après de grands efforts, qu'à tracer d'une main mal assurée sa signature — mais elle a parlé, elle a donné de courtes instructions à ses novices pour leur communiquer son esprit ; elle a conversé avec elles ou avec les visiteurs de sa maison dans des épanchements familiers ; vous avez vous-même reçu ses confidences, et son langage reflétait toujours, avec les infinies délicatesses et les amabilités de son cœur, les ardeurs de sa foi et de sa charité. Vous avez été sagement inspirée en recueillant, dans vos souvenirs ou dans celui de ses filles, ces simples et pieux élans. C'est la partie la plus belle et la plus intéressante de votre livre, où les faits ne tiennent pas une grande place, mais que vous auriez pu intituler : *L'histoire d'une Ame.*

Vous comprenez, ma chère fille, la conclusion que j'ai hâte de tirer, dussé-je contrister votre modestie et effrayer votre timidité naturelle, qui m'est bien connue: c'est pour vous un devoir de publier ce livre. S'il n'est pas permis, selon la recommandation du Sauveur, de cacher sous le boisseau une lumière que Dieu lui-même a allumée, pourquoi ne pas manifester ce miracle de la grâce qui s'est révélé dans ses derniers temps? Au milieu du naturalisme qui nous dévore, il importe de montrer au monde que la sève du vrai christianisme n'est pas encore affaiblie et qu'elle peut toujours produire des saints.

Les simples habitants de vos campagnes qui ont vécu avec la mère Elisabeth, tous ceux qui ont entendu parler d'elle et qui l'ont aimée ne liront pas sans émotion le récit touchant de ses œuvres. Les traditions de votre histoire locale, mêlées avec art à ce récit, intéresseront leur curiosité et leur affection pour le clocher de leur église; ils y trouveront avec plaisir les noms de quelques prêtres longtemps vénérés et surtout celui d'un saint religieux, qui, du fond de son humble cellule de la Grande-Chartreuse, fut, comme tous les fils de saint Bruno, la Providence des pauvres. Les *Sœurs du Rosaire*, méditant les actes et les paroles d'une mère bien-aimée, se pénétreront mieux de son esprit, et votre beau travail recevra la plus douce récompense, la seule qu'ambitionne votre piété : vous ferez du bien à de pauvres âmes en leur inspirant le désir d'être saintes comme la vénérable mère Elisabeth.

Adieu, ma bien chère fille, recevez avec mes bénédictions paternelles l'assurance de mon affectueux dévouement.

              † JUSTIN, *Arch. de Besançon.*

LETTRE

ADRESSÉE A L'AUTEUR

PAR MONSEIGNEUR DUPANLOUP

ÉVÊQUE D'ORLÉANS

Viroflay, le 17 décembre 1876.

MON ENFANT,

Je viens d'achever votre pieux volume : j'en ai été profondément touché et édifié.

Ce sont là vraiment de fortes vertus, et ce que j'y admire le plus, c'est l'esprit d'humilité.

Je fais des vœux pour que les filles de cette sainte mère Elisabeth soient par-dessus tout douces et humbles de cœur.

Et pour vous, mon enfant, je vous

xx

estime heureuse d'avoir été appelée par le bon Dieu à écrire cette admirable vie.

Je vous bénis bien paternellement en Notre-Seigneur.

† F., *Év. d'Orléans*.

LETTRE

ADRESSÉE A L'AUTEUR.

PAR Mgr L'ÉVÊQUE DE GRENOBLE

Grenoble, le 17 décembre 1877.

MADEMOISELLE,

J'ai lu votre pieux ouvrage : *la Mère Elisabeth Giraud,* déjà approuvé par mon vénérable prédécesseur.

En le lisant, je me rappelais ces paroles de saint Paul aux Corinthiens : *C'est un seul et même Esprit qui opère toutes ces choses, distribuant à chacun ses dons comme il le veut* (1).

Par ce divin Esprit, la pauvre Elisabeth, comme vous l'avez montré, a été enrichie de dons célestes et de vertus

____

(1) I Cor. XII.

héroïques ; par lui, cette ignorante a été éclairée, au point d'être elle-même un foyer de lumière ; par lui, cette simple femme du peuple est devenue la fondatrice d'une congrégation religieuse pleine de zèle et d'avenir.

N'est-ce pas aussi l'Esprit-Saint qui animait M. l'abbé Cathiard, si digne de diriger l'âme d'Elisabeth et de veiller sur le berceau de sa congrégation naissante ? Souvent ce divin Esprit laisse à ceux dont il se sert leurs faiblesses, afin qu'ils aient à s'humilier au milieu de leurs succès. N'importe : M. Cathiard fait bonne figure à côté de votre héroïne. Ces deux portraits que vous avez tracés avec amour, ainsi que les autres qui apparaissent dans votre ouvrage, intéressent autant qu'ils édifient.

Permettez-moi, Mademoiselle, de vous exprimer un regret : c'est que votre timidité, affirmée par Mgr Paulinier, semble avoir arrêté plus d'une fois votre élan. Ne permettez pas à cette trop grande modestie de nous priver des accents que votre amour de la vérité nous ferait entendre sans elle. Si vous craignez qu'on vous loue, souvenez-vous des paroles que j'ai citées : « C'est l'Esprit qui opère ces choses »; et puis vous rapporterez la gloire à Dieu, comme le faisait si bien votre Elisabeth mourante, quand, auprès d'elle, une voix disait : « C'est une sainte! » Apprenons d'elle à le devenir.

Recevez, Mademoiselle, ma paternelle bénédiction pour votre personne, pour votre ouvrage et tous ceux qui sont sortis ou sortiront à l'avenir de votre cœur.

† Amand-Joseph, *Ev. de Grenoble.*

VIE

DE LA MÈRE

ÉLISABETH GIRAUD

CHAPITRE PREMIER

Naissance d'Elisabeth.

1797

> « Dieu est la vie, et il peut la
> donner. »
> SAINTE THÉRÈSE.

En suivant le cours du Guiers, ce torrent si rapide et si pittoresque qui servit longtemps de frontière à la France et à la Savoie, on rencontre, entre deux chaînes de collines, une petite ville toute pleine de lumière et d'activité. Les anciens la connaissaient, dit-on, sous le nom de Labisco, les modernes l'ont appelée le Pont-de-Beauvoisin, sans doute depuis l'époque où François 1er, allant en Italie, réunit par un pont d'une seule arche les deux rives du torrent. Quant aux habitants du pays, ils la nomment simplement Le Pont.

Outre la grande route d'Italie, divers chemins continuent en tous sens ses rues étroites : après avoir franchi la limite des maisons et des jardins, ils s'engagent entre des clôtures touffues, franchissent les ruisseaux, et s'en vont de prairie en prairie, reliant les maisonnettes éparses çà et là, jusqu'aux villages dont on aperçoit au loin les clochers dans la verdure des collines.

Il y a quatre-vingts ans, sur le bord d'un de ces chemins, le plus montueux peut-être, qui conduisait à Pressins en traversant le petit hameau des Brosses, s'élevait une chaumière assez spacieuse. Des arbres fruitiers entrelaçaient leurs branches au-dessus de la porte; une citerne rustique avait été construite à quelques pas, et sur ses pierres disjointes croissaient des herbes et des mousses. La petite cour qui l'entourait était ouverte à tout venant; chaque matin, dès qu'apparaissait le soleil, on la remplissait de vases de toutes les formes, qu'on enlevait le soir afin de les abriter contre la rosée ou la pluie; car cette chaumière était tout à la fois l'atelier et la demeure du potier Claude Giraud. Elle était fort connue dans le pays, à cause surtout de la femme du potier, Benoîte Burtin, qui était renommée pour son adresse à remettre les membres.

L'aîné de leurs enfants s'appelait Claude. Le second était une fille, on la nommait Marguerite.. Le troisième vint au monde sans donner aucun signe de vie. Benoîte Burtin, toute en larmes, ne voulant pas que son enfant mourût sans baptême,

le voua à Notre-Dame de Pigneux (1), et le potier
non moins triste, prenant entre ses mains cette
petite créature glacée déjà par la mort, la tint deux
heures sur sa bouche entr'ouverte, afin que sa
respiration forçât le mouvement de la vie à se rétablir dans ce corps si frêle. Prières et désirs furent
exaucés : l'enfant laissa échapper un soupir, on
le baptisa et il mourut.

Deux ans après, le 27 thermidor de l'an V de la
République (14 août 1797), naquit Elisabeth Giraud, dont nous avons à raconter la vie. Elle fut
ondoyée auprès du lit de sa mère et présentée le
lendemain à l'adjoint de la commune, afin qu'on
l'inscrivît sur les registres de l'état civil (2). Quant
aux cérémonies du baptême, on dut attendre, pour
les accomplir, un jour et une heue qui n'offrissent
pas de trop grands dangers : car le vent de la
Révolution avait passé sur cette colline solitaire
comme sur les cités populeuses; non-seulement la
France avait perdu son roi sur l'échafaud, mais
les autels aussi avaient perdu leurs prêtres et jusqu'à leur Dieu.

Un instant, en 1795 et en 1796, on put croire
dans les pauvres demeures du Dauphiné et de la

(1) Pèlerinage situé près de Saint-Genix-d'Aoste, où l'on
porte les petits enfants malades et où les jeunes femmes vont
en demander à Dieu. La Sainte-Vierge y est invoquée sous le
nom de Joie du ciel.

(2) Voir l'extrait de naissance de la mère Elisabeth, Note I.

Savoie que des jours plus heureux allaient revenir (1). Quelques prêtres exilés, parmi lesquels les
habitants du Pont-de-Beauvoisin reconnurent
M. Pravaz, leur curé, et M. Blain, son vicaire (2),
reprirent courageusement un ministère toujours
entouré de périls. Toutes les nuits, ils arrivaient, à
la faveur des ténèbres, dans la grange isolée de
Bétrix (3), ou dans celle qu'ils avaient désignée
aux fidèles, à Pressins, pour confesser, instruire,
baptiser et célébrer la messe.

Claude Giraud, du seuil de sa maison, devait
souvent apercevoir l'un des pieux confesseurs,
allant à ce dernier refuge ; peut-être lui donnait-il
asile, quand il était fatigué du chemin ou qu'il se

(1) L'espérance qu'ils apportaient devait être bien fugitive ;
car, le 18 fructidor 1797, un décret parut qui remettait en vigueur toutes les lois les plus rigoureuses de 1793. Par ce
décret, le Directoire était investi des pouvoirs les plus arbi-
traires : tout prêtre surpris dans l'exercice de ses fonctions
devait être déporté, et aucun ecclésiastique ne pouvait séjourner
sur le territoire français sans avoir juré haine à la royauté et
attachement à la Constitution. « Les officiers publics chargés
de faire exécuter ces ordres tombaient eux-mêmes sous les
coups de la loi, et devenaient passibles de deux années de fers,
s'ils manquaient à leur cruel mandat. » — Décret du 18 fructidor an V, art. 13, 19, 24, 25, 26.
(2) Note II.
(3) Le nom de cette grange qui n'existe plus aujourd'hui,
était resté en vénération dans la mémoire des vieillards de la
contrée. Le frère du maréchal Dode se souvenait d'y avoir fait
sa première communion.

trouvait poursuivi de trop près (1); peut-être aussi, pendant une de ces haltes forcées, le prêtre fugitif avait-il donné sa bénédiction au berceau d'Elisabeth. On aime, dans l'incertitude des premières heures d'une telle vie, à trouver l'origine de ces élans de cœur, de ces ardeurs de foi, qui, plus tard, mériteront l'admiration des hommes.

Lorsqu'Elisabeth fut âgée de trois mois, Claude Giraud et Benoîte Burtin, profitant d'une longue et froide nuit de novembre, quittèrent sans bruit leur demeure, prirent le sentier qui conduisait à Domessin, et vinrent frapper mystérieusement à la porte de la grange qu'avait désignée M. Pravaz. M. Blain préparait l'humble tabernacle ; en apercevant l'enfant dans les bras de sa jeune mère, il comprit ce qu'on désirait pour elle, demanda quel nom on voulait lui donner, et commença à l'instant la cérémonie sainte. Claude Giraud et Benoîte

(1) On pourrait croire que nous nous trompons en dépeignant les tristes précautions dont le culte catholique s'entourait en 1797. Nous sommes dans la vérité. Pour les fidèles et les prêtres du Pont-de-Beauvoisin, cette année fut une des plus rudes de la Révolution : « L'année 1793 a été en Savoie, dit Mgr Billiet, dans ses *Mémoires pour servir à l'histoire ecclésiastique du diocèse de Chambéry*, l'année de l'émigration du clergé; 1794 a été l'année du serment d'Albitte et de la dévastation générale des églises; pendant les années 1795 et 1796, la persécution a été mitigée; 1797, 1798, 1799, ont été les années de la déportation. Les mesures les plus rigoureuses furent, pendant ces années, appliquées avec fureur. » Chap. XVII, p. 286.

Burtin répondirent pour leur propre fille, récitèrent le *Credo* en son nom, à la flamme pâle et vacillante d'une petite lampe, unique symbole d'une foi qui devait être un jour si pleine de vie et de clarté.

Emportant avec eux la nouvelle chrétienne, Claude et Benoîte s'agenouillèrent à l'écart pour assister à ce sacrifice de la messe que les basiliques de nos villes ne voyaient plus offrir. Quelques pâtres, quelques laboureurs étaient là, adorant le Dieu qui descendait dans la grange à demi-ruinée de Domessin, comme naguère dans l'étable abandonnée de Bethléem. Cette nuit-là était une fête pour l'humble sanctuaire : plusieurs enfants y faisaient leur première communion. Mais pas un hymne, pas un cantique ne s'échappa de leurs lèvres : il eût été dangereux d'éveiller les tristes échos de ces solitudes.

Après la messe, M. Blain cacha dans un linge plusieurs hosties consacrées, et seul, un bâton à la main, sous un habit emprunté, il alla frapper à la porte de quelques maisons où il y avait des malades : heureux était le courageux confesseur, lorsque la mort n'arrivait pas avant lui.

Quant à Claude et à Benoîte, ils se retirèrent dans le silence de la nuit, avec leur enfant dans leurs bras. Aucune cloche ne s'ébranla pour fêter la nouvelle chrétienne ; aucun enfant de chœur ne l'accompagna jusqu'à sa maison, portant devant elle le cierge allumé que sa mère elle-même devait éteindre, selon la coutume du pays. Le baptême d'Elisabeth fut semblable à ceux qu'on célébrait dans la campagne romaine, au temps de Néron ou de Dioclétien.

CHAPITRE II.

Enfance d'Elisabeth.

1797-1812

Cependant les dernières années du siècle s'écoulaient, et la France commençait à revenir à sa foi. Les populations se réunissaient de nouveau autour des autels relevés de leurs ruines. Au Pont-de-Beauvoisin, ce fut le 18 juillet 1803 que l'ancien curé, M. Pravaz, reprit possession du sanctuaire profané. Bien des larmes, ce jour-là, tombèrent silencieuses de la paupière des femmes, des vieillards, qui avaient connu et aimé les fêtes anciennes et qui, depuis douze ans, ne trouvaient plus leur Dieu, sinon dans les retraites les plus humbles de la ville ou dans les granges les plus isolées des campagnes.

Mais si ces fêtes furent douces aux fidèles du Pont-de-Beauvoisin, ils purent, l'année suivante, ressentir mieux encore ce qu'étaient pour leurs âmes la Vérité divine et son plus auguste représentant.

Pie VII, venant en France pour sacrer Bonaparte, s'arrêta au Pont-de-Beauvoisin. Une foule joyeuse, frémissante de respect et d'émotion, l'attendait dans les rues, sur les places, partout où son regard pouvait atteindre et sa main envoyer des bénédictions. Au sein de cette foule vinrent s'agenouiller Claude Giraud, Benoîte Burtin et leurs trois enfants ; car un fils, nommé Etienne, était venu s'ajouter à la famille. Lorsqu'Elisabeth s'inclina sous la main du Pontife qui la bénissait, elle avait un peu plus de six ans. Toujours, jusqu'au dernier soupir, elle conserva le souvenir de ce moment si solennel et si doux. Un an avant de mourir elle parlait encore de sa joie à une de ses amies qui venait d'éprouver un semblable bonheur. « J'étais enfant, lui disait-elle, je ne savais rien, et cependant j'ai compris ce que Dieu donnait à mon âme ! »

Ce n'est pas que Dieu fût resté étranger jusqu'alors à cette vie prédestinée. On a gardé le souvenir d'un fait merveilleux, qui se rapporte à la première enfance d'Elisabeth et témoigne de la précoce vivacité de sa foi. Claude Giraud, atteint par un mal violent, était sans force sur son pauvre grabat, et Benoîte, épuisée de fatigue, avait été contrainte de se coucher aussi ; aucun voisin n'arrivait pour secourir ces affligés et donner quelque nourriture aux enfants. « Que faire ? » demandait Marguerite. — « Attends ! » répondit Elisabeth, et, prenant son petit frère, plus jeune qu'elle de deux ans, elle plia ses genoux sur la terre nue, étendit ses bras en forme de croix et lui fit réciter cinq *Pater* et cinq *Ave*, en même temps qu'elle les récitait elle-même. Dieu entendit cette prière de l'innocence et voulut bien l'exaucer. Tout aussitôt, Benoîte Burtin put se lever, et elle se trouva guérie sans avoir pris aucun remède ni aucun repos.

En même temps que Dieu révélait ainsi au père et à la mère d'Elisabeth ce que serait un jour leur fille, il poursuivait en elle ses desseins, et la préparait par des deuils successifs aux épreuves cruelles dont son enfance allait être abreuvée. Bientôt, en effet, elle perdit sa sœur Marguerite, et son père lui fut enlevé un an après.

Restée seule près de sa mère et de son jeune frère Etienne, elle essayait de les consoler, lorsqu'un de ses parents entra, apportant de tristes révélations. Claude Giraud, avant son mariage, avait fait la donation complète de ses biens, sous forme de vente, à l'un de ses neveux ; mais la mort avait été si prompte à le frapper, qu'il n'avait pas eu le temps d'annuler cet acte et de faire

un testament : il laissait donc sa femme et ses
enfants, non-seulement privés de son travail de
chaque jour, mais encore de la possession de ce
verger, de ce jardin, de ce champ, de cette chaumière, où ils avaient vécu heureux. Si Benoîte eût
attaqué une pareille donation, elle l'eût fait cas-
ser sans doute. Mais la pauvre veuve ne connaissait
pas les lois. Dès le lendemain, il fallut tout abandonner, même les outils, même les meubles, même
les vases à demi-cuits qu'avait façonnés le potier
avant de mourir.

Benoîte Burtin cependant ne voulut pas s'éloigner du petit village où elle avait enseveli tant de
morts aimés. Après bien des recherches, elle y
trouva un asile nouveau. C'était une maisonnette
si petite que le toit de la demeure voisine semblait
l'abriter, si pauvre que personne n'avait demandé
à la louer, si dépourvue de tout avantage que ses
habitants n'avaient pas même le droit de prendre
de l'eau au puits creusé près de la porte. Ce fut là
qu'elle s'établit avec son fils Etienne et sa fille
Elisabeth.

Peut-être, grâce à son économie et à son travail,
y eût-elle vécu sans avoir rien à demander aux
hommes ; mais la Providence ne le permit pas. A
peine installée, elle fut prise d'une violente fièvre,
et pensa qu'elle allait mourir ; alors, elle commença à faire à Elisabeth ces mille recommandations dont les mères seules ont l'inspiration, quand

elles croient laisser sur la terre, exposés à tous les périls, les enfants qui leur sont chers.

Elisabeth comprit les angoisses de sa mère, elle se souvint en même temps des miséricordes que Dieu lui avait faites un jour, et se mettant à genoux, elle promit de jeûner tous les vendredis (1), si cette chère santé lui était rendue.

Dieu, qui cette fois voulait l'éprouver, ne lui accorda pas toute sa demande : elle priait encore, auprès du monceau de paille sur lequel sa mère était couchée, lorsque, vers le soir, un homme qu'elle connaissait bien, mais dont elle n'a jamais révélé le nom, pénétra dans la pauvre chaumière, et, sous prétexte de donner aux deux enfants un peu de nourriture, parvint à les emmener chez lui.

Ce n'était pas une aumône que ce malheureux voulait faire, mais bien un larcin qu'il s'apprêtait à consommer. Il savait que la pauvre veuve, en quittant la demeure de Giraud, avait emporté, au fond d'une bourse, le fruit de quelques journées de travail, et il espérait s'emparer du petit trésor.

Aussi revint-il dès qu'Elisabeth et Etienne eurent commencé leur repas. Mais il trouva la porte fermée, et elle résista à ses secousses aussi bien

______

(1) Elle a accompli ce vœu toute sa vie. Pendant les dernières années, on parvint à lui faire prendre quelque chose le matin, mais alors elle usait de mille moyens pour offrir à Dieu quelques austérités.

qu'aux pierres qu'il jeta contre elle et au levier qu'il employa pour la soulever.

Forcé, pour ne pas éveiller des soupçons, d'abandonner son dessein, il retourna chez lui, et y trouva les deux enfants qui réclamaient leur mère; mais ce malheureux se montra inexorable, et quand Elisabeth, toute en pleurs, le pria, le conjura de la laisser sortir, il l'enferma dans une chambre haute. Le lendemain, lorsque la jeune fille, les joues encore inondées des larmes de la nuit, arriva auprès de sa mère, ce fut pour la trouver, non plus, comme la veille, sans force et presque anéantie, mais en proie à une crise de complète démence et chantant, à demi-vêtue, sur le lit de paille où elle avait tant souffert. Elisabeth l'appela par son nom, mais elle n'obtint pour toute réponse qu'un regard inquiet et irrité; quand elle essaya de la vêtir, la folle se leva, ouvrit la porte et s'enfuit dans les champs. Alors, la pauvre enfant prit la main de son jeune frère : — « Allons, lui dit-elle, suivons notre mère; » et tous deux, pendant neuf mois entiers, suivirent cette femme que la douleur, les émotions et la frayeur avaient brisée. Ils ne l'abandonnèrent jamais : la nuit, ils refusaient de prendre le repos qui leur était offert dans les granges ou dans les étables; le jour, ils mendiaient pour elle un morceau de pain et cherchaient à éloigner d'elle tout danger.

Ce qui leur était le plus douloureux, ce n'étaient

pas ces privations de tous genres auxquels ils se trouvaient condamnés, ni même cette vision si triste d'une intelligence fermée à la lumière : c'était son cœur, qui désormais semblait repousser leur affection. Lorsqu'elle les voyait marchant derrière elle dans les bois ou dans les champs, elle entrait dans une rage indescriptible : elle eût voulu les faire périr. Une nuit, elle saisit Elisabeth et essaya de la précipiter dans le Guiers ; il fallut que la malheureuse enfant se cramponnât aux ronces et aux arbustes de la rive, et, sans faire un mouvement, restât attachée jusqu'au lendemain au-dessus d'un précipice dangereux.

Etrange misère ! Le désir de nuire serait-il donc le dernier qui s'éteigne dans le cœur de l'homme, même quand il n'a plus le don de connaître ce qu'il fait ? Benoîte Burtin, après cet acte de violence, voyant sa fille toujours occupée d'elle, toujours la suivant, toujours lui donnant du pain, conçut un autre projet : elle s'assit au milieu de la rue montueuse du Pont et l'appela tendrement. Elisabeth, croyant retrouver ce cœur de mère coontre lequel elle s'était appuyée avec tant de bonheur pendant huit ans, accourut se jeter dans ses bras, et Benoîte la tint enlacée un long moment. Son dessein était de la précipiter sous les roues d'une voiture qui arrivait ; mais, par une protection particulière, le cheval lancé au grand trot se détourna de lui-même, sans toucher ni la mère ni l'enfant.

La tendresse d'Élisabeth pour sa mère, sa sagesse à l'égard de son frère, le dénûment dont elle souffrait elle-même, lui avaient mérité la compassion de tous ; on lui donnait de la nourriture sans qu'elle en demandât, on lui donnait aussi parfois quelques liards qu'elle serrait bien précieusement, sans jamais les dépenser.

M. Duret, qui avait succédé à M. Pravaz comme curé du Pont-de-Beauvoisin, apprit un jour à quoi elle les destinait : il vit venir à la sacristie la pauvre petite qui lui demanda de vouloir bien dire la messe en l'honneur de l'Esprit-Saint ; car c'était en l'Esprit-Saint qu'elle avait mis toute sa confiance ; c'était à lui qu'elle demandait sans cesse pour sa mère *le bon esprit*.

M. Duret célébra cette messe, et presque aussitôt Benoîte Burtin rentra dans sa triste chaumière et cessa d'errer dans les champs. Encouragée par cette consolation, Élisabeth réunit encore la petite somme nécessaire pour faire célébrer une seconde messe, et sa mère devenue calme, n'essaya plus de se délivrer de ses soins ; elle en demanda une troisième, et la raison revint à la malheureuse veuve avec *le bon esprit*.

Souvent, pendant les dernières années de sa vie, la mère Élisabeth reportait sa pensée sur ce fait si providentiel de sa jeunesse, et après l'avoir

raconté à ses filles et à ses amies, elle ajoutait :
« Si j'avais eu l'*aime* (1) de faire pour Dieu tout ce
que j'ai fait, tout ce que j'ai fait serait dans mes
mains au moment de ma mort; Dieu me rendrait
tout, car il rend à cette heure tout ce qu'on lui a
offert pendant la vie; mais je n'ai rien offert! Offrez, offrez, vous qui avez encore bien des années
à vivre, et vous verrez si ce que je vous dis n'est
point vrai. Offrez tous vos actes, et souvenez-vous
que les plus petits et les plus humbles deviennent
grands en passant dans le cœur de Dieu! »

Ces épreuves successives donnèrent au courage
d'Élisabeth et à son énergie leur vrai développement; aussi, à dix ans, ce n'était plus une enfant
faible et timide, se repliant sur elle-même et
comptant sur les forces d'autrui plus que sur les
siennes propres, c'était une chrétienne remplie de
la pensée de Dieu et ne demandant qu'à lui secours
et protection.

Ses devoirs étaient simples et uniformes; elle
les remplissait avec constance et simplicité de
cœur. Le matin, elle aidait sa mère dans les soins
du pauvre ménage; le soir, elle filait ou elle tri-
cotait avec de grosses aiguilles de bois. Elle avait
appris bien jeune à filer le chanvre, si jeune, que

(1) Ce mot, particulier au patois du pays, et qui se trouvait
souvent sur les lèvres de la mère Elisabeth signifie quelquefois
courage, et le plus souvent bon sens et esprit.

ses petits pieds ne pouvant pas tourner la roue,
c'était son frère qui la tournait debout devant elle.
Un jour, tandis qu'elle lâchait son fil en le tordant,
il s'embrouilla ; elle était vive, elle arracha sa
quenouille, repoussa son frère et brisa son rouet (1)
Quarante ans après cet accident, qui lui fut par-
donné aussitôt par sa mère, elle se le reprochait
encore, et lorsqu'une sœur, y faisant allusion, lui
disait : « — Mère, vous avez toujours aimé Dieu,
n'est-ce pas ? Vous ne l'avez jamais offensé ? »...
— « Oh ! reprenait-elle ; je l'ai offensé plus jeune
que vous, et s'il me punit, il sera ju te ! »

Elle avait onze ans et demi, lorsque M. Duret
voulut l'admettre à la première communion :
« — Je ne suis pas prête ! » dit-elle, et elle demanda d'entrer au service de quelques religieuses,
qui, après la tourmente révolutionnaire, s'étaient
réunies au Pont pour instruire les enfants, pensant
que si elle pouvait assister à leurs leçons, elle ap-
prendrait à connaître davantage ce Dieu qu'elle
aimait déjà de toutes ses forces.

En effet, elle fit à cette école de la charité des
progrès merveilleux dans la science des saints, et
lorsqu'elle eut atteint sa treizième année, M. Duret
ne lui demanda plus si elle était prête : il se fût

---

(1) « Dans son enfance, racontait son frère, elle était vive,
mais pas méchante. Quand je lui demandais le morceau de
pain qu'elle mangeait, elle me le donnait tout aussitôt. »

reproché de temporiser davantage. Pour elle, en apprenant que le grand jour approchait, elle s'effraya, elle supplia, elle demanda encore quelques semaines, quelques mois pour se préparer. M. Duret ne lui accorda rien. Dieu, en descendant pour la première fois dans son âme, voulait lui faire cette sainte violence qui excite les désirs et féconde l'humilité.

On raconte qu'à la veille de cette douce fête, les pieuses femmes qui travaillaient à son éducation se réunirent pour procéder à sa toilette de communiante : elles convinrent qu'on emprunterait une robe et un voile, et Élisabeth sembla ravie d'avoir cet acte de pauvreté et de mortification à faire ; mais quand il fut question de porter à l'ouvrier les chaussures grossières dont elle s'était servie tout l'hiver, afin qu'il les réparât, elle secoua la tête : « — Non, dit-elle, je ne le veux point, je ne saurais faire ma première communion qu'avec des souliers. » Ce refus ne provenant que de son respect, on ne la contraignit pas, on lui donna ce qu'elle demandait. Ses compagnes d'enfance ajoutent, qu'elle garda, pendant des années, les souliers de sa première communion : elle ne les mettait que pour aller à l'église et seulement à la porte avant d'entrer.

Lorsqu'elle eut accompli ce grand acte de la vie chrétienne, elle quitta l'école ; à peine épelait-elle ses leçons de catéchisme, mais l'Esprit-Saint acheva son œuvre. Tous les dimanches, elle entendait lire l Évangile, elle écoutait cette lecture avec la plus grande attention ; rentrée dans sa maison, elle prenait le premier livre venu, cherchait, jusqu'à ce qu'elle eût trouvé, les mots dont elle se souvenait, et ne se tenait pour satisfaite que lorsqu'elle était capable de les reconnaître partout : ce fut ainsi qu'elle apprit à lire.

Quelques années après, elle faisait l'école aux pauvres de son village et, comme elle le déclarait elle-même, « en leur enseignant ce qu'elle savait, elle apprenait ce qu'elle ne savait pas. »

CHAPITRE III

La jeunesse d'Élisabeth.

1814-1823

Élisabeth avait seize ans quand, le 20 janvier
1814, quelques sons affaiblis du canon arrivèrent
jusqu'aux rives du Guiers, portés par les échos
des montagnes de l'Epine et d'Oncein; mais les
confédérés qui envahissaient la France ne lancè-
rent que quelques escadrons sur la route qui tra-
verse le Pont-de-Beauvoisin, de sorte que la pieuse
jeune fille put demeurer tranquille dans sa petite
cabane, avec sa mère et son frère.

La seconde occupation, qui suivit le retour de
l'île d'Elbe, dura huit mois; des flots de sang
coulèrent à Waterloo; mais les populations du
Dauphiné n'eurent à se plaindre que de quelques

vexations particulières, suites inévitables de la conquête. Quand Élisabeth parlait, en 1870, des ennemis de 1815, elle disait toujours : « Ils ne nous ont fait aucun mal ; le soir, ma mère allait leur acheter du pain, et ils le lui donnaient souvent, sachant qu'elle était pauvre. »

Si les alliés ne commirent aucune déprédation dans le petit village des Brosses, la famine qui survint en 1817 y pénétra avec toutes ses horreurs. A l'exception de deux familles, tous les habitants du hameau durent prendre une besace et s'exiler : les uns allèrent dans les villes, où ils eurent à souffrir des privations de tous genres ; les autres se contentèrent d'errer de porte en porte, hésitant toujours entre le besoin qui les pressait et une honte qu'ils ne pouvaient vaincre. Pâles, déchirés, abattus, brisés de fatigue, exposés aux rigueurs d'un froid intense dont leurs vêtements déchirés ne les garantissaient plus, ils tendaient souvent leurs mains pendant des journées sans qu'on y déposât un secours. Les petits enfants mouraient de faim sur le sein de leurs mères, les vieillards mouraient de tristesse au coin de l'âtre. Les mendiants de profession disputaient un peu de pain à ceux qui, réduits à mendier comme eux, leur avaient donné l'aumône en des années meilleures. Ce ne fut qu'au temps de la moisson que la disette cessa.

Elisabeth, en voyant commencer ce triste hiver,

s'était dit à elle-même : « Je ne dois pas demander le pain du pauvre, j'ai des bras pour le gagner; » et forte de l'énergie de son cœur et de son dévouement, elle s'était mise à l'œuvre. Le travail ne lui fit pas défaut; elle le prenait à deux heures du matin et ne le quittait qu'à onze heures du soir. Aussi put-elle, aidée de sa mère et de son jeune frère, acheter une petite provision de pommes de terre, qui suffit à leurs besoins.

Un tel dévouement, visible à tous, ne pouvait qu'accroître peu à peu son influence. Les réunions de jeunes filles de la paroisse étaient présidées par Mlle Agnès Berlioz; Élisabeth y conduisait ses amies; et lorsque la présidente manquait, c'était elle qu'on chargeait de la remplacer. Rarement elle était obligée de rappeler à l'ordre ses compagnes, sa présence suffisait pour exercer un ascendant que les plus enjouées et les plus mutines s'étonnaient de subir.

Pendant la semaine, elle travaillait dans les champs, et comme elle était active et laborieuse, les journées ne lui manquaient pas. Partout où elle allait, elle portait sa conscience et ses principes de chrétienne, et elle ne souffrait aucune attaque à leur sujet. Si, au temps de la moisson, ses compagnons de travail voulaient la contraindre à chanter quelque chanson suspecte, elle jetait sa faucille et s'enfuyait. On la faisait quelquefois venir à ces réunions du soir qui suivent la récolte des noix, et où les jeunes gens des deux sexes travaillent ensemble ; mais au moindre propos léger, elle se levait fièrement : « Adieu, disait-elle, quand vous aurez besoin de moi, vous n'inviterez pas ces étourdis. »

Elle savait même trouver, quand il le fallait, des moyens de défense encore plus énergiques. Exposée à toutes les familiarités en usage parmi les jeunes gens de la campagne, on raconte qu'il lui arriva de jeter des poignées de sable dans les yeux de ceux qui essayaient de la saisir, et qu'une fois, elle trouva assez de présence d'esprit et de courage pour renverser un homme qui voulait l'empêcher de continuer son chemin.

Ces traits, sur lesquels nous ne nous arrêtons pas, peignent mieux qu'un long discours la vivacité de son esprit et l'énergie de son âme ; il faudrait y ajouter quelques-uns des conseils qu'elle savait donner à ses amies, et qui seraient pour nous la vraie mesure de la fermeté de sa foi, de la sûreté de son jugement et de la tendresse de son cœur ; malheureusement presque toutes les amies d'Élisabeth ont emporté au tribunal de Dieu ces souvenirs ; il ne nous est rien resté des douces et vigoureuses paroles de sa jeunesse, pas même de ces mots isolés et sans suite qu'on trouve çà et là, comme les épis abandonnés dans les champs après la moisson. Il faut donc passer, et ouvrir, sans plus de recherches, cette page de la vie d'Élisabeth qu'elle a appelée elle-même « l'heure de sa folie.»

Elle pouvait avoir atteint sa dix-neuvième année: son naturel heureux, sa physionomie agréable et ouverte, ses yeux noirs et brillants, un teint que les privations avaient pâli sans en diminuer l'éclat, un sourire gracieux et spirituel, une âme qui s'ouvrait facilement à ce qui était généreux et bon, un cœur élevé et ardent, tout en elle attirait. Mais à ces qualités se joignait un défaut : elle aimait la toilette et elle se sentait fière, c'est elle-même qui l'a dit, de sa petite coiffe à dentelles, de sa robe d'indienne aux fleurs rouges et bleues, du fichu d'étoffe qu'elle mettait sur son cou, quand elle sortait le dimanche.

Dieu ne voulait pas laisser à une nature si élevée cette tendance puérile, et il se servit pour la détruire d'un de ces confesseurs de la foi, dont les montagnes du Dauphiné ont connu, en 1793, les larmes, les prières, les labeurs, et répéteront le nom (1) jusqu'à la fin des temps. C'était un dimanche, à Miribel. M. Falatieu, curé de la paroisse, devait prêcher, et sa parole, énergique et pieuse, avait déjà ému le cœur d'Elisabeth. Elle se rendit donc à l'église, à l'heure du sermon. M. Falatieu prêcha contre la vanité et les soins minutieux qu'impose à l'âme le pauvre corps. Il demanda à son peuple ce qu'il répondrait au Souverain Juge,

(1) Voir Note n° III.

quand, au dernier jour, il lui ferait rendre un
compte exact des heures dépensées si vainement....
« dépensées, ajoutait-il, à fixer cette coiffe, à préparer ce fichu ! »

Élisabeth ne perdait pas une de ses paroles ;
lorsqu'il fut arrivé à ces détails qui l'atteignaient,
semblait-il, d'une manière si particulière et si
intime, elle fut près d'arracher sa coiffure,
de la jeter au milieu de l'église et de la fouler aux
pieds. Mais le prédicateur s'arrêta, et parcourant
des yeux son auditoire : « Je ne parle pas pour les
étrangers, mes frères, dit-il, mais pour vous ! »

Ce mot suspendit l'exécution du projet qu'Elisabeth avait formé si vite. Toutefois, il ne le suspendit qu'un instant ; le lendemain, revenue dans
sa petite chaumière, elle décousait sa coiffe, donnait aux pauvres sa robe d'indienne à grandes
fleurs, et adoptait un costume bleu foncé, semé de
points blancs, d'une grossière étoffe de coton, un
fichu bleu et un bonnet *à bords*, en mousseline
épaisse et unie (1).

« L'heure de la folie » était passée ! M. Sivet,
vicaire au Pont-de-Beauvoisin (2), qui dirigeait
son âme, acheva l'œuvre commencée par M. Fa-

----

(1) Le premier bonnet à bords qui a paru dans la maison,
disait-elle, mon frère l'a foulé aux pieds.

(2) C'est M. Sivet qui m'a amenée à la communion fréquente,
disait la mère Élisabeth, quand on parlait de ce saint prêtre
devant elle.

latieu, et il lui interdit ces veillées, d'où elle revenait toujours victorieuse, mais où elle devait combattre sans cesse. Élisabeth, si elle eût vécu seule, eût obéi fidèlement, mais elle avait toujours sa mère ; toutes deux étaient pauvres, et l'hiver était froid dans la petite demeure, si froid, qu'au mois de janvier 1817, l'eau, servant à unir le fil, se glaçait sous les doigts, de sorte que le fil ne pouvait plus s'enrouler sur la bobine. Elle crut donc n'être que charitable, en remettant à un autre temps l'acte d'obéissance demandé par son confesseur.

Mais le remords ne tarda pas à venir, et avec le remords, le désir de rentrer dans la paix de Dieu. Trois fois, M. Sivet la renvoya sans l'absoudre. A la quatrième fois, il lui dit : « Ma fille, si vous alliez dans une maison où l'on vous frappât à grands coups, y retourneriez-vous ? — Non, mon père, répondit-elle. — Eh bien ? reprit-il, lorsque vous allez dans ces réunions, vous frappez à grands coups Notre-Seigneur..., et vous seriez moins sensible pour lui que pour vous ? »

Cette parole éclaira d'une vive lumière son cœur si dévoué à Dieu ; elle promit d'être obéissante, et quelque temps après, lorsque M. Monnet, successeur de M. Sivet, apprit le vrai motif de son obstination, il demanda pour elle des secours. M. Duret donna un peu d'argent, de sorte qu'Élisabeth put acheter du bois, faire du feu, et attirer les jeunes filles du village qui vinrent bientôt passer leurs soirées avec elle.

Alors commencèrent ces réunions où l'on chantait des cantiques, où l'on récitait le chapelet, où Élisabeth faisait la lecture et instruisait les enfants, où l'on ne s'entretenait que de Dieu, où l'on n'avait qu'un désir : apprendre à le mieux connaître, et d'où l'on s'élevait, par la considération de ses douleurs et de sa croix, à la révélation de son amour.

CHAPITRE IV

L'école. — Les premières compagnes. — M. Cathiard.

1820-1830

Toute âme qui veut faire des progrès dans l'ordre de la grâce, a besoin d'être encouragée, guidée et soutenue par une autre âme, qui la conduise pour Dieu et vers le ciel. Élisabeth voulait marcher dans cette voie, où s'engagent seuls les forts et les courageux. Elle avait tout d'abord été aidée par M. Sivet, puis par M. Monnet, l'un et l'autre vicaires de la paroisse du Pont ; mais Dieu ne leur avait donné près d'elle qu'une mission passagère, réservant à un autre prêtre cette vigueur nécessaire à la transformation de sa vie et cette initiative mystérieuse qui, en un seul jour et d'une seule parole, devait faire d'elle, humble fileuse de chanvre, la directrice, la maîtresse et la mère de toute une communauté.

Cependant M. Monnet eut sur son âme une influence que la mort ne put rompre. Doué d'une grande égalité d'âme et d'une douceur charmante, il lui rendit la pratique des plus rudes devoirs simple et presque facile. Il ne la pressait pas; il attendait seulement que l'impre sion d'en-haut se fît sentir; et, lorsque le Seigneur avait parlé, il était là, toujours prêt à faire exécuter ses ordres. Élisabeth lui obéissait très-simplement comme au représentant de l'Église, très-filialement comme à la Providence même de Dieu, très-fidèlement comme au gardien d'une vérité qui ne change jamais. Elle se rendait compte de sa pensée avec une lucidité merveilleuse et lui exposait ses difficultés, sans entrer jamais en discussion avec lui.

Après l'avoir entendue, M. Monnet demeurait parf is silencieux, adorant l'Esprit divin dans ses rapports avec sa créature; parfois, transporté de joie, il se laissait aller aux douces inspirations que lui dictait son zèle. Un jour que s'était ouverte entre le prêtre et la jeune fille une conversation toute céleste sur l'avenir, le prêtre, forcé par une impulsion secrète, lui dit : « Pour vous, mon enfant, il se prépare une communauté dans le ciel !» Mais Élisabeth ne le comprit pas, car elle vivait auprès de sa mère, sans aucun désir d'entrer au couvent. M. Monnet pensa-t-il en ce moment aux jeunes servantes, aux affligés qui venaient déjà lui confier leurs peines, ou aux âmes qu'elle devait gouverner sous le doux nom de sœurs? Il ne nous est pas permis de le décider; ce que nous pouvons seulement dire, c'est que lorsqu'Élisabeth eût atteint la plénitude de son âge et de sa maternité spirituelle, elle répétait avec bonheur cette parole qui lui avait été adressée à vingt-deux ans.

Suivie, aidée et encouragée par ce maître, qui, à l'exemple du Sauveur, se tenait doucement à la porte du cœur sans le forcer jamais, l'âme d'Élisabeth se ferma définitivement à tous les bruits du dehors et s'ouvrit pleinement à l'action de la grâce. Elle se sentait convaincue du besoin qu'elle avait de Dieu, et elle allait à lui comme le publicain de l'Evangile, comme Madeleine la pécheresse. Prosternée à ses pieds, elle considérait les faiblesses de sa foi, les défaillances de son esprit, les périls toujours nouveaux auxquels sa vertu était exposée. Elle demandait ensuite, en gémissant, en pleurant, en se frappant la poitrine, les vertus dont son âme avait soif. Dieu venait à elle; il relevait cette fleur penchée vers lui; il y versait ses parfums les plus doux et sa rosée la plus abondante; il l'entretenait dans le secret de son âme et les oreilles de son corps et les sens de son cœur semblaient l'entendre en même temps.

Mais il ne suffit pas de recueillir la grâce, disent

les maîtres de la vie spirituelle, il faut la garder,
Il ne suffit pas de la garder, il faut la répandre.
Le parfum n'est pas donné à la fleur pour elle
seule. La bonne odeur du Christ doit s'échapper et
réjouir partout autour d'elle. L'âme d'Élisabeth,
si ouverte à la grâce, se donnait, se répandait tout
entière dans les mystérieuses communications de
la charité. Plus Jésus se faisait connaître à elle et
vivait en elle, plus elle devenait ingénieuse à répandre son amour. Rien ne lui paraissait difficile
quand il s'agissait d'assister un malade ou de
consoler un mourant. Une longue journée de travail dans les champs ne l'empêchait pas de veiller
des nuits entières; après une course fatigante, elle
repartait comme si la distance à parcourir eût
doublé ou triplé ses forces.

Cette charité qui ne se lassait jamais, qu'aucune
souffrance ne trouvait en défaut, qu'aucun obstacle n'entravait, se transforma peu à peu en une
autorité, non-seulement admise, mais recherchée
universellement. La pauvre fileuse, en se faisant
la servante de tous, fut acceptée, sans le vouloir,
comme une conseillère et un guide. On venait de
toutes les paroisses environnantes pour recevoir ses
leçons; souvent, au retour de la messe, où elle
allait presque toujours avec une de ses compagnes,
elle trouvait déjà ses élèves qui attendaient à sa
porte. Bientôt leurs rangs furent si pressés dans
la petite cabane que son cœur généreux s'émut;

et elle loua une chambre dans le voisinage, afin qu'ils pussent au moins s'asseoir autour d'elle. Dans cette chambre qui ne tarda pas, comme la cabane, à devenir trop petite, étaient assis au coin de l'âtre un vieillard qu'elle soignait, et non loin du vieillard un orphelin qu'elle avait adopté. Tous les enfants auxquels leurs mères ne pouvaient rien apprendre avaient la première place auprès d'elle; c'était à eux qu'elle donnait le plus de soins et le plus d'affection. De jeunes garçons et de jeunes filles se pressaient derrière les petits enfants; on comptait parfois, dans la petite classe d'Élisabeth, jusqu'à vingt-cinq jeunes garçons, venant de la seule paroisse de Pressins. Marie Genin et Joséphine Croibier, toutes deux servantes dans le voisinage, apportaient leurs rouets de temps en temps, et prenaient leur part de ses leçons.

Marie Genin avait vingt-quatre ans; elle aimait Élisabeth comme une sœur, et Élisabeth lui rendait cette affection. Joséphine Croibier avait seize ans; elle était orpheline, et sa mère mourante l'avait recommandée à Élisabeth, qui bientôt avait eu à la soigner pendant une maladie longue et douloureuse. Mais les soins et la tendresse dont elle était entourée avaient paru quelque temps ne pas suffire à la jeune fille; on l'attirait dans les réunions joyeuses des chaumières voisines, et, parce qu'elle était gracieuse et vive, elle y plaisait. Élisabeth essaya plusieurs moyens de reprendre

son âme, tantôt en lui faisant quelques cadeaux
d'amitié, tantôt en l'attirant par un petit mot doux
et spirituel. Dieu agissait de son côté, de sorte qu'en
peu de temps les cadeaux et les invitations ne furent plus nécessaires : le moment des réflexions
était venu. Il fut décisif. Bientôt Joséphine n'eut
plus d'autre désir que d'être admise auprès d'Élisabeth pour suivre ses avis et imiter ses vertus.

Élisabeth jeûnait tous les vendredis depuis que
Dieu avait rendu la santé à sa mère ; Joséphine et
Marie, le vendredi venu, feignaient de n'avoir pas
faim. Pendant les plus rudes travaux de l'été, elles
se privaient, comme pendant l'hiver, de leur nourriture accoutumée. Élisabeth avait longtemps couché sur les étais mal équarris de son pauvre lit ;
sa mère, après bien des sollicitations, était parve-
nue à étendre quelques brins de paille sur ces
planches ; encore la pieuse fille, ne voulant rien
perdre du trésor qu'en se mortifiant elle offrait à
Dieu, sortait-elle le soir, pour arracher des orties
et les mettre entre ses draps sans qu'on s'en aperçût. Marie Genin et Joséphine Croibier suivirent
cet exemple ; elles étaient ingénieuses à tromper
la vigilance de leurs maîtres et à souffrir, elles
aussi, pour le Seigneur.

Un jour cependant les maîtres s'aperçurent des
pieuses pénitences de leurs servantes ; ils se demandèrent pourquoi ces jeûnes, ces mortifications
singulières, ces planches sur des grabats déjà si

durs? Les deux jeunes filles ne pouvaient pas dire le secret de leurs âmes; leurs maîtres n'auraient sans doute guère compris ce besoin de donner à Dieu des douleurs et des peines qu'il ne réclamait pas. Troublées, incapables de répondre, inquiètes de la surveillance qui allait peser sur elles, et craignant d'avoir à supprimer des pratiques qu'elles aimaient, elles vinrent toutes deux voir Élisabeth.

Elle était à la messe, et sa mère seule veillait au foyer, en gardant le vieillard et le petit orphelin. — Mère Giraud, dirent-elles, il faut que votre fille nous permette de venir demeurer avec elle; nous lui donnerons cinq francs par mois, et elle nous nourrira. Benoîte Burtin était charitable, le refus n'avait jamais effleuré ses lèvres : — Oh! oui, dit-elle, venez : vous travaillerez et vous demeurerez avec nous.

Quand sa fille rentra, elle lui parla du désir de Marie Genin et de Joséphine Croibier, ainsi que de l'autorisation qu'elle avait donnée.

— Comment voulez-vous, mère, reprit Élisabeth, que nous gardions auprès de nous ces jeunes filles? Nous sommes trop pauvres, à peine pouvons-nous en travaillant gagner notre pain. Les laisser se joindre à nous c'est les condamner à mourir de faim!...

Elisabeth refusa donc la proposition de Marie Genin et Joséphine Croibier; mais ce refus ne devait pas durer toujours, une voix s'éleva et plaida

en faveur des deux orphelines ; elle fut plus forte
que les réflexions d'Elisabeth, car elle demandait
au nom de Dieu, elle commandait même... Cette
voix n'était plus celle de M. Monnet, qui avait
quitté le Pont-de-Beauvoisin et venait d'être
nommé curé à Champier ; ni celle de M. Duret,
qui était mort en bénissant son troupeau : c'était
celle du prêtre venu pour le remplacer dans la
paroisse du Pont-de-Beauvoisin.

Ce prêtre se nommait Jean-François Cathiard (1).
Avant d'aborder les devoirs de la charité sacerdotale, il avait connu les épreuves de la vie de
soldat dans ce qu'elles ont de plus rude et de plus
poignant. Prisonnier de guerre après la capitulation de Baylen, il avait été soumis, dans l'île de
Cabrera, puis sur les pontons de Cadix, à toutes
les horreurs d'une captivité dont le seul récit épouvante. Enfin, il avait réussi à s'enfuir. Rentré dans
son pays, il s'était fait prêtre. Mais on comprend
ce que devait être une âme sacerdotale préparée
dans de si dures conditions. La foi y régnait, simple et confiante comme celle d'un enfant, mais
servie par une énergie plus grande que toutes les
épreuves. Si la parole de M. Cathiard était brève
et rude comme le commandement d'un chef en
face de l'ennemi, son cœur était toujours généreux et prodigue de lui-même. Au chevet des

____

(1) Note n° IV.

malades, il savait inspirer du courage ; en chaire,
il était instructif et pressant ; au tribunal de la
pénitence, il avait des traits de lumière qui péné-
traient jusqu'au fond des consciences ; à l'autel,
on le voyait s'élever ou s'abaisser tour à tour dans
les sentiments de la charité la plus ardente et de
la plus touchante humilité.

CHAPITRE V

Le premier couvent. — Les vœux.

1830-1832

> « Nous nous trouvons bien ici, parce
> que l'homme y vit d'une vie plus pure,
> tombe plus rarement, se relève plus vite,
> marche avec plus de prudence, se repose
> avec plus de sécurité, meurt plus heu-
> reusement, est plus facilement absous, et
> a pour récompense une plus belle cou-
> ronne. »   Saint Bernard.

Ce fut pendant l'hiver de 1830 que M. Cathiard
se fit, auprès d'Élisabeth, l'interprète des désirs
de Marie Genin et de Joséphine Croibier : « Elles
vous appelleront mère, lui dit-il, et vous les rece-
vrez comme vos enfants ! » Élisabeth objecta
qu'elle était pauvre, qu'elle avait déjà grand'peine
à nourrir sa mère, son petit orphelin et son vieillard, et qu'aussi elle se sentait incapable d'aider
ou de conduire des âmes. Mais le pieux curé ne
voulut pas entrer dans l'examen des difficultés

que lui opposait la jeune fille : « Recevez-les, reprit-il, comme vos enfants..., » et il s'éloigna.

Le soir, quand les deux servantes apportèrent leur rouet, suivant leur coutume, dans la chaumière de la veuve Giraud, toutes les craintes d'Élisabeth étaient tombées : elles furent reçues « comme des enfants » envoyées par le Seigneur. Élisabeth, la dernière à vouloir, fut la première à agir : elle décida que ce serait au mois de juin, le jour de Saint-Jean, qu'aurait lieu la réunion définitive, et que, pendant les mois qui resteraient encore à passer les unes loin des autres, on ferait les récoltes, on prendrait congé des maîtres, on redoublerait d'ardeur auprès de Dieu, de charité auprès du prochain, et de vigilance envers soi-même.

Il fallait aussi chercher une autre demeure, car la petite classe et la chaumière étaient devenues insuffisantes : Élisabeth voulut être seule à s'en préoccuper.

Dans le pauvre hameau qu'elle habitait, à quelques pas de la maison où son père était mort, auprès de cette petite citerne, couvertes de pampres et de mousses, où elle allait chercher son eau et laver son linge, s'élevait une chaumière longue de sept ou huit pas, large de quatre ou cinq, composée seulement de deux pauvres chambres : elle la loua pour un an.

La vue était plus gracieuse encore et plus éten-

due que celle de sa demeure. Les villages d'Avres-
sieux, de Verel, de Domessin et de Saint-Beron,
apparaissaient assis dans la verdure ; les rochers
de la Chartreuse et les montagnes de la Savoie
dominaient les champs et les prés ; des forêts de
sapins s'étageaient sur ces hauteurs, et leur feuillage sombre séparait harmonieusement la terre
des brumes et des nuages du ciel ; dans le fond de
la vallée, le Guiers roulait ses eaux tantôt bleues
et transparentes, tantôt grises comme la poussière
des abîmes qu'elles avaient traversés.

Elisabeth connaissait depuis longtemps ce
paysage ; non contente de l'admirer, elle avait re-
marqué sur quels points des collines se levait le
soleil à certaines époques de l'année ; elle l'apprit
aux sœurs, et ce fut à cette horloge du bon Dieu
que la communauté nouvelle demanda, pendant
vingt ans, l'ordre et la distribution de ses journées.

Les préparatifs de l'installation furent bientôt
faits : la pièce d'en haut reçut les lits d'Élisabeth,
de sa mère et de ses deux compagnes, avec un
grand coffre appartenant au vieillard, pour qui on
loua une chambrette en dehors de la maison ; dans
la pièce d'en bas furent apportés les bancs de la
classe, le pétrin où la veuve Giraud ne voulait
abandonner à personne le soin de faire le pain de
la communauté, et les rouets qu'on devait tourner
sans relâche ; car les sœurs ne connaissaient encore
que cette règle : « Travailler beaucoup, prier

beaucoup, dormir peu et se nourrir pauvrement. »

Le 24 juin 1831 arriva. C'est le jour où dans les campagnes du Dauphiné, les serviteurs ont le droit d'abandonner leurs anciens maîtres, pour demander à des maîtres nouveaux du travail et du pain. Les trois amies se réunirent. Il ne s'agissait plus pour elles de servir des maîtres terrestres; elles allaient travailler pour le Sauveur, pour le Maître du ciel : elles le sentaient profondément, aussi leurs âmes étaient-elles enivrées d'un bonheur sans limites, leurs paroles joyeuses comme un chant, leurs regards et leurs cœurs élevés vers le ciel. Sœur Joseph Croibier, la seule qui puisse redire maintenant les transports de ces premiers jours, secoue la tête quand on l'interroge; elle rappelle un à un ses souvenirs, et, parce qu'il est des sentiments que le silence exprime mieux que les paroles, elle s'arrête impuissante : « Non, non, dit-elle, paraissant se répondre à elle-même, je ne puis ! » et s'adressant à ceux qui la questionnent : « Jamais, reprend-elle, je n'ai retrouvé tant de joie ! »

Joie ravissante, semblable à celle des premiers fidèles, qui n'avaient qu'un cœur et qu'une âme, et que Dieu illuminait des plus vives clartés de la foi, pour les préparer au sacrifice et à l'immolation d'eux-mêmes; joie délicieuse dont la petite communauté trouvait le reflet partout autour de son humble berceau.

Car ce berceau a aussi des légendes, vivantes
encore dans le souvenir des plus anciennes sœurs,
et racontées par elles avec une simplicité et une
sincérité sans mesure. Elles se souviennent, par
exemple, qu'une nuit, veille de sainte Élisabeth,
les anges entonnèrent, près de la pauvre demeure,
l'hymne qu'ils avaient chanté près de la Crèche.
Marie Genin fut éveillée la première ; elle se leva,
elle appela ses sœurs, et l'une d'elles la suivit dans
le jardin. Le temps était magnifique, le ciel semé
de brillantes étoiles, et les ombres de la nuit si
transparentes qu'ont eût aperçu un voyageur à
vingt pas. Mais elles ne virent personne, et, pendant un moment encore, elles entendirent le chant
céleste, dont les premières notes les avaient arra-
chées au sommeil. Le lendemain, lorsqu'elles furent réunies, elles voulurent essayer de chanter le
cantique des anges, mais il leur fut impossible de
l'entonner : aucun des airs de l'Église militante
ne ressemblait à celui de l'Église du Ciel.

A quelque temps de là, elles partaient un matin
pour aller à la messe ; la nuit était noire, sans
étoiles, et le chemin qu'elles suivaient était couvert de grosses pierres et raviné par les dernières
pluies. Tout à coup, l'une d'elles aperçoit l'église
tout éclairée ; elle avertit ses compagnes : « Hâ-
tons-nous, se prennent-elles à dire toutes à la
fois, la messe est sans doute commencée. » Mais
arrivées à la porte, grande fut leur surprise, l'é-

glise était fermée encore. Elles en firent le tour ; la lueur des cierges se réflétait au dehors de tous les côtés.

Joséphine Croibier, la plus grande et la plus jeune, se hissa jusqu'à l'une des fenêtres, se suspendit aux barreaux et examina soigneusement l'intérieur du temple ; il était désert, les autels, ornés comme en un jour de fête, avaient été délicieusement illuminés : « Pourquoi, se dirent-elles, tous ces préparatifs ? Pourquoi ces illuminations ? Pourquoi cette solitude et ce silence ? Qu'est-ce que cela veut dire... ? » Pendant qu'elle s'interrogeaient, les lumières s'éteignirent tout à coup, et l'horloge de la ville sonna deux coups. Il était deux heures du matin ; elles comprirent alors comment, pour bénir leur zèle et l'encourager, Dieu leur avait donné cette vision si douce, et elles retournèrent chez elles, inondées d'un bonheur tout céleste.

Ces joies, ces délices, elles ne les profanaient pas ; elles les recevaient dans un cœur fervent et pur, et rendaient ensuite à leur Maître des sacrifices en actions de grâces.

Lorsqu'il leur arrivait de commettre quelques légères fautes, elles s'en accusaient comme si ces fautes eussent été des crimes ; elles les pleuraient, et le pardon devenait pour elle une source plus abondante de satisfaction et de paix. Elles n'avaient encore reçu aucune règle pour la conduite de leur

vie et la direction de leurs âmes, mais leur Sauveur était là, ordonnant minute par minute l'emploi
de leur temps et de leurs forces. C'était lui qui
leur inspirait de se lever avant l'aube pour le louer;
c'était lui qui, dans le secret du cœur, leur enseignait à méditer, lui qui leur envoyait le morceau
de pain dont elles se nourrissaient, lui qui leur
apprenait à instruire les ignorants, à panser toutes
ces plaies que l'on ne peut voir sans frisson ou
sans dégoût. Son Esprit ouvrait leurs cœurs aux
confidences des désolés, et pendant les heures du
travail, mettait sur leurs lèvres tous ces chants
qui faisaient dire aux laboureurs des coteaux
voisins, lorsqu'ils passaient près de leur demeure :
« Écoutons-donc chanter ces filles, on dirait les
anges de Dieu (1). » C'est qu'en effet leur vie ne
différait pas de celle des anges ; elles aimaient de
toutes leurs forces, comme on aime au ciel, Celui
qui les avait créées et appelées, et cet amour était
tout le sujet de leurs entretiens, tout le charme de
leurs prières, toute la paix de leurs cœurs.

Elles eussent été heureuses de demeurer ainsi
toujours, et même de ne recevoir aucune compagne, car elles sentaient bien que de nouvelles venues pouvaient déranger la tranquillité du petit

______

(1) « Souvent pendant que les sœurs chantaient, la mère
Élisabeth était dans la chambre haute, priant avec son crucifix. » — Sœur Joseph.

troupeau en y apportant de nouveaux goûts et de nouvelles habitudes. Mais le parfum qui s'échappait de la pauvre chaumière était trop doux pour ne pas attirer et ravir d'autres âmes.

Celle qui céda le première à cette séduction avait été compagne de Joséphine Croibier sur les bancs du catéchisme, et elle avait conservé avec elle d'intimes rapports. Bien qu'elle fût à la veille de se marier, elle aimait à attirer son amie dans les granges du voisinage pour la faire parler de son bonheur. Puis, en elle-même, elle comparait ce bonheur aux joies que la vie de famille pouvait lui offrir, et après chaque conversation, elle était plus ébranlée.

Élisabeth, comme une mère soucieuse du seul avenir de ses enfants, craignait pour Joséphine ses rapports avec une jeune fille plus occupée de plaire au monde que de vivre pour Dieu ; elle lui défendait de la voir souvent et élevait ainsi, sans s'en rendre compte, sous les pas de Marie Magnin, une de ces premières épreuves par lesquels Dieu fait toujours passer les âmes qu'il veut amener à une plus grande perfection dans la foi et la charité.

Mais la jeune fiancée ne se décourageait pas, les obstacles ne lui étaient rien : elle sentait qu'il y a dans la vie, et souvent à son matin, une heure décisive, unique, où le cœur possède cette plénitude de générosité, de liberté et de force, qui une fois passée ne parait plus, et qu'il faut, à tout

prix, profiter de cette heure. Elle vint donc résolu-
ment, un jour, frapper à la porte d'Élisabeth, mais
Élisabeth la rebuta :

— Finissez ce que vous avez commencé, lui dit-
elle, vous êtes fiancée, mariez-vous !

— Non, non, reprit Marie Magnin, tout mon
désir est de quitter ma famille et de venir servir
Dieu avec vous.

— Vous êtes fiancée, mariez-vous ! répondit
encore Élisabeth.

Alors la jeune fille, dans toute la fraîcheur vir-
ginale de ses dix-sept ans, lui prit la main, et dans
une conversation longue et intime, lui fit toucher
une à une toutes les pentes de sa nature sensible
et ardente, toutes les tendances de son âme inquiète et troublée par l'avenir. Élisabeth étonnée
de trouver en elle une maturité qui ne venait pas
de l'âge, et cet instinct supérieur qui fait deviner
la vanité des jouissances d'ici-bas avant même
qu'on ait essayé la vie, lui ouvrit ses bras, la reçut
comme une sœur et lui dit : « Restez avec nous,
puisque Dieu le veut ! »

Dieu voulait encore, en cette année 1832, donner
une autre fille à Élisabeth : elle se nommait Pauline Guillot, et elle était servante, comme l'avaient
été Joséphine Croibier et Marie Genin, mais avec
cette différence que ses maîtres la traitaient comme
l'enfant de la maison et ne lui imposaient qu'un
faible et facile travail, tandis que ses aînées, habi-

tuées dès leur jeune âge aux rudes travaux des champs, n'avaient jamais eu, pour renouveler leurs forces, que la nourriture grossière des laboureurs. Elisabeth pensa donc qu'il fallait éprouver la vocation de Pauline Guillot. Parce qu'elle aimait la propreté dans ses habits, son linge et toute sa personne, on lui dressa un lit hideux à voir, et parce que sa tête ne s'était jamais reposée que sur des coussins, on plaça sous son drap le rouleau d'un puits : « Essayez, essayez, lui disait sœur Élisabeth, et vous verrez que vous n'y tiendrez pas ! »

Elle fut souffrante le jour où elle prit son premier repas chez Élisabeth, mais elle ne s'en étonna point et elle continua l'épreuve commencée. La chaise sur laquelle elle s'asseyait pour filer, avait un dossier rompu qui lui fit une plaie : elle ne s'en troubla pas davantage. Le troisième jour de son postulat, on lui donna un bonnet noir si usé, que les autres sœurs n'en avaient rien pu faire ; elle se mit à le découdre, et, pour se contraindre elle-même à aimer cette pauvreté qu'elle n'avait point encore pratiquée avec assez de perfection, elle pria Elisabeth de lui permettre de le laver et de le porter. Elisabeth, tout en admirant l'effort de sa vertu, lui demanda, avec une rudesse apparente, qui lui avait permis de le découdre ? Personne, reprit-elle. — « Ma fille, dit alors Élisabeth, il ne suffit pas d'être pauvre, il faut encore mourir à votre volonté ; » et arrachant les lambeaux d'étoffe que l'humble novice tenait à la main, elle les jeta à terre et les foula aux pieds.

La rigueur de cette mère selon la grâce n'effraya pas Pauline, et Élisabeth, qui lui demandait sans cesse pour l'ébranler : « Qu'êtes-vous venue faire ici ? » put lui dire bientôt comme à Marie Magnin : « Restez avec nous, Dieu le veut !»

Mais, par cela même qu'il multipliait les filles d'Élisabeth, Dieu hâtait le jour où l'œuvre commencée devait revêtir une forme religieuse et recevoir une première confirmation. Jusque-là ces pieuses servantes avaient vécu sans faire aucun vœu, et leur obéissance sans offrande, leur pauvreté acceptée plutôt comme une nécessité que comme un sacrifice, leur chasteté qu'aucune promesse n'avait consacrée, manquaient d'un mérite essentiel.

M. Cathiard le comprit : il monta un matin sur la petite colline des Brosses, et il y trouva toutes les jeunes filles qui filaient en récitant les litanies.

— Puisque vous vivez ainsi toujours ensemble, leur dit-il, il faut prendre un costume uniforme.

— Quel costume faut-il prendre? demandèrent-elles.

M. Cathiard réfléchit un instant.

— Une robe de grosse étoffe bleue, répondit-il; un fichu noir, un tablier noir, un bonnet blanc à bords et une croix suspendue à un cordon. Mais encore, reprit-il, cela ne suffit pas de vêtir le corps d'un costume particulier, il faut donner à l'âme sa parure, et c'est là le plus essentiel. Je suis d'avis que vous fassiez des vœux d'un an. Quel jour choisirons-nous pour faire ces vœux ? ajouta-t-il, en jetant les yeux sur Élisabeth.

— Le jour de l'Immaculée-Conception, s'il vous convient, répondit-elle.

— C'est cela, reprit le fondateur, le jour de l'Immaculée-Conception, vous ferez vos vœux : vous les prononcerez après la messe, à la sacristie. Tâchez, d'ici-là, de préparer vos costumes.

Lorsqu'il fut parti, Élisabeth avoua à ses compagnes qu'elle n'avait pas d'argent pour acheter leur habit religieux. Mais elle ne se demanda pas, incertaine et hésitante, où elle pourrait en trouver; elle courut prendre, à crédit, dans le premier magasin qui s'offrit à elle, les robes de grosse étoffe bleue, les tabliers, les fichus noirs et les croix, certaine que Dieu arriverait à son aide et paierait cette dette que l'obéissance lui faisait contracter. Celui qui revêt le lis des champs, se disait-elle, ne saurait m'abandonner aujourd'hui.

Dans tous les ordres religieux, les cérémonies des vœux sont touchantes et belles comme l'acte qu'elles accompagnent : d'un côté ce sont des chants tristes, un drap des morts, des cierges allumés, une cloche qui tinte comme pour des funérailles; de l'autre, ce sont des fronts radieux,

des couronnes de fleurs sur les têtes, des chants
d'allégresse : toutes les douleurs de la tombe et
toutes les joies du berceau. M. Cathiard, n'ayant
aucune qualité pour agir sinon comme directeur
de conscience, ne pouvait pas encore se conformer
à ces usages; seulement, la veille, il envoya aux
fiancées du Christ quatre de leurs amies les plus
dévouées pour les aider à se préparer. Ces quatre
jeunes filles, mesdemoiselles Buquin, Lanet, Permezel et Bourgeois, arrivèrent dans la petite chaumière, fermèrent hermétiquement la porte, tendi-
rent un morceau d'étoffe noire contre la fenêtre par
laquelle les rayons du soleil arrivaient brillants et
beaux, et allumèrent une lampe de terre qu'elles
suspendirent sous l'âtre ; ensuite, elles récitèrent
tout haut les prières de la recommandation de
l'âme, comme si les cœurs des futures religieuses,
animées d'une vie toute divine, allaient cesser de
battre, et leurs yeux se fermer à jamais.

Le soir, lorsqu'Élisabeth fut seule avec ses
compagnes, elle rompit un silence que la grandeur
de l'acte qu'elles allaient conclure leur avait imposé : « Monsieur le curé, dit-elle, désire que nous
fassions des vœux pour un an, mais ne pourrions-
nous pas nous donner à Dieu pour toujours ? » —
« Oh! oui, mère, reprirent les jeunes filles, avec
cette ardeur qu'elle savait leur inspirer, donnons-
nous à Dieu pour toujours ! »

Le 8 décembre, levées bien avant l'aurore, elles

se revêtirent de leur costume nouveau et descendirent à l'église. Après la messe, où elles communièrent, elles se rendirent à la sacristie pour y prononcer l'acte de leur profession. Peut-être, seules dans leur petite demeure, eussent-elles entendu les anges redire dans les airs le cantique qu'ils avaient chanté dès les premières heures de leur réunion, mais elles n'écoutèrent, au fond de leur cœur, que la voix de l'Epoux qui les appelait et disait à leurs âmes : « Levez-vous, hâtez-vous, mes bien-aimées, et venez (1). »

M. Cathiard, après avoir reçu ce serment si doux au Cœur de Dieu, leur enseigna quelles vertus elles devaient apporter au sein de la vie commune : « Je voudrais trouver en vous, leur dit-il, cette humilité qui fait que rien ne rebute et que rien ne décourage, cette charité qui donne la force de supporter toutes les peines, cette parfaite abnégation qui rend la volonté souple et facile, cet esprit de pénitence qui élève vers le ciel les actes les plus simples de mortification, et cet amour de la pauvreté qui fait embrasser avec joie les privations les plus grandes... »

« La pauvreté, ajouta-t-il, est la première des béatitudes de l'Evangile, je la désire pour vous, je la demande de toute mon âme, et je vous affirme que je ne ferai rien pour en diminuer les

____

(1) Cant. des Cant., II, 10.

rigueurs. Eussiez-vous besoin de secours, vous n'aurez pas deux liards de moi. Je ne suis pas fondateur, vous le savez mieux que je ne vous le pourrais jamais dire, c'est Dieu qui est fondateur! Mais ne vous découragez pas, dussiez-vous rester en si petit nombre, dix, vingt, trente ou quarante ans ! »

En achevant ces mots, il donna à Élisabeth la *Perfection chrétienne* de Rodriguez, en lui recommandant d'en lire un chapitre tous les jours (1).

Plus tard, le vénérable prêtre revenant sur les impressions que lui avait laissées cette journée, écrivait : « Quand on a vu toutes ces choses de ses propres yeux, on n'est plus étonné de ce que l'histoire nous raconte de la vie des Pères du Désert dans les premiers siècles de l'Eglise, ni même de la constance des martyrs. Car, si les circonstances l'avaient demandé, soutenues de la grâce qui les inspirait, pas une des sœurs n'eût offert l'encens aux idoles... Il fallait, ajoutait-il encore, en se rappelant les dispositions particulières d'Élisabeth, qu'il y eût dans le cœur de la mère un bien riche trésor de zèle, de ferveur, d'abnégation, et, par conséquent, d'amour de Dieu, pour inspirer de tels sentiments à celles qui s'étaient données à elle, âme, corps et biens ! »

____

(1) L'année où est morte sœur Elisabeth, elle le lisait encore exactement.

Au retour de la messe, les amies qui avaient
préparé les sœurs à leurs vœux, voulurent être
encore les ordonnatrices de leur petite agape. Mademoiselle Buquin (1) apporta du riz et de la
farine, et mesdemoiselles Lanet, Zéphirine Permezel et Marie Bourgeois firent un potage avec ce
riz et une friture de cette farine. Lorsqu'elles eurent
achevé le repas, il restait encore un peu de farine
mêlée d'eau au fond d'un plat : « Rangez cela, dit
l'une d'elles à Elisabeth, vous en ferez votre dé-
jeûner demain. » Le lendemain, en effet, les cinq
religieuses, la veuve Giraud, le pauvre vieillard et
quelques jeunes orphelines qu'elles avaient recueillies n'eurent pas d'autre nourriture que ces
restes du repas offert par la charité.

(1) V. note VII.

CHAPITRE VI

Les Épreuves.

1832-1840

Le lendemain du jour des vœux étant un dimanche, les sœurs Élisabeth, Régis (1), Joseph (2) et Chantal (3) parurent dans l'église de la paroisse, revétues de la sainte livrée que M. Cathiard avait bénite. « Qu'est-ce que cela, se dirent entre eux tous ceux qui les virent? Quelle est cette nouveauté? Il faut qu'Elisabeth Giraud ait perdu la raison pour entreprendre une œuvre tellement au-

(1) Marie Genin.
(2) Joséphine Croibier.
(3) Marie Magnin.

dessus de ses forces ! Pauvres infortunées ! Croient-elles que nous les appelions jamais ma Sœur (1) ? » Et ces enfants auxquels tous les jours elles faisaient le catéchisme, ces voisins qu'elles allaient soigner et consoler dans leurs peines, les poursuivirent jusqu'au couvent, les mains remplies de pierres et les lèvres frémissantes d'insultes et de moqueries.

« Mes Sœurs, disait la Mère à ses compagnes, ne vous effrayez pas. Ce ne sont que quelques injures et Notre-Seigneur a souffert jusqu'à verser tout son sang ! Les couronnes d'épines, les fouets, les croix ne sont pas pour nous, nous sommes trop lâches !... » Et elle souriait, comme si les paroles de mépris qu'elle venait d'entendre eussent été pour son âme les souhaits les plus doux et les meilleurs. C'est qu'elle savait comment s'établissent les œuvres de Dieu, et comment, depuis le sacrifice du calvaire, la douleur patiemment supportée engendre la force et la vie.

Aussi le lendemain, quand une de ses amies vint la prier de ne point aller à la messe, parce qu'on devait l'attendre à l'un des détours du chemin et qu'on parlait même de la tuer, elle s'indi-

---

(1) Ce dernier propos avait été tenu par le vicaire du Pont. « Ce vicaire est devenu curé, disait la sœur Élisabeth avec cette originalité piquante dont tous ses amis se souviennent, il nous a demandé des religieuses ; si nous en avions, nous les lui enverrions vite, afin qu'il pût les appeler *ma sœur !* »

gna : « Vous voulez donc empêcher qu'on me rende le plus grand service, dit-elle... me tuer ?... oh ! si vous disiez vrai ! » Elle alla à la messe, elle aperçut au lieu indiqué les personnes postées pour l'attendre ; elles les salua et leur demanda de leurs nouvelles et de celles de leurs familles. Des paroles si charitables renversèrent les noirs projets de ses persécuteurs, car ils ne purent répondre à ses questions qu'en hésitant et en se troublant.

A quelque temps de là on l'avertit encore que deux femmes voulaient la maltraiter lorsqu'elle passerait dans les rues du Pont : « Tant mieux, dit-elle, laissez-les faire, je serai heureuse de souffrir. » Mais la Providence permit qu'elle passât par la petite porte de l'église, tandis que ces femmes l'attendaient à la grande : elle ne les rencontra donc pas. Ce ne fut que deux mois après qu'elle les vit. Alors la vengeance divine semblait les poursuivre, car elles étaient toutes les deux malades, et demandaient, avec des larmes, qu'il leur fût donné de revoir cette Élisabeth qu'elles avaient voulu traiter si indignement. La pieuse fille ayant connaissance de ce désir se rendit auprès de leur lit, où elle reçut l'aveu de leurs torts, et cette demande d'un pardon complet que l'âme souffrante est parfois si heureuse d'obtenir même d'un ennemi. Mais Élisabeth n'était pas une ennemie, c'était une sœur, et son pardon fut doux, embaumé de piété et d'amour, comme celui qu'accordent les saints.

La croix de sœur Élisabeth ne devait pas consister seulement dans ces épreuves extérieures et dans les calomnies répandues par ses anciennes compagnes; elle se préparait partout autour d'elle, jusque dans le secret de sa maison, que dis-je? jusque dans les plus impénétrables replis de son cœur; car plus le cœur est développé sur le modèle du cœur divin, plus il est appelé à souffrir.

Mais si la croix s'appesantissait sur ses épaules, la force naissait dans son sein; elle-même nous a indiqué l'origine de cette force, un jour que, racontant aux sœurs les premières épreuves de la communauté, elle ajoutait : « Nous avons commencé pauvrement, petitement, sans savoir même ce que nous commencions?... Le bon Dieu n'a pas besoin du consentement des âmes : *pourvu qu'elles soient soumises, c'est là tout !...* »

La soumission à la volonté divine était donc la mystérieuse preuve des desseins de Dieu sur elle et la cause des bénédictions que le ciel lui donnait.

Elle recevait les afflictions et les peines comme les joies et les faveurs. Aucune parole de tristesse n'apparaissait sur ses lèvres, aucun mouvement d'amertume dans son âme, et sa vertu se réflétait au dehors sur ses filles qui voulaient comme elle ce que Dieu voulait, attendaient de sa main et de son cœur ce qu'il lui plairait d'envoyer.

Après les persécutions des premiers jours, il leur fallut sentir les étreintes d'une pauvreté qu'elles n'avaient jamais rencontrée, même en visitant les chaumières les plus délaissées, à ce point que le vieillard et les petites orphelines élevées par charité s'en plaignirent tout haut. Le pain faisait défaut, et, quand vint l'hiver, il n'y avait plus un légume, plus une herbe dans le petit jardin couvert de neige. Parfois, on se réunissait à midi pour dîner, on récitait le *Benedicite*, mais sur la table il n'apparaissait rien ; alors on récitait les grâces, comme si Dieu eût donné une nourriture abondante, et on retournait au travail en chantant. Si les sœurs, en ce temps là, avaient écrit leurs constitutions, elles auraient pu y dire comme sainte Thérèse : « Il ne peut y avoir rien de réglé pour l'heure du dîner, parce que c'est quand il y en aura. »

Un jour, une bouchée de pain, seul reste du repas de la veille, fit le tour de la table, aucune des sœurs ne voulant y goûter. Heureuse était la pieuse mère, quand elle trouvait dans les environs quelques légumes à demi rongés par la pluie ou détruits par la gelée. Heureuse était-elle encore, quand ses amies lui apportaient en aumône un peu d'orge, un peu de farine ou un peu de riz. Elle essaya, en ces jours si sombres, c'est elle-même qui l'a dit, de se nourrir de terre, afin qu'au moins elle n'eût pas à toucher aux petites ressources que la charité lui offrait pour sa communauté.

On a peine maintenant à comprendre tant de souffrances, et il faut vraiment que le doigt de Dieu ait été là, imprimant sur le mur lézardé de la petite chaumière des mots que les marbres des palais de Babylone ne connurent jamais ; car, plus les privations étaient grandes, plus les jeunes filles arrivaient nombreuses et pressées de se donner à Dieu : « Je ne savais point qui les poussait ainsi chez nous, disait la mère Élisabeth, revenant, quelques mois avant sa mort, sur cette mystérieuse époque de la fondation ; je leur demandais : Que venez-vous faire ? Elles me répondaient : Nous venons nous faire religieuses ! Je leur disais : Allez ailleurs ! ne savez-vous pas que nous n'avons pas de pain, que nous nous levons à trois heures du matin pour filer, et que le soir, vers les dix heures, nous teillons chacune un paquet de chanvre pour pouvoir faire cuire notre soupe avec les chenevottes, parce que nous n'avons pas de bois ? Mais elles me répondaient : Mère, prenez-nous, nous travaillerons avec vous. Et je les recevais, sans savoir comment je les nourrirais, je les vêtirais et les logerais, mais bien certaine que, puisque Dieu les envoyait, il saurait y pourvoir. « Un jour, il n'y avait pas un légume, pas une pomme de terre pour le repas de midi. On le dit à la mère Élisabeth, tandis qu'elle s'entretenait avec une postulante nouvellement arrivée. Elle ne répondit rien

à la sœur, mais se tournant vers la postulante :
« Êtes-vous venue ici pour mourir de faim, lui dit-
elle ? » La jeune postulante leva les yeux vers elle
et ajouta : « J'aime mieux mourir de faim avec
vous, mère, que de vivre ailleurs ! »

Que de peine et de combinaisons il fallut pour
réunir vingt francs, acheter une chèvre, et de son
lait blanchir l'eau que les sœurs buvaient à midi,
en mangeant leurs pommes de terre (1); que de
soins ensuite pour que cette petite chèvre n'eût
pas trop à souffrir de la pauvreté commune et pût
longtemps fournir son lait ! « Je la menais en
champ, sur les bords du chemin, a dit souvent la
mère Élisabeth, et je louais Dieu, qui me donnait
par elle le moyen d'apaiser un peu les besoins des
sœurs ! »

La maladie parut à la suite de ces privations. Ce
fut d'abord Élisabeth que Dieu étendit sur sa
pauvre couche, mais elle ne souffrit pas longtemps : que fussent devenues ses filles, si elles
eussent dû la voir languir ?

Tandis qu'elle était retenue au lit, et si faible
qu'elle ne pouvait faire un pas hors de sa demeure,
le vicaire de la paroisse du Pont fut mandé dans
le hameau des Brosses pour administrer un vieillard ; quoiqu'il fût monté en grande hâte, le vieil-

(1) « Elles mêlaient d'eau le lait de leur chèvre, en sorte que,
tantôt elles avaient du lait étendu d'eau, tantôt de l'eau troublée
de lait. » (Notes de M. Morand, curé d'Entremont.)

lard n'était plus en état de recevoir son Dieu ; alors le prêtre, passant chez Élisabeth, la fit communier : il savait qu'elle était toujours prête. Assurément elle l'était ; toutefois elle se reprocha longtemps cette communion qu'elle n'avait pas demandée par d'assez longs désirs.

Après le rétablissement de la mère Élisabeth, sœur Chantal tomba malade. On crut d'abord que ce ne serait qu'une fatigue momentanée : elle avait été chercher des feuilles dans les bois, et la charge avait été trop lourde pour elle ; mais elle avait le pressentiment de sa mort, et ce pressentiment ne devait pas la tromper. Déjà, quelques mois auparavant, le jour de la Toussaint, revenant de la messe avec ses sœurs, elle s'était prise toute joyeuse à regarder le ciel et à dire : « L'an prochain, une de nous sera au ciel et louera le Seigneur avec les anges ! » Mais ses compagnes n'avaient point saisi le secret de sa joie, et la mère Élisabeth s'était contentée de répondre : « Qui vivra, verra ! »

Bientôt la fièvre parut et l'on appela son confesseur ; il la trouva sur son lit, chantant des cantiques, et si heureuse qu'il ne put croire à ses souffrances : « On dirait que cette fille revient d'une fête ou plutôt qu'elle y court, » dit-il, après avoir entendu sa confession. Deux ou trois jours après, la fièvre étant devenue plus forte, tout espoir s'éteignit dans les âmes attristées de ses compagnes. « Mon Dieu, disait-elle dans son délire, lorsque des angoisses trop grandes interrompaient ses cantiques, mon Dieu, je vous ai connu bien tard, mais je vous ai aimé dès que je vous ai connu. Mon Dieu, j'ai vingt-deux ans, et je vais vous rendre compte de mon administration, ai-je donc achevé ma tâche ? Mon Dieu, j'ai fait des confessions et des communions, sont-elles bonnes ? » et, sans paraître attendre la réponse du Maître, penchée sur son lit de douleur, elle reprenait ce cri que son cœur avait formé déjà : « Mon Dieu, je vous ai connu bien tard, mais je vous ai aimé dès que je vous ai connu ! »

Sœur Chantal avait deux frères et deux sœurs ; son frère aîné vint la voir, et, songeant à ses intérêts matériels, la pria de penser à lui ; mais la jeune religieuse, l'esprit tout au ciel, reprit avec un indéfinissable sourire : « Oh ! oui, je penserai à toi, quand je serai près de Dieu ! »

De ses deux sœurs, toutes deux pensionnaires du couvent, l'une était idiote ; l'autre, nommée Françoise, devait prendre sa place dans la communauté. On eût dit qu'arrivée à son heure dernière, sœur Chantal avait eu la révélation de ce bonheur, car l'avenir de sa sœur ne l'inquiétait plus. Enfin l'agonie s'ouvrit douce et tranquille, semblable à la soirée d'une délicieuse journée d'avril. La mort même ne voulut pas la dépouiller des charmes de sa jeunesse. Ses traits conservèrent une telle fraîcheur, son front une si grande sérénité, ses membres tant de souplesse, que les sœurs ne pouvaient croire qu'elle eût rendu le dernier soupir.

Autour d'elle l'air était embaumé, comme si toutes les fleurs du printemps se fussent ouvertes à la fois dans le petit jardin. La mère Élisabeth ferma ses yeux et la plaça dans son cercueil. On la porta au tombeau la face découverte, et, ceux qui la déposaient dans la fosse faisant du bruit, M. Cathiard les reprit vivement : « N'éveillez pas cette jeune fille, leur dit-il, car elle n'est pas morte, elle dort ! » Deux années s'étaient écoulées depuis le jour où elle avait demandé à Élisabeth de rester auprès d'elle comme son enfant, et ces deux années avaient suffi à tresser sa couronne; Élisabeth lui avait tout appris, les principales vérités de la foi et les plus impénétrables secrets du cœur de Dieu. Elle était devenue à son école un vase d'élection, un prodige de grâces, et son souvenir est resté si vivant dans le petit hameau, qu'encore maintenant les laboureurs saluent en passant l'ancienne chaumière d'Élisabeth, et lorsqu'on leur demande pourquoi cette marque de respect : « C'est que là, répondent-ils, il est mort une sainte. »

Deux jeunes filles, Antoinette et Charlotte Meynard, étaient entrées dans la communauté des Brosses une année avant la mort de sœur Chantal; elles lui survécurent peu. Charlotte (1), âgée de

(1) En religion sœur Dorothée.

vingt-quatre ans, mourut la première, Antoinette la suivit (1).

Il est raconté, au sujet de deux religieuses de l'ordre de Fontevrault, que l'une d'elles, étant morte avant l'autre, apparut en songe à sa compagne, et lui prédit sa mort en ces termes : « Je te fais savoir, ma bien-aimée sœur, que je jouis déjà d'une grande paix ; mais je ne saurais entrer au paradis sans toi, pour y contempler la face de Dieu. Prépare-toi donc et viens au plus vite, afin que nous soyons présentées ensemble au Seigneur ! »

Charlotte appela sans doute Antoinette, afin d'entrer au paradis avec elle ; mais s'il fut doux à ces deux sœurs de ne se point survivre et d'être présentées ensemble au Seigneur, leur mort laissa un grand vide dans le petit couvent.

Il n'était pas comblé, et déjà sœur Élisabeth était appelée à offrir une victime non moins pure, dans un sacrifice encore plus douloureux. Son frère Étienne s'était marié, il avait eu quatre fils et cinq filles ; et l'une de ses filles, nommée Marie, arrivée à cet âge où l'on choisit entre la famille et le cloître, avait dit à sa tante comme sœur Régis et comme sœur Joseph : « Gardez-moi près de vous ! » Élisabeth l'avait donc gardée et l'avait fait passer de la classe au noviciat. Aucune des sœurs

____

(1) En religion sœur Thérèse.

ne lui promettait plus de joies, car aucune ne joignait plus de qualités naturelles à plus de vertus chrétiennes ; mais parce qu'on l'avait préparée à la vie religieuse avec des sentiments peut-être trop ardents et trop personnels, Dieu se hâta de l'enlever à la terre.

Quelques jours après avoir fait ses vœux, elle fut atteinte d'une phthisie pulmonaire, et pendant neuf mois elle en souffrit avec des alternatives diverses : tantôt, se croyant guérie, elle était gaie, vive, confiante, et sa douce joie devenait pour toutes ses compagnes la plus douloureuse des tristesses ; tantôt elle comprenait qu'elle s'était trompée, et se prenait à penser à la mort avec toute l'austérité des Jérôme et des Augustin.

Le 17 novembre 1840, un étouffement la saisit, plus douloureux que de coutume, et la mère Élisabeth, comprenant que c'était le dernier, dit à la religieuse qui la gardait d'aller en grande hâte chercher son confesseur ; mais la jeune mourante, entendant cet ordre, se souleva :

— Oh ! non, dit-elle, c'est bien inutile.

— Pourquoi inutile, demanda la supérieure ?

— Parce qu'il ne viendra pas, ajouta sœur Marie, avec cette simplicité pleine de douceur qui était un des caractères de sa vertu.

En effet, il ne put venir, et ce furent sa tante et sa grand'mère, qui, l'une à la droite de son lit et l'autre à la gauche, preparèrent son âme.

— Ma fille, lui disait la mère Élisabeth, où vas-tu ?

— Au ciel, ma mère, répondit-elle.

— Ma fille, entre les bras de qui meurs-tu ?

— Entre les bras de Dieu, ajoutait la mourante.

— Ne prieras-tu pas pour moi, demandait la grand-mère, le visage tout inondé de larmes ?

—Oh ! oui, reprenait-elle, et vous, vous prierez pour moi également, et elle lui tendait sa main desséchée par la maladie, afin de conclure ce pacte avec elle ; mais la mort ne lui en laissa pas le temps : « Adieu ma mère, adieu ma grand'mère, » dit-elle en se hâtant, comme si l'ange du Seigneur, venu pour chercher son âme, l'eût pressée de partir.

Pendant le temps de sa maladie, la mère Élisabeth n'avait cessé de pleurer : c'était un soutien que Dieu lui enlevait, une espérance qu'il brisait dans son sein ; mais lorsqu'elle fut morte, elle ne pleura plus : « Ne pleurez pas, disait-elle aux jeunes sœurs qui entouraient son cercueil, elle a été recevoir sa couronne. Mais quelle leçon Dieu m'a donnée en me l'enlevant, ajoutait-elle ! Quelle preuve que nous ne devons nous attacher qu'à lui ! »

A quelque temps de là, on eut besoin dans la communauté du coffre que le vieillard des Brosses avait laissé aux sœurs et qu'on avait placé au grenier. La mère Élisabeth l'ouvrit pour le porter avec plus de facilité : quelle fut sa surprise d'y trouver une lettre soigneusement cachetée et qu'une main étrangère à la maison paraissait y avoir déposée. Elle la fit ouvrir par une amie : c'était un cantique d'actions de grâces, mêlé d'encouragements et de leçons. Les sœurs versaient des larmes en entendant lire cette lettre : « Oh ! se prit à dire en souriant la mère Élisabeth, c'est notre sœur Marie qui nous écrit cela du ciel ! (1).

Ainsi moururent, sans avoir pour ainsi dire posé leurs pieds sur cette pauvre terre, les sœurs Chantal, Dorothée, Thérèse et Marie.

Les jeunes morts ont je ne sais quel charme particulier dont on ne peut se défendre. Ce n'est pas une existence brisée à son aurore que l'on regrette. La doctrine sacrée nous apprend que la vie d'ici-bas n'est qu'un acheminement, qu'un prélude à la vie du ciel; qu'il ne s'agit pour l'homme, en ce monde, que de marcher avec joie et avec force vers le souverain but, sans se laisser arrêter par des appels trompeurs ou d'imaginaires plaisirs. Rien de grand ne s'achève sur la terre, c'est assez pour la gloire d'une existence bénie d'avoir commencé l'hymne; à quelque strophe que le divin Maître arrête le chant, il était achevé, car il appelait le suprême bien, et qu'y aurait-il au-delà ?

---

(1) J'ai demandé cette lettre aux sœurs, on l'a cherchée sans pouvoir la retrouver ; mais les plus anciennes religieuses affirment qu'elles l'ont vue, qu'elles l'ont entendu lire, et qu'elle leur a longtemps donné du courage.

CHAPITRE VII

Le brevet. — Le second couvent.

1835-1849

> « Venez, écoutez, vous tous qui
> craignez Dieu ; et je vous raconterai
> tout ce qu'il a fait en ma faveur. »
> (Ps. lxv, 16).

Les injures et les critiques n'avaient pu troubler l'âme d'Élisabeth, les privations et les maladies s'étaient succédé sans lui arracher une plainte ; auprès des dépouilles inanimées de ses trois sœurs et de sa nièce, elle avait rendu grâce à Dieu : elle était donc prête à de nouvelles épreuves.

Un jour, un inconnu, vêtu de noir, vint frapper à sa porte. C'était un inspecteur des écoles ; il venait visiter la pauvre classe du hameau et voulait emporter des preuves de la capacité des sœurs. Mais quelles preuves pouvaient lui donner ces filles, qui lisaient à peine les prières de leur paroissien, n'enseignaient que le catéchisme, l'évangile et quelques chapitres de l'histoire du peuple de Dieu ?

La mère Élisabeth ne s'émut pas; elle vit là une humiliation que la main de son Sauveur, percée de clous et teinte de sang, lui apportait. Ce furent ses amis qui s'inquiétèrent, et l'un d'eux, M. Sanson, lui offrit d'instruire une de ses sœurs, afin qu'à la prochaine visite de l'inspecteur elle sût au moins répondre aux plus humbles questions.

Sœur Régis fut choisie pour aller à cette école de la charité. Trois fois par semaine, celui qui s'était fait son maître lui expliquait les premiers principes de la grammaire et du calcul; mais hélas ! jamais la pauvre sœur ne se souvenait des enseignements reçus l'avant-veille ou la veille, et il fut bientôt prouvé qu'elle n'était faite que pour tourner son rouet, teiller le chanvre et préparer les légumes du repas de la communauté : merveilleuse ignorance, qui voilait en son âme aux yeux de la foule, sans l'obscurcir aux yeux de Dieu, la science du salut, la seule difficile et la seule nécessaire !

La mère Élisabeth attendait, soumise mais attristée, l'arrêté qui devait l'obliger à fermer son école, lorsqu'elle reçut une lettre datée de Saint-Geoire et signée d'un nom bien connu des pauvres du pays (1).

(1) Mademoiselle Adèle Chaboud.

Cette lettre, personne ne put la lire ; en vain les pieuses maîtresses se la passèrent-elles l'une à l'autre, elles n'arrivèrent point à découvrir ce que signifiaient les mots si soigneusement et si finement tracés. Il fallut recourir aux amis pour savoir ce qu'elle contenait : « Courage, y était-il dit, chères sœurs, espérons que ces petits commencements, si humbles devant les hommes, se développeront, et qu'un jour vous serez à même de fournir des institutrices à notre paroisse. »

Arrivée à une heure si difficile, cette lettre fut pour Élisabeth comme une bénédiction de Dieu et comme une certitude que les obstacles nouveaux tomberaient sous le souffle de son amour.

La décision de l'autorité académique fut bientôt connue ; il fallut subir l'examen ou cesser d'enseigner.

L'un des fonctionnaires de l'Université, M. Mathieu, engagea la mère Élisabeth à présenter une de ses filles, et la mère Élisabeth partit à pied pour Grenoble avec sœur Régis.

Il faisait un temps humide et lourd, et bientôt la pluie commença à tomber, fine, pénétrante et poussée par le vent.

Les pauvres voyageuses, pressées d'arriver au but, ne s'arrêtèrent pas. A Voiron, une pieuse veuve qu'elles connaissaient les reçut et leur fit du feu pour les sécher ; mais la robe d'Élisabeth était si trempée de sueur et de pluie, qu'à la première impression d'un feu trop ardent, elle se raidit et s'enflamma ; il fallut pour la racommoder qu'elle allât se coucher.

Le lendemain, les religieuses étaient à Grenoble devant leurs examinateurs : sœur Régis, toute tremblante, n'osait lever les yeux sur ses juges ; mère Élisabeth récitait son chapelet.

On appelle sœur Régis ; elle ne répond pas. On l'appelle encore : alors la mère Élisabeth se levant à sa place :

« Comment voulez-vous, dit-elle, interroger une sœur qui n'a jamais rien pu apprendre, et n'est bonne que pour filer sa quenouille et enseigner le catéchisme aux petits enfants ? Cette sœur ne sait rien, laissez-la donc en paix reprendre sa route.

— Mais, répondirent les examinateurs, qui l'a envoyée ici ?

— M. Mathieu, que je vois là-bas, reprend la bonne Mère, en étendant la main, comme si elle eût indiqué à un pauvre berger sa route à travers les bois.

Le fonctionnaire ainsi interpellé fut sans doute pour la jeune Sœur un protecteur habile et un avocat éloquent, car il ne fut plus question ni d'examiner sœur Régis, ni de supprimer cette école des pauvres et des petits enfants.

Lorsque les voyageuses rentrèrent au couvent des Brosses, ce fut une joie non pareille : on eût dit que les filles d'Élisabeth ne l'avaient pas vue depuis des années.

M. Cathiard, heureux de ce résultat inespéré, songea qu'il était temps de diminuer la distance entre l'école et le Pont-de-Beauvoisin : les petits enfants avaient grand peine à y arriver pendant les froides matinées de l'hiver; d'ailleurs les Sœurs étaient devenues nombreuses, et elles manquaient d'espace dans la chambre haute où el'es se trouvaient confinées.

Un des habitants de la Folatière offrit une maison assez vaste, située au hameau du Guillon, à la condition d'y faire encore les vers à soie.

La mère Élisabeth accepta, et la communauté, composée de douze personnes, s'y transporta le 24 juin 1835. Ce ne fut pas sans douleur que les anciennes religieuses dirent adieu aux pauvres murs de ce premier couvent, où leur sœur Chantal avait rendu le dernier soupir, où M. Cathiard s'était arrêté si souvent pour les enseigner, où Dieu était venu les visiter sous les voiles de la douleur et de l'Eucharistie. Ce premier asile était pour elles ce qu'est, dans la vie d'un homme, le lieu où son cœur a battu son premier et son plus doux battement. C'était un berceau !

La maison présentait quelques avantages : elle était grande ; mais quand vint l'époque des vers à soie, il fallut l'abandonner, coucher sur la paille dans un grenier ouvert aux quatre vents du ciel, et établir les rouets dans une cave humide. Les planches qui couvraient cette cave étaient si disjointes, si mal affermies sur les poutres qui les portaient, que non-seulement la poussière tombait sur les sœurs, mais que de temps en temps, elles trouvaient des feuilles de mûrier à demi corrompues et des tronçons de vers à soie dans la petite marmite où cuisait leur pauvre soupe.

— « Qu'est-ce que cela, leur disait la mère Élisabeth en souriant ? Qu'est-ce que cette souffrance pour les épouses de Jésus-Christ crucifié ?... Ne serait-il pas juste que nous n'eussions pas même un abri, puisqu'il n'en avait pas pour reposer sa tête ? Eh ! mon Dieu, reprenait-elle, cette vie misérable est-elle si longue et notre corps si délicat pour que le premier coin venu ne soit pas bon ? »

Les sœurs n'auraient certainement pas abandonné cette demeure, si le vendeur ne leur eût offert en échange une maison plus vaste, construite près de la route de Chambéry à Lyon, avec quelques dépendances et un jardin. Toutefois, comme il ne s'agissait plus d'une location, mais d'une vente définitive, et que la petite communauté ne possédait pas même le pain du lendemain, on fut quelques instants avant de s'entendre.

Enfin l'on dressa les conventions. La mère Élisabeth s'engageait à payer 3,000 francs et un quintal de fil. Il en est des œuvres de charité, pensait-elle, comme des œuvres de Dieu : on n'est jamais plus sûr de les voir réussir que quand on les commence les mains vides.

L'acte de vente préparé, elle alla le présenter à M. Cathiard. Ce digne prêtre désirait sans doute que ses filles fussent toujours pauvrement campées sous la tente de l'étranger, car après avoir lu l'acte il le lança en l'air en disant : « Peu m'importe que vous achetiez ou que vous n'achetiez pas ; je ne suis pas fondateur, faites ce que bon vous semblera !... »

La pauvre mère revint chez elle en pleurant : « Appuyons-nous sur Dieu ! » dit-elle. Et parce qu'elle ne savait pas écrire, une de ses amies traça les lettres de son nom sur une petite feuille de papier, qu'elle copia ensuite servilement.

Elle signa donc. Le quintal de fil devait être donné presque aussitôt. Pendant qu'on le préparait, les sœurs manquaient de pain, et les amies d'Élisabeth apportaient ou envoyaient des secours : mais qu'était-ce que ces secours pour subvenir aux besoins journaliers de quinze ou vingt personnes ? Aussi l'embarras fut-il grand lorsqu'il fallut payer douze cents francs du premier terme. Élisabeth s'en alla au Pont pour chercher à les emprunter.

J'ai toujours eu une grande fierté, disait-elle aux sœurs, en leur faisant le récit de ce voyage ; jugez donc, il m'a encore fallu mendier ! M. le vicaire m'a prêté 200 francs ; une autre personne,

200 francs ; Mme Buquin (1), chez laquelle je suis entrée, m'a donné un sac dans lequel elle avait mis 600 francs ; enfin, grâce à une quatrième aumône, j'ai pu compléter la somme. »

Ces emprunts divers, en augmentant le nombre des créanciers, ne diminuèrent pas les dettes des pauvres sœurs, et après avoir terminé les réparations nécessaires pour l'installation du nouveau couvent, le chiffre total dépassait onze mille francs.

---

(1) Mme Buquin, au moment de mourir, a dit à ses enfants : « J'ai prêté 600 francs aux sœurs, je les leur donne. » — Jamais, ajouta la mère Élisabeth en parlant de la charité de cette famille, on ne m'en a demandé compte.

CHAPITRE VIII

Le Règlement.

1843

> « Observez les préceptes de votre père
> et n'abandonnez point la loi de votre
> mère.
> « Tenez-les sans cesse liés à votre
> cœur et attachez-les autour de votre cou.
> « Lorsque vous marchez, qu'ils vous
> accompagnent; lorsque vous dormez,
> qu'ils vous gardent; et en vous réveillant
> entretenez-vous avec eux.
> « Parce que le commandement est une
> lampe, la loi est une lumière, et la ré-
> primande qui retient dans la discipline,
> est une voix de la vie. »
>
> PROVERBES, VI, 20-23.

Dès la première année de l'installation au second couvent, les jeunes filles arrivèrent en plus
grand nombre. Mais il était un point qui en étonnait quelques-unes à leur début dans la vie religieuse : la petite communauté n'était régie par
aucune règle; la volonté de la supérieure était le
seul mobile de toutes les actions des sœurs; tous

les ordres émanaient de ses lèvres, ainsi que les conseils, les leçons et les encouragements.

Un jour, une jeune postulante manifesta tout haut sa surprise. La mère Élisabeth l'entendit et en fut frappée : une lumière soudaine descendit sur elle, et, sans différer un instant, elle demanda à M. Cathiard cette règle qui devait l'aider dans l'exercice de ses fonctions maternelles et couvrir comme d'un voile son humilité.

Le digne pasteur avait bien pu refuser d'examiner les actes d'acquisition ou de vente de sa pauvre communauté ; mais à cette heure où il s'agissait de secourir son âme et l'âme de ses enfants, elle le trouva prêt. Il entreprit ce travail avec toute l'ardeur et l'énergie de sa nature : tantôt il venait au couvent et demandait aux sœurs de lui écrire les exercices qu'elles suivaient, afin de les consacrer, en les imposant comme des lois; tantôt, de vive voix, il priait qu'on lui donnât les plus petites coutumes, les plus humbles usages, afin que rien ne fût oublié des traditions de la première vie.

Après trois mois d'examens, d'épreuves et de travail, il put lire aux sœurs le règlement, véritable abrégé de perfection, où le *but* de l'œuvre est tracé, ainsi que les *moyens* qui doivent y conduire, et l'*esprit* qui sert à en vivifier la lettre.

Le Carmel, avec ses pratiques séculaires de solitude et de pénitence, suppose des âmes vaillantes dans des corps affermis contre les privations.

Le doux fondateur de la Visitation avait appelé au banquet de l'époux les faibles, les infirmes, les veuves âgées déjà, mais dont l'éducation et les connaissances compensaient ces désavantages.

Saint Vincent de Paul s'était plu à réunir autour de lui cette jeunesse de la capitale, qu'un zèle jusqu'alors inconnu pour les œuvres de charité, avait conduite en un instant jusqu'à l'héroïsme.

L'humble curé du Pont-de-Beauvoisin écrit pour de simples filles des champs. Aussi tout est humilité dans les ordres qu'il leur donne et dans les conseils qu'il adresse à leurs âmes : — « La communauté des Sœurs du Rosaire, dit-il aux premières lignes du règlement, a principalement pour *but* d'offrir un asile aux filles sages et pieuses qui désirent se soustraire aux dangers du monde, en se consacrant à Dieu par la profession religieuse, mais qui sont pauvres, et ne peuvent être reçues dans les ordres existant déjà... »

Idée grande et touchante, qu'il ne se contente pas d'inscrire au commencement des Constitutions, mais qu'il développe sans cesse et qui apparaît dans toutes ses ordonnances. D'abord, il donne pour patronne aux sœurs la Reine du saint Rosaire et il motive ainsi son choix : « La communauté, dit-il, est sans appui dans le monde et n'a d'autre ressource que le produit de son travail de chaque jour. » Ensuite, il leur indique le soin des malades et l'instruction des enfants, comme l'objet spécial de leurs efforts; enfin, il leur rappelle leur condition première et les prie d'aimer, de protéger, d'instruire même les jeunes servantes : « Vous souvenant, ajoute-t-il, que plusieurs d'entre vous ont été servantes avant d'être religieuses. »

Le but de l'œuvre ainsi défini, M. Cathiard descend dans le détail des *moyens* qui doivent y conduire les sœurs.

Elles auront un lit simple et pauvre, sans matelas et avec un rideau, où elles reposeront six heures et demie en été et sept heures en hiver. Une même table les réunira : « Le pain et les aliments qu'on déposera sur cette table seront de la nature de ceux qui sont en usage chez les laboureurs peu aisés des campagnes. » Le vin n'y paraîtra pas; il ne sera pas cependant défendu à la supérieure, en certains cas, d'en donner; seulement ce vin sera mêlé d'eau.

Parce que toutes les sœurs ont le même rang, il n'y aura parmi elles rien qui les distingue; le costume de la supérieure sera le même que celui des autres sœurs, sauf la croix : la croix de la supérieure sera deux fois plus grande, « pour lui rappeler à elle-même qu'elle a des devoirs plus nombreux et plus durs, et par conséquent besoin de plus de grâces, de force, d'humilité et de patience... pour rappeler aussi à ses filles qu'elles doivent alléger le poids de sa charge par leur fidélité à obéir au règlement, leur respect pour son autorité et leur docilité à ses avis. » La croix de la novice n'aura pas de christ : il manque la consécration dernière à son sacrifice; elle est offerte, elle n'est pas immolée, et Dieu ne se donne qu'à l'âme immolée.

A l'origine de la communauté, une dot avait été fixée pour l'entrée des nouvelles religieuses. On leur demandait d'apporter *trente francs et un rouet*. Désormais il n'y a plus rien d'établi : la supérieure, assistée d'un des membres du Conseil, doit régler cette question avec les parents de la postulante : elle est trop vaine et trop mesquine pour que le chef de la petite milice, qui ne connaît d'autre trésor ici-bas que la pauvreté et la chasteté, s'en préoccupe un instant. Sœur Élisabeth, sa fille aînée, saura dire, lorsqu'on lui présentera une jeune fille qui n'a en ce monde que la volonté de se donner à Dieu : « Qu'elle vienne parmi nous!... peu importe sa dot... Oh ! si je sentais que la richesse entre dans le couvent, ajoutera-t-elle, je mettrais le feu aux quatre coins! »

La fortune sera même parfois un motif d'exclusion : Que voulez-vous qu'elle fasse parmi nous, répondra la mère Élisabeth, à des parents inquiets de la résolution de leur fille, elle est trop riche pour nous (1). »

(1) Elle exprimait un jour le même sentiment sous une forme piquante à Mlle *** qui demandait à entrer dans sa commu-

Les longs jeûnes, en usage dans les cloîtres, ne sont point imposés aux sœurs ; M. Cathiard ne leur ordonne que les jeûnes prescrits par l'Église : « Condamnées par leur profession à une vie pauvre et laborieuse, dit-il, il leur suffira d'y ajouter les jeûnes de quelques vigiles.

Les austérités corporelles ne sont pas plus que les jeûnes abandonnées à leur volonté ; elles ne feront que ce qu'il leur est permis de faire... Cependant, ajoute le fondateur, comme elles ne doivent jamais perdre de vue que leur vie, à l'imitation de celle du Sauveur et des saints, doit être une vie pénitente, elles prendront pour des mortifications toutes les maladies, tous les devoirs pénibles de leur état, l'assujettissement au règlement, les défauts du prochain... le sacrifice incessant de leurs affections et de leurs volontés... les contrariétés de la vie, les répugnances de la chair... les tristesses de l'esprit. »

« Ma plus grande pénitence, disait le grand

nauté : « Comment, vous ! s'écria-t-elle, mais vous ne savez manger que la soupe de la petite marmite, et il n'y a point de petite marmite chez nous. » Dans une autre circonstance, un des amis de sœur Élisabeth, à qui elle faisait la confidence de ses embarras d'argent, lui disait : « Il faudrait que le bon Dieu inspirât à quelque fille riche de se faire religieuse dans votre communauté. — Oh ! non, répondit-elle... Il y a quelques mois, il s'est présenté une postulante dont la dot dépassait 20,000 francs. Je l'ai bien vite renvoyée. Comment se serait-elle pliée à notre pauvreté ? »

saint Bernard, déjà amaigri par les macérations
et les veilles, c'est encore la vie commune ! » Il
n'y aura pas de cellules dans le couvent de Notre-
Dame du Rosaire ; on ne pourra pas se recueillir
un moment et travailler seule, pour retrouver
ensuite la société avec tout son charme et ses
mille petites distractions : un grand et unique
dortoir abritera les sœurs pendant la nuit ; pendant
le jour elles se réuniront dans la salle de travail,
ou dans les champs, ou à la chapelle pour prier...
Jamais elles ne seront seules, jamais elles n'iront
seules, même pour visiter un pauvre malade.... Il
faudra qu'elles soient douces, suaves, gracieuses,
sacrifiées aux autres en tout temps.

Les conversations, ces épanchements qui don-
nent la vraie note de l'âme, seront graves et
sérieuses pendant le travail, gaies et faciles pendant les récréations, pleines de prudence et de
réserve avec les étrangers.

Mais pendant que M. Cathiard crucifie l'âme
elle-même en la dépouillant, il l'unit à Dieu par
des prières et des actes.

Dès que l'heure du réveil aura sonné, la sœur
réglementaire l'annoncera par ces paroles : « Gloire
à Dieu, au plus haut des cieux, et paix sur la terre
aux hommes de bonne volonté ! » Souvenir ravis-
sant du réveil de l'humanité autour du berceau
de l'Homme-Dieu, et peut-être aussi de ce chant

du ciel entendu naguère auprès du berceau de la
petite communauté.

Pendant les sept ou huit minutes accordées aux
sœurs pour se lever, le Rosaire commencera; il
continuera dans le parcours du dortoir à la chapelle, et c'est ainsi, par les mystères joyeux, que
s'ouvrira la journée; à une heure et demie, ce
seront les mystères douloureux que méditeront les
sœurs, et le soir, quand elles se seront examinées
devant Dieu sur leurs pensées et leurs œuvres,
elles reprendront encore leur chapelet pour s'unir
aux gloires divines. Ce dernier exercice s'achèvera
au dortoir; les sœurs iront prendre leur repos en
demandant à Marie de prier pour elles, maintenant
et à l'heure de la mort.

L'office de l'Immaculée-Conception, les litanies,
le catéchisme, les lectures pieuses couperont le
temps sans interrompre toujours le travail. La
messe n'est point prescrite sur cet ordre du jour :
c'est que, soumises aux exigences de la pauvreté,
les sœurs n'ont que rarement le bonheur de s'y
rendre; il faut, pendant les premières années, que
la permission de communier leur en donne le droit.

A l'heure où l'on devrait l'entendre, c'est une
méditation qui s'offre, et la supérieure peut, s'il
lui paraît utile, la faire elle-même à haute voix
dans l'oratoire.

Sous le rapport du gouvernement, les règles

sont empreintes de ce même esprit d'humilité et de sagesse, de modération et de douceur.

La supérieure sera nommée pour sept ans; elle pourra être réélue. Dans le but d'assurer la liberté des suffrages, le vote sera secret et aura lieu à la chapelle, sous les yeux du prêtre, qui dépouillera le scrutin. Les sœurs ne sachant pas écrire, ne s'adre·seront qu'à lui pour leur bulletin. La prière, la communion, l'invocation du Saint-Esprit, seront les seuls moyens mis en usage pour connaitre la volonté de Dieu.

La supérieure devra beaucoup travailler, beaucoup aider, beaucoup aimer. Deux fois par mois, et plus s'il est nécessaire, elle recevra ses filles dans sa cellule; elle entendra leurs plaintes et le récit de leurs peines; « elle consolera celles que la tentation éprouve, les portera toutes à la réforme de leur caractère et à l'obéissance à la règle. »

Une assistante, choisie par elle, la remplacera auprès des sœurs. Une sœur conseillère, choisie par la communauté, l'aidera dans le gouvernement de la maison.

Tels sont les principaux points de cette règle si remarquable dans sa simplicité; mais il est quelque chose de plus remarquable encore, c'est l'esprit dont elle est animée.

« Sans un esprit particulier, a dit l'historien de Mme de Chantal, la plus belle législation ne deviendra bien vite qu'un cadavre. » Car c'est l'esprit qui vivifie, la loi qui soutient les mœurs et qui donne aux œuvres cette fécondité immortelle dont les ennemis des institutions chrétiennes ne saisissent pas le secret.

Les sœurs du Rosaire auront donc leur esprit : ce sera l'*esprit d'humilité*.

Ici, il faut entendre M. Cathiard. La dernière page de son règlement est l'analyse de toute sa doctrine, l'abrégé de toute la perfection que pourront atteindre ses filles, la plus fervente prière et le testament de son cœur.

« 1º L'humilité, base, soutien et nourrice de toutes les autres vertus chrétiennes, dit-il, est aussi la pierre fondamentale de toute communauté religieuse ; la condition essentielle et indispensable pour y maintenir la vie, la stabilité et la perpétuité.

« 2º C'est dans l'humilité que les religieuses trouvent les sources de paix, d'union et de charité qui font la joie de leur saint état et le bonheur de leur vie. C'est elle qui maintient parmi les sœurs la fidélité aux devoirs, l'amour de la règle, le respect et la soumission à la supérieure.

« 3º Toute communauté dont les membres puisent les motifs de leur conduite dans les sources salutaires de l'humilité, est cette maison dont parle l'Évangile qui, bâtie sur la pierre solide, résiste aux eaux des torrents, ainsi qu'aux orages et aux tempêtes, c'est-à-dire aux ruses du démon, aux séductions de l'esprit du monde, aux contrariétés du dehors et aux petites passions du dedans.

« 4° Une communauté qui n'a pas sa racine dans l'humilité, est cette maison qui, selon l'Évangile, est bâtie sur le sable ; les eaux du torrent viennent, les vents soufflent et se déchaînent sur elle, la renversent et le ruinent de fond en comble.

« 5° Dieu bénit et élève les humbles ; il aveugle et humilie les orgueilleux.

« 6° Bienheureux, dit l'Évangile, ceux qui ont l'esprit de douceur et d'humilité, parce qu'ils posséderont la terre, c'est-à-dire qu'ils seront aimés de Dieu et des hommes.

« 7° La connaissance de l'humilité et la pratique de cette vertu sont le repos et le bonheur des communautés comme des individus : « Apprenez de « moi, dit Jésus-Christ, que je suis doux et hum- « ble de cœur, et vous trouverez le repos pour « vos âmes ! »

« 8° Mais la connaissance de l'humilité est la science la plus difficile à acquérir, et la pratique de cette vertu ne peut être le fruit que d'une longue suite d'années de vigilance sur ses pensées, ses désirs et ses affections.

« 9° Ce n'est pas une petite affaire que de se connaître et de se mépriser soi-même et de croire que les autres valent mieux que nous et sont plus précieux devant Dieu.

« 10° Nous sommes quelquefois plus considérés

des hommes que notre prochain, tandis que celui-ci est plus agréable aux yeux de Dieu. Mais à quoi nous servent le plus souvent l'estime et la considération de nos semblables, sinon à nous inspirer des sentiments de complaisance en nous-mêmes, à nous faire aimer la flatterie et la vaine gloire, et, par conséquent, à nous rendre méprisables aux yeux de Dieu, à moins que nous ne soyons très-exercés dans la pratique et la science de l'humilité?

« 11° Heureux ceux qui s'exercent à pratiquer chaque jour quelques actes d'humilité afin d'en acquérir la science et la sainte habitude. Heureux ceux qui embrassent les humiliations comme le moyen le plus certain de plaire à Dieu et de satisfaire à sa justice pour les péchés et les nombreuses infidélités dont ils se sont rendus coupables.

« 12° Mais heureux surtout ceux qui aiment les humiliations, qui bénissent le Seigneur quand il leur en arrive et bénissent aussi la main qui les humilie. Ah! ceux-là jouissent d'une grande paix.

« 13° La connaissance, l'amour et la pratique de l'humilité sont le fruit de la grâce de Dieu, un don de l'Esprit-Saint, qu'il faut demander constamment par la prière et les désirs du cœur.

« 14° Méditer souvent la parabole du pharisien et du publicain, priant l'un et l'autre dans le temple; celle du mauvais riche et le sermon sur la montagne.

« 15° Se rappeler que la grande humilité de la

Sainte-Vierge, bien plus encore que sa parfaite pureté, l'a fait choisir de Dieu pour la mère de son divin Fils.

« 16° Penser encore que Marie n'est si grande dans le ciel que parce qu'elle n'a eu sur la terre qu'une existence pauvre, obscure, laborieuse et condamnée aux dures humiliations de la passion et de la mort de son Fils.

« 17° O sainte humilité ! vertu mystérieuse, ignorée du monde, connue et pratiquée seulement par un petit nombre de justes... Vertu qui forme la plus belle couronne des saints dans le ciel ; vertu de justice et de vérité par laquelle les hommes rendent toute gloire à Dieu et pratiquent toute charité envers leurs frères ; vertu qui renferme toute la sagesse que le Fils de Dieu est venu enseigner sur la terre ; vertu par laquelle le juste foule aux pieds l'enfer et toutes ses puissances, le monde et toutes ses séductions, le respect humain et ses ridicules frayeurs, l'orgueil de l'esprit et toutes ses subtilités, vertu qui fait nager délicieusement dans un fleuve de paix ceux qui la pratiquent.

« O sainte et délicieuse vertu ! soyez dans notre esprit pour régler nos pensées, soyez dans notre cœur pour régler nos désirs et nos affections. Ah ! régnez dans l'esprit et le cœur de toutes les sœurs du Saint-Rosaire et leur communauté subsistera sous les yeux de Dieu, d'âge en âge, jusqu'à la fin des siècles. Ainsi soit-il ! »

CHAPITRE IX

**Approbation des Constitutions. — Leur
pratique.**

1844-1845

« Attache-toi à la règle, ne
te relâche point ; conserve-la,
car elle est ta vie. »
PROVERBES IV, 13.

Lorsque les Constitutions eurent été lues au
sein de cette assemblée de pieuses filles si heureuses de s'unir plus étroitement encore à leur
Dieu, M. Cathiard les porta à Grenoble ; il désirait les soumettre à Mgr Philibert de Bruillard,
afin d'avoir pour sa famille religieuse cette approbation qui, à ses yeux, était une bénédiction d'en
haut.

Le vénérable évêque ne se contenta pas de parcourir ces Constitutions, il voulut les annoter de
sa main, adoucissant les observances difficiles,

retranchant celles qui lui paraissaient rudes, ajoutant parfois un mot, un trait, pour donner sa dernière perfection à ce travail qui devait conduire tant d'âmes à Dieu.

Le 1er février 1844, il les renvoya à M. Cathiard, et ce fut pour les sœurs un jour d'une joie bien vive et d'une paix délicieuse que celui où elles purent lire, à la suite des ordonnances de leur père, ces trois lignes de leur premier pasteur : « Nous confirmons et approuvons le présent règlement pour être mis en exécution par nos chères filles, les sœurs de Notre-Dame du Saint-Rosaire, établies avec notre agrément dans notre diocèse (1). »

M. Cathiard ne voulut pas laisser passer, sans l'offrir à Dieu, la douce joie qu'avait fait naître l'approbation épiscopale. Il ordonna trois jours de retraite, pendant lesquels on lirait et on méditerait toutes les parties du règlement; lui-même s'assit au milieu de ses filles, dans le petit ora-

(1) Les règles, rédigées par M. Cathiard, ont été depuis lors vérifiées et complétées par M. le vicaire général Orcel, dont la longue expérience, en tout ce qui touche la vie religieuse, a grandement profité à la communauté des sœurs du Rosaire.

« Je connais vos sœurs de Saint-Geoire, écrivait quelques années après, Mlle de Murinais, fondatrice des sœurs de Notre-Dame de la Croix, à une des compagnes de sa jeunesse, Mme de Franclieu, j'ai lu avec beaucoup d'attention et d'intérêt leurs constitutions; j'y ai trouvé des choses admirables; je pense qu'avec vous, ma bonne amie, je me rangerai dans la catégorie de leurs admirateurs. »

toire où elles priaient, pour le commenter avec elles.

Peu de mois avant de mourir, la mère Élisabeth se rappelait encore les transports de bonheur, les élans pieux de cette retraite. — « Oh! si notre communauté eût été l'œuvre de Satan, disait-elle, le bon Dieu l'aurait brisée vite... mais c'était son œuvre et tout réussissait, et l'approbation de Monseigneur nous arrivait, à nous, pauvres filles, tandis que nous filions, comme la rosée arrive à la plante!... » — « Croyez-le bien, ajoutait-elle en s'adressant aux jeunes sœurs, ce n'est pas nous qui avons fondé ce couvent; nous avons été réunies sans savoir par qui, sans savoir pourquoi, comme un tourbillon de feuilles par le vent, et Dieu n'a pas permis, malgré les épreuves, que nous abandonnions la tâche. Il nous a tenues là, sans vocation, ne nous donnant qu'un précepte, l'obéissance!... » — « Mon Dieu! reprenait-elle après un instant de ce silence que personne autour d'elle n'osait rompre, je n'aurais pas voulu rester deux minutes dans un couvent que j'aurais fondé..... mais vous avez été l'ouvrier et le manœuvre... et lorsque vous m'avez mise là, c'était pour faire en ce monde l'ombre de votre main.... Mon Dieu, mon Dieu, que je serais heureuse si je la montrais bien aux sœurs, votre main !... »

Le quatrième jour de la retraite s'ouvrit par une communion générale, après laquelle les sœurs, les novices et les postulantes, firent à haute voix la promesse d'obéir aux Constitutions.

Mais cette fête ne fut que le prélude d'une fête plus belle encore : le renouvellement des vœux. Chaque sœur y apporta les meilleures dispositions, et il fut heureux pour le digne curé ce moment où, en présence de Dieu et délégué par son Église, il reçut toutes ces promesses.

L'humble supérieure renouvela ses vœux comme la dernière des sœurs : « Au nom du Père, et du Fils et du Saint-Esprit, dit-elle, je Élisabeth Giraud, consacre volontairement à Dieu mon corps par le vœu de chasteté, mes biens par le vœu de pauvreté, et ma volonté par le vœu d'obéissance, et cela pour toute ma vie ; en conséquence, je fais de tout mon cœur les trois vœux de pauvreté, de chasteté et d'obéissance, selon la forme, teneur et obligations consignées dans les dispositions réglementaires de la communauté, promettant de recevoir avec humilité, charité et reconnaissance les avis, corrections et punitions qui me viendront de la part de mes supérieurs ! »

Toutes celles de ses filles qui, trop jeunes dans la communauté, ne pouvaient pas unir leurs promesses aux siennes, répondaient d'une voix unanime : — « Que Dieu vous écoute et vous accorde selon vos vœux ! » Et M. Cathiard après avoir décrit les obligations de la vie religieuse, ajouta :

— « Vos devoirs sont grands, votre tâche difficile :

vous vous êtes données à un Maître qui n'admet point de partage ; il vous avertit par l'un de ses apôtres que celui qui pèche en un seul point, transgresse toute la loi ; mais gardez-vous de toute pensée de découragement. Souvenez-vous que vous portez le nom de Notre-Dame du Saint-Rosaire et que vous devez avoir une confiance sans bornes en la bonté de Dieu et en l'amour de sa Très-Sainte Mère. Cette vertu est un fruit d'humilité, en sorte que plus vous aurez le sentiment de votre faiblesse et de votre néant, plus le Seigneur daignera se plaire à vous révéler la grandeur de ses miséricordes infinies. Plus, mes sœurs, vous serez humbles et petites à ses yeux, plus il vous fera sentir que son joug est agréable, et le fardeau qu'il impose, léger et doux. Il fera entendre au fond de vos cœurs ce langage si consolant : « Ma fille, ayez confiance en mon amour ; ce que j'ai fait pour vous, vous donne la mesure de ce que je ferai dans la suite. En effet, ce n'est pas vous qui m'avez choisi pour époux ; mais tandis que vous ne pensiez pas à moi, je suis allé vous chercher.... Je vous ai appelée ; je vous ai conduite par la main dans cette maison que j'ai bâtie pour vous, afin que vous puissiez travailler sans obstacle à acquérir la couronne d'immortalité que je vous ai préparée dans le ciel... »

Une grande ferveur et un redoublement de zèle furent les fruits de ces touchantes fêtes : « Plus on connaît Dieu, dit sainte Thérèse, moins on trouve de difficultés à son service; » il semblait que les sœurs n'en éprouvaient plus, que le pain de la pauvre communauté était devenu moins dur et l'eau du torrent plus limpide; que le chanvre passait sans labeur de leur quenouille de roseau sous leurs doigts, que le travail des champs, le soin des malades n'excitaient plus ni leurs angoisses, ni leurs peines.

Deux jeunes filles (1) vinrent au lendemain de ces jours de bénédiction demander d'être admises : elles avaient à quitter non-seulement des parents bien chers, mais même ce que dans le monde il est convenu d'appeler des espérances; elles le firent sans regret, pressées par ce mouvement divin et intime que la langue humaine ne peut pas exprimer.

La mère Élisabeth, en les recevant, songea à cet article du règlement, qui ne trouvait encore dans leur vie habituelle qu'une demi-application. « Les sœurs pourront diriger des salles d'asile, tenir des écoles de filles et même avoir des pensionnaires... » et sans attendre que ces postulantes eussent fait leurs premiers vœux, elle les engagea à travailler dans le but de subir leurs examens.

Madame Évélina Chevalier offrit de leur donner des leçons et la mère Élisabeth accepta. Tous les

______

(1) Euphrosine Medecet et Catherine Bourcieux.

jours, les jeunes sœurs recevaient chez cette femme si dévouée et si pieuse les premiers éléments de la grammaire et de l'arithmétique.

Sœur Euphrosine et sœur Marie n'étudièrent pas en vain, et leur mère put enfin descendre les escaliers de la Faculté de Grenoble, en tenant en ses mains un diplôme d'institutrice. Mais, comme elle n'avait point été surprise naguère de la non-réussite de sœur Régis, elle ne fut pas étonnée davantage du succès de sœur Euphrosine et de celui de sœur Marie. Il ne s'échappa de ses lèvres aucune parole d'encouragement, rien qui pût fomenter l'amour-propre chez les sœurs. Elle garda pour Dieu toute son action de grâces. — « Avez-vous faim ? » dit-elle seulement à sœur Marie ; et sans attendre que cette charmante compagne, toute troublée encore, eût pu répondre négativement, elle reprit : « Vous devez avoir bien faim, pauvre sœur, vous êtes à jeûn ! » et elle ouvrit son sac, d'où elle tira une pomme et un morceau de galette. La jeune sœur n'osait pas manger dans la rue : — « Qu'est-ce que cela fait, dit la Mère, la foule qui nous voit ? Oh ! qu'est-ce que cela fait ? Dieu ne nous voit-il pas ici comme dans notre champ ?»

Elle n'avait pas craint les persécutions, elle ne craignait pas davantage ce qui effraie les plus braves : le ridicule. Le temps d'ailleurs n'était plus où ses voisins l'insultaient, où les enfants la poursuivaient de leurs cris, où les femmes mêmes se postaient à l'ombre des portes de l'église, afin de la traîner et de la fouler aux pieds. Un changement étrange s'était opéré dans les pensées de tous : la volonté de Dieu sur cette âme privilégiée était devenue claire et évidente ; on pouvait dire d'elle ce que saint Augustin disait de sa mère : « Ceux qui la connaissent vous louent, ô mon Dieu ! ils vous glorifient et vous chérissent, parce qu'ils sentent votre présence dans son cœur, attestée par les fruits de sa vie (1). »

Seul, M. Cathiard se plaisait encore à l'humilier quelquefois ; lorsqu'elle désirait se confesser, il la renvoyait brusquement : « Retournez au travail, paresseuse ! » lui disait-il assez haut pour que toutes les personnes présentes dans l'église pussent l'entendre. Lorsqu'elle était agenouillée à la Sainte-Table et disposée à recevoir son Dieu, il le lui refusait, en présence même de ses religieuses et des fidèles de la paroisse ; mais quand, chez les amis de la communauté, on lui demandait pourquoi il avait traité la Mère avec tant de rigueur et aussi ostensiblement : « Je veux savoir, répondait-il, si elle est d'or ou de plomb ! » et ensuite, lorsqu'il traçait aux sœurs les devoirs d'une supérieure, et les qualités que Dieu et ses religieuses réclament d'elle également, c'était toujours le portrait de la mère Élisabeth qu'il peignait.

(1) *Confessions de saint Augustin, ch. IX.*

7

« Gouverner une communauté, disait-il, savoir tirer parti de la différence des caractères, des intelligences et des capacités, assigner à chacune le genre et la mesure de son travail, maintenir la discipline par une exacte fidélité au règlement, faire respecter son autorité et soutenir le zèle, l'exactitude et l'amour du travail au sein de la monotonie des occupations de chaque jour, maintenir l'harmonie malgré les petites jalousies; se concilier l'estime, la confiance et l'affection, malgré la nécessité d'employer les voies de correction; soigner les intérêts temporels avec sagesse et économie, pourvoir à toutes les dépenses et à tous les besoins, se posséder toujours sans jamais se décourager; se soutenir constamment au-dessus de ses affaires, pour les diriger avec fermeté, sans se laisser absorber ni entraîner : telle est la première partie et la moins pénible des devoirs d'une supérieure... Mais diriger une communauté de filles dans les voies intérieures, faire servir à leur avancement spirituel leurs défauts, leurs aversions, leurs inclinations, leurs dégoûts et toutes leurs tentations; modérer le zèle des unes, stimuler l'apathie des autres, dissiper l'ignorance, les préjugés, les scrupules, les superstitions, toutes les bizarreries de l'esprit et toutes les chimères de l'imagination, par une instruction solide et éclairée; fortifier les faibles, ranimer la confiance chez celles qui sont portées au découragement, écouter avec patience celles qui sont affligées de tentations et de peines intérieures ; faire apprécier à toutes le bonheur de la vie religieuse, leur faire aimer et bénir leur état, établir enfin le règne de Dieu dans leur cœur et dans la communauté : telle est la seconde partie des devoirs d'une supérieure, et pour s'en acquitter, il faut plus que de la capacité, de la prudence et de la fermeté, il faut un esprit nourri de la science divine et un cœur plein de la charité du Fils de Dieu. »

CHAPITRE X

Mort de la veuve Giraud. — La Salette et Ars.

1845-1847

La veuve Giraud avait suivi sœur Élisabeth
dans le nouveau couvent du Guillon ; elle y vivait
heureuse et aimée, appelant sa fille « ma mère »
comme les autres sœurs, et recevant des sœurs le
nom de mère que sa fille lui donnait. De temps en
temps, elle allait dans les campagnes environnantes exercer son office de rebouteuse, et au retour,
elle apportait toujours un pain de froment qu'elle
s'empressait de partager entre toutes les religieuses, car le pain de froment était inconnu encore
sous le pauvre toit de la communauté. Elle se

confessait tous les mois; après avoir communié,
elle ne manquait point de faire baiser son voile
aux jeunes sœurs, occupées à filer dans la salle
de travail ou à battre le blé dans la grange; il
lui semblait qu'elles participaient à sa communion en baisant ce voile, témoin de son union
avec Dieu.

Jamais elle n'aurait voulu que sa fille répri-
mandât les sœurs, et, si devant elle la mère Élisabeth témoignait quelque mécontentement, elle
demandait aussitôt pardon avec une simplicité
touchante, comme si elle eût été la vraie coupable.
Elle ne permettait pas non plus qu'on refusât une
postulante : — « Mère, disait-elle à sa fille, lorsqu'elle s'apercevait qu'on en éconduisait une,
pourquoi refusez-vous cette âme? Elle est précieuse à Dieu. Nous n'avons rien, mais si elle veut
s'unir à nous, pour renoncer à tout avec nous,
n'est-elle pas libre? »

Quelque temps avant sa mort, elle en eut le
pressentiment : « Maintenant, disait-elle aux
sœurs, que nous sommes tranquilles et heureuses,
il me faut penser à mourir... Oh! si je vous aimais
moins, je mourrais sans regret, parce que Dieu
est bien bon, et qu'il me fera miséricorde; mais je
vous aime et il m'est dur de vous laisser. »

La maladie arriva donc sans la surprendre; elle
dura quelque temps avec des alternatives diverses;
puis au moment où l'on s'y attendait le moins, on

vit apparaître les symptômes de la mort. C'était un soir. Élisabeth, après avoir veillé quatre nuits de suite, avait été se jeter un instant sur son lit. De sa chambre, elle entendait ce qui se passait dans l'appartement où était couchée sa mère, ses plaintes si résignées, et les prières des sœurs; presque tranquille, elle s'était endormie. Tout à coup elle est éveillée par cette parole, prononcée auprès d'elle : « Ta mère se meurt! » Elle prête l'oreille : on n'entendait plus de bruit dans l'infirmerie, ni les prières des sœurs, ni les plaintes de la malade. Elle se lève précipitamment, elle court auprès de sa mère : l'agonie avait commencé.

— « Mère, lui dit-elle en la tirant de cette somnolence, où déjà elle entrait pour ne plus s'éveiller, mère, si j'ai fait contre vous quelque chose qui soit à défaire, je vous en supplie, pardonnez-le moi ! »

— « Oh ! ma fille, reprit avec peine l'agonisante, retrouvant sur son lit de douleur, ce nom qu'elle avait oublié pendant des années; c'est moi qui dois te demander pardon... C'est à toi à me pardonner ! »

— « Ma mère, dit encore Élisabeth, toute baignée de larmes, bénissez-moi. »

— « Ma fille, dit encore la mourante, c'est à toi à me bénir. »

Déjà livrée aux tortures de la mort, la pieuse veuve n'oublia point quels droits sa fille avait

acquis en consacrant sa vie au Seigneur, et elle
répéta encore : « C'est à toi à me bénir... c'est à
toi... » Ensuite elle prit la main de sa fille. Alors,
à la décomposition de ses traits, et à la froide
sueur qui inondait cette main, Élisabeth comprit
que la mort était proche, et commença les prières
de la recommandation de l'âme. Sa mère les suivait, y répondait même. Elle ajouta les litanies
de la Sainte-Vierge; la pauvre malade entendit
les premières invocations. « Priez pour nous! »
dit-elle plusieurs fois d'une voix presque éteinte.
Lorsque finit la sainte prière, elle poussa un
soupir, pressa une dernière fois la main de sa fille,
et expira.

La mère Élisabeth ne fut pas seule à la pleurer :
les amis se joignirent aux enfants autour de ce
cercueil fermé si vite, et lorsque vint la nuit, dans
cette salle de communauté où les rouets ne tour-
naient plus, une conversation s'ouvrit, souvent
interrompue par les sanglots et les larmes.

— « Volonté de Dieu! disait la mère, je vous
adore! Je veux que vous régniez ici dans mon
cœur, dans le cœur des sœurs. Qu'importe ce que
vous ordonnez, que ce soit la mort ou la vie, la
santé ou la souffrance, pourvu que vous soyez
obéie!... Mes sœurs, ajoutait-elle, préparons-nous
au jugement. Je vous l'affirme, il sera plus terrible pour nous que pour ma mère : une religieuse
a reçu tant de grâces; il semble qu'un enfer ne

doive pas suffire à la punir de ses fautes... Bonté infinie, disait-elle encore, s'adressant à ce Dieu qui venait de lui enlever sa mère, qu'ai-je fait pour vous ? Qu'ai-je fait, moi la fille de cette pauvre veuve ? Je n'ai rien fait ; mes mains sont vides... Tout ce que j'ai fait a été une *flambée* d'orgueil !... »

— « Mère, reprenaient les sœurs, où sera notre espérance à nous ? et si vous n'avez rien fait, nous, vos pauvres filles, que prétendons-nous avoir fait ? »

— « Ne vous découragez pas, répondait-elle, n'avez-vous pas pour espérance les mérites de Jésus-Christ, ses souffrances, sa vie, son sang, sa mort ? Portez bien la croix que vous a donnée le divin Maître et elle vous portera... Aimez Notre-Seigneur et vous aurez la vie... Méprisez-vous vous-mêmes, et il régnera dans votre âme... Faites-vous terre, poussière, néant, et au jour du jugement vous vous relèverez bienheureuses !... »

C'est ainsi, dans cette conversation tout abîmée de douleur et élevée en Dieu, que s'acheva ce jour de deuil. « La mémoire du juste est un parfum qui s'exhale dans l'avenir, » dit le Sage (1) : aussi le souvenir de la veuve Giraud est-il demeuré vivant dans la communauté. Quant aux larmes d'Élisabeth, elles tombèrent « dans le dépôt des

____

(1) Proverbes, x, 7.

promesses de Dieu (1) », et elles ne furent pas perdues pour ses compagnes. Leur douce influence, la vue de cette croix qu'elle avait embrassée avec tant d'amour et offerte avec tant de résignation et tant de force, portaient à la confiance les affligés qui venaient à toute heure lui confier leur peines, et les jeunes filles qui versaient dans son cœur les secrets désirs de leur vie. Il faut que les justes inspirent un merveilleux attrait, et c'est à dessein que Dieu dépose dans leurs âmes cette suavité angélique, ces ardeurs embaumées et célestes, dont ceux-là seuls connaissent la force qui en ont subi la douce séduction.

Mais le démon ne laisse pas sans combat les âmes énergiques; s'il ne trouve pas en elles des sujets de tentations, il en suscite au dehors; et s'il perd ses efforts dans d'inutiles menées, il ressent du moins un bonheur étrange à leur causer des tourments. La mère Élisabeth ne devait pas être affranchie de ces peines. Une de ses parentes, qu'elle avait prise au berceau et élevée avec beaucoup de soins, fut le sujet de ses plus rudes combats. Déjà, en 1847, cette jeune fille commençait à lui causer de vives inquiétudes dont elle fit la confidence à son amie, Marie Devaux (2), la pro-

(1) « Seigneur, je vous ai confessé ma vie, vous avez mes larmes sous vos yeux, dans le dépôt de vos promesses. »
(Psaume LVI, 7)

(2) V. note V.

vidence des prisonniers et des soldats. Marie lui proposa de faire le pèlerinage de la Salette avec sa jeune parente, afin que l'intercession de la Reine des anges et des hommes ouvrît à la grâce un cœur qui se fermait obstinément. Elle partit donc avec quelques personnes du Pont-de-Beauvoisin et de Saint-Geoire.

On raconte que pendant la durée de ce voyage Élisabeth parla peu ; elle paraissait tout occupée de Dieu, tout absorbée dans la contemplation de ses miséricordes.

Arrivées à Corps, ses compagnes voulurent voir Maximin Giraud et Mélanie Mathieu ; elle les suivit silencieusement. C'est alors que, groupées autour des enfants, elles leur firent répéter le récit de l'apparition merveilleuse, prélude de tant de grâces et de tant de larmes.

Un prêtre étranger se trouvait dans la salle, auprès de la mère Élisabeth ; il essaya de troubler Maximin : — « C'est le diable que vous avez vu, dit-il ? » — « Croyez ce que vous voudrez, Monsieur, répondit l'enfant, mais si c'était le diable, aurait-il eu une croix sur la poitrine, et nous aurait-il enseigné, avec le prière, le respect du nom de Dieu et le repos du dimanche ? »

Cette parole si simple ayant fait tomber toute discussion, les pèlerins reprirent leur marche vers la montagne ; ils eurent grand peine à y arriver avant la nuit.

Déjà la foule était si nombreuse et si pressée autour de la petite chapelle, que la mère Élisabeth, séparée un instant des personnes venues avec elle, ne parvint plus à les rejoindre. Elle dut passer la nuit en plein air, sous une pluie tombant sans relâche, un parapluie dans ses mains, les membres transis de froid, les pieds appuyés sur une planche qu'un marchand ambulant avait apportée pour dresser sa boutique; mais le pieux courage qui dominait son âme était à l'abri de cette petite épreuve : « La pluie, disait-elle le lendemain, le froid, la fatigue, oh!... qu'est-ce que cela, quand on pense aux larmes de la Mère de Dieu? »

Elle entendit la messe, elle communia et son action de grâces se prolongea longtemps. La Sainte-Vierge semblait être descendue auprès d'elle, pour prier et pleurer avec elle et lui montrer comment dans sa tendresse de mère, elle soutenait le bras de son fils.

Lorsque le jour parut, des cantiques et des chants joyeux se firent entendre de toutes parts, dans la solitude de ces montagnes, et bientôt on aperçut au fond du ravin la procession des fidèles de Corps, précédée par Maximin et par Mélanie, et suivie par les prêtres.

Il dut être doux à l'âme des pèlerins, arrivés dès la veille, le spectacle de la foule transportée par les mêmes sentiments de contrition, d'espé-

rance et de foi, et venant demander à Marie de
prier sans cesse le Sauveur, afin qu'il n'abandonnât pas son peuple. La mère Élisabeth, tout
émue, n'avait pas une parole sur les lèvres pour
exprimer sa joie ; mais ses yeux étaient brillants
comme s'ils eussent lancé des flammes. Elle venait
de saisir dans toute son étendue la promesse du
prophète : « Le Seigneur des armées a préparé à
son peuple, sur cette montagne, un festin de
viandes délicieuses et un vin tout pur, sans aucune
lie (1). »

Après le pèlerinage de la Salette, il en était un
qui lui avait laissé beaucoup de souvenirs et dont
elle aimait à parler : c'était le pèlerinage d'Ars.
Elle l'avait fait trois fois, et toujours pour accompagner des personnes souffrantes ou atteintes de
ces tristesses morales que le vénérable M. Vianney
savait si bien consoler.

La première fois, elle avait pris sa place dans
cette longue file de pénitents qui attendaient souvent pendant des journées le bonheur de passer
un instant aux pieds de l'homme de Dieu, et elle
avait été repoussée par la foule. Mais le saint confesseur qui semblait connaître cette âme avant
qu'elle se fût ouverte à lui, la distingua entre
toutes : il vint la chercher, il l'entraîna vers son
confessionnal, et sans qu'elle eût exposé son état

____

(1) Isaïe, xxx, 6.

et ses besoins, il se prit à lui parler de sa communauté, de la charge que le Seigneur lui avait donnée ; des vertus, des forces qui lui étaient nécessaires. « Vous ne communiez pas assez, ajouta-t-il, communiez donc plus souvent. Voici l'heure de ma messe, je veux que vous ayez le bonheur de recevoir aujourd'hui votre Dieu (1). »

Il offrit le saint sacrifice et sœur Élisabeth communia. Peut-être, est-ce ce jour-là même que le saint curé, montant en chaire à midi, suivant sa coutume, s'écriait, enivré d'une ardeur séraphique : « Oh ! mes enfants, qu'une âme qui aura reçu souvent et dignement le bon Dieu sera belle pendant l'éternité ! Le corps de Notre-Seigneur brillera à travers notre corps, son sang adorable à travers notre sang. Mes enfants, quand l'âme d'un chrétien qui a reçu Notre-Seigneur Jésus-Christ entre en paradis, elle augmente la joie du ciel. Les anges et la reine des anges viennent au-devant d'elle, parce qu'ils reconnaissent le Fils de Dieu dans cette âme. Oh ! c'est alors que cette âme se dédommage des peines et des sacrifices qu'elle a endurés pendant sa vie. »

Lorsque Élisabeth vint à Ars pour la seconde fois, le saint curé lui parla encore de sa commu-

____

(1) « J'ai toujours été très-lâche, disait la mère, en répétant à ses amies la parole du curé d'Ars. Je communiais à cette époque tous les huit jours et je trouvais encore que c'était communier trop souvent. »

nauté, des épreuves que Dieu s'était plu à lui donner et de celles qu'il lui réservait encore. La vue de cette femme si pure, si détachée d'elle-même, si unie à son créateur, semblait l'animer d'une joie merveilleuse, aussi ne lui cachait-il rien des secrètes lumières dont Dieu l'avait doué.

Deux années après, lors d'un troisième pèlerinage, il reprit où il l'avait laissé son sublime entretien, mais on vint le chercher tout à coup pour vaquer à d'autres devoirs : « Revenez demain, dit-il à la mère Élisabeth, j'aurai beaucoup de choses à vous dire. — Demain, répondit-elle, il me sera impossible de revenir, il faut que je retourne au Pont; mes sœurs doivent m'attendre, je les ai laissées seules depuis déjà trop de temps. — Non, non, revenez, répondit le vénérable prêtre en s'éloignant, j'ai encore beaucoup de choses à vous dire ! »

Mais elle partit sans attendre le lendemain : « Je me suis souvent repentie de n'être pas restée, » avouait-elle parfois. Mais quand on lui demandait pourquoi elle était partie, elle gardait le silence et souriait. Plusieurs sœurs ont cru qu'elle avait voulu se vaincre dans les désirs les plus légitimes de son âme. Un jour qu'elle était revenue sur cette joie que lui avait donnée le Seigneur, de conférer de sa vie et de son éternité avec un élu, l'amie qui se trouvait là, auprès d'elle, lui dit : « J'aurais voulu savoir, à votre place, ce qu'il avait à me dire ! — Il me le dira bien, lors même que je l'ai quitté, » ajouta-t-elle avec une indéfinissable expression de piété et de foi.

Elle ne présumait pas trop des pouvoirs confiés à l'homme de Dieu : il existe entre les âmes des saints de secrets rapports, des affinités merveilleuses, inconnues aux autres âmes : parce qu'elles suivent l'Agneau partout où il va, l'Agneau les révèle les unes aux autres; il les unit, afin qu'elles s'entr'aident pour sa gloire, il leur permet de se servir mutuellement d'appui, afin de porter avec plus de courage et plus de force les souffrances de l'exil.

CHAPITRE XI

La mère Élisabeth est déposée de ses fonctions.

1848

« Corrige ton fils, l'appui de
tes espérances, de peur que tu
ne viennes à désirer sa mort. »
PROVERBES, XVIII, 18.

On pourrait croire qu'il ne manque rien à la
mère Élisabeth, qu'elle est arrivée à son but :
L'amour absolu de Dieu et de ses frères en Dieu...
Et néanmoins, dans le merveilleux chemin de la
perfection chrétienne, elle a encore de redoutables
obstacles à surmonter, de nombreuses victoires et
les plus difficiles de toutes à remporter. Il ne lui
suffit pas d'avoir vaincu la chair et le sang, il lui
faut encore se vaincre elle-même dans l'asile le
plus inexpugnable de la faiblesse humaine, dans
son cœur ! Il faut que ce cœur déjà si pur, si
avide du ciel, si éloigné des choses terrestres, ne

s'attache plus à rien, mais qu'il plie sous chaque souffle de la volonté divine, comme un épi chargé de ses grains, jusqu'au moment où le moissonneur céleste le récoltera pour l'éternité.

Au mois de septembre 1847, nous avons vu cette excellente mère aller à la Salette pour ouvrir à la grâce divine l'âme d'une de ses jeunes parentes. Pendant le courant de l'année 1848, elle s'aperçut aisément qu'elle n'avait rien obtenu : cette jeune fille, à l'heure où la volonté a le plus de force, se montrait découragée et lassée. Au lendemain de sa profession religieuse, elle était dégoûtée de toutes les pratiques de la vie chrétienne.

« Je crains plus une religieuse mécontente que plusieurs démons (1) », a dit sainte Thérèse. La mère Élisabeth ne prononçait pas cette parole, elle eût redouté de briser la pauvre enfant qu'elle aimait et pour laquelle elle eût donné tout son sang et toute sa vie ; mais elle la plaignait, supportant avec une admirable patience ses fautes les plus grandes, priant pour elle et ne désespérant pas.

Chaque jour cependant lui amenait une peine nouvelle et lui montrait clairement que la jeune sœur n'était point faite pour la vocation divine dans laquelle elle se trouvait engagée. En vain la

---

1 Sainte Thérèse. *Lettres.*

conduisait-elle à M. Monnet, son ancien directeur, que l'autorité diocésaine avait depuis quelque temps envoyé à Saint-Victor ; en vain M. Monnet épuisait-il toutes les ressources de sa parole et de sa charité : la jeune religieuse était, au retour, dans les mêmes dispositions qu'au départ : passant dans un mutisme de révoltée une partie de ses journées, simulant des crises de souffrances pendant une partie de ses nuits ; si insoumise toujours, qu'aucun commandement, aucun règlement ne semblait fait pour elle ; si vaine, qu'il n'y avait que des éloges qui pussent la captiver.

Nous n'écrivons pas le panégyrique de la mère Élisabeth ; aussi, nous coûte-t-il peu de relever les faiblesses d'une vie si pleine de vertus, surtout quand elles ont pour résultat de rendre plus évidentes et aussi plus touchantes la droiture de ses intentions et sa profonde et parfaite humilité. Avouons-le donc, la mère Élisabeth aurait dû penser qu'elle n'était pas la seule à souffrir des défauts et des fautes de sa jeune parente ; elle aurait dû craindre que cet état de choses n'entraînât la perte des faibles et ne décourageât les plus fortes ; mais elle ne paraissait pas s'en apercevoir. Il lui semblait, dans son naïf héroïsme, que toutes ses filles étaient en état de souffrir ce qu'elle souffrait. De longues années se fussent peut-être écoulées dans cette illusion pénible, si une religieuse, plus émue et plus troublée que les autres des suites que pouvait avoir cette tendresse trop aveugle, ne fût allée en avertir M. Cathiard.

On ignore ce qui fut raconté dans cette conférence : toujours est-il que l'énergique supérieur voulut frapper un grand coup. Sans prendre le temps de réfléchir ni de consulter, il arriva au couvent à l'heure où toutes les sœurs filaient dans la salle commune. Il entra brusquement, et s'adressant à la mère Élisabeth : « Qu'est-ce que j'entends dire de vous ? lui dit-il, avec ce geste et cette expression sévère que son visage savait si bien prendre : rendez-moi compte de votre administration !... » Et sans attendre une réponse que la religieuse toute tremblante n'essayait pas même de formuler, il la déposa de ses fonctions de supérieure, et nomma sœur Marianne supérieure à sa place. Ensuite, poussant du pied le rouet contre lequel la pauvre mère demeurait appuyée : « Montez dans votre chambre, ajouta-t-il, et passez-y deux ans, sans qu'il soit question de vous dans la communauté. Vous ne descendrez plus que pour les offices de l'église. »

La mère Élisabeth, toute en larmes, mais patiente et résignée, obéit : elle se leva et emporta son rouet (1).

____

(1) Quand tout fut examiné, M. Cathiard édicta quelques mesures de prudence ; mais contrairement à ce qu'on devait attendre après un tel éclat, il ne renvoya pas la jeune sœur, car nous la retrouvons quelques années après dans la corres-

Dès que M. Cathiard fut parti, les sœurs, les jeunes novices, arrivèrent en grande hâte auprès d'elle ; elles pleuraient, elles avaient besoin d'être consolées, elles se demandaient pourquoi une mesure si rigoureuse avait été prise. Plusieurs mêmes étaient tentées d'accuser la main qui venait d'imposer une si rude croix !... Mais la mère Élisabeth était une de ces âmes saintement éprises de l'obéissance, qui ne craignent et ne désirent rien sur la terre, que les tribulations ne troublent point, auxquelles rien ne peut enlever la paix, parce que nul ne peut leur ravir Dieu, de qui cette paix dépend. L'unique chose qui aurait pu l'attrister eût été la crainte d'avoir perdu ce Dieu qu'elle aimait, et elle n'était pas inquiète, car elle savait que pour perdre Dieu il faut vouloir s'éloigner de lui, et elle ne voyait dans cette épreuve qu'un moyen nouveau de s'en rapprocher davantage... Elle disait donc aux sœurs :

— « Ne pleurez pas : à quoi bon ces larmes ?

pondance de Dom J.-B. Mortaize : « — Ce que vous me dites de votre parente, écrit-il à la mère Élisabeth, me peine sans trop me surprendre : son jeune âge et son peu d'énergie doivent faire craindre qu'elle ne tourne mal, si elle vient à vous quitter. C'est assez vous dire que vous ferez bien, dans son intérêt, de la garder auprès de vous tant que la chose vous sera possible ; si les soins que vous continuerez à lui donner ne produisent pas de grands fruits, vous pourrez du moins vous rendre le consolant témoignage que vous n'avez rien négligé. — (Lettre du 19 mai 1853.)

Souvenez-vous que vous êtes les épouses de Jésus-Christ et que vous devez payer ce titre. Oh ! que les âmes des damnés le payeraient bien !... Mon Dieu, qu'est-ce que c'est que la faim et la soif, pour payer ce titre ? qu'est-ce que c'est que la calomnie ? qu'est-ce que c'est que l'injure qui passe ? qu'est-ce que c'est que le coup qui frappe et qui blesse ? Rien, rien !... »

Et parce que les sœurs revenaient sur la conduite de leur directeur : « Quel service M. Cathiard me rend, disait-elle, quel service il rend à la communauté ! il ne se contente pas de la fonder sur l'humilité, il la nourrit dans la pauvreté, il l'aime en Jésus-Christ... Qu'on est heureux, ajouta-t-elle, quand Dieu donne un guide ferme et fort, qui ne craint pas d'ouvrir une plaie, pour arracher l'âme à la mollesse et à l'orgueil ! »

Les sœurs pleuraient toujours : « Nous serons dans la vieillesse, reprenait leur admirable mère, ce que nous aurons été dans la jeunesse ; si nous n'avons su ni nous mortifier ni obéir dans la jeunesse, dans la vieillesse nous ne serons ni mortifiées, ni obéissantes... Apprenez donc à obéir, retournez à vos occupations et laissez-moi subir ma peine. »

Les sœurs descendaient, se remettaient à leurs rouets quelques instants, et bientôt lassées, ne voyant plus auprès d'elles celle qui dirigeait leurs travaux, qui élevait leurs cœurs vers Dieu, qui était l'âme de leurs âmes, elles retournaient dans sa petite cellule pour la chercher et elles la trouvaient filant sans amertume et sans crainte.

Sœur Marie, sur son lit de mort, leur avait enseigné comment la souffrance est compatible avec la joie de l'esprit; la mère Élisabeth allait leur apprendre comment une peine spirituelle excessive pouvait s'unir à la paix la plus complète et la plus ravissante. Mais cette leçon ne tombait pas également et avec la même force sur toutes les religieuses : il en était toujours qui se plaignaient, qui venaient tout en larmes lui demander, avec des ordres qu'elle n'avait plus le pouvoir de donner, ces conseils qu'une mère seule peut adresser dans le silence du cœur : « Allez demander à sœur Marianne, disait-elle simplement. — Mais, mère, reprenait la sœur penchée sur son épaule, elle n'est pas ma mère! » Et la pauvre supérieure était contrainte de répondre encore : « Laissez-moi obéir, je dois subir ma peine! »

Si la petite cellule était envahie à chaque minute, la salle de travail était par moment abandonnée. Il n'y avait plus d'ordre, plus de règle pour les exercices; à peine quelques sœurs se réunissaient-elles à la chapelle pour prier ensemble, à peine aux repas se parlaient-elles. Les jeunes postulantes et les novices que Madame Chevalier préparait pour les examens, au retour de leurs classes, montaient auprès de la mère Élisabeth et ne savaient plus la quitter ; il fallait des ordres réitérés pour qu'elles reprissent leur place dans les rangs où leur mère bien-aimée n'était plus.

M. Cathiard fut averti de cet état de trouble, et sans rendre à sœur Élisabeth ses pouvoirs de supérieure, il lui envoya l'ordre de reparaître à la chapelle et dans la salle de communauté. Elle quitta aussitôt cette petite cellule où elle avait passé quinze jours, et descendit avec son rouet. A sa vue, les religieuses furent toutes ravies de joie; mais elles s'aperçurent bientôt que la présence de leur mère ne suffisait pas, qu'il fallait qu'elle les gouvernât pour que leur bonheur fût complet. En effet, elle était là, son regard s'abaissait avec tendresse sur chacune d'elles, son exemple était une éloquente exhortation et sa prière toute une révélation des secrètes miséricordes de Dieu, et cependant la vie manquait. Sœur Marianne ne commandait pas ; les sœurs ne lui demandaient rien, et l'autorité, cette nécessité des œuvres qui commencent, se perdait inutile.

Cependant la fête de l'Immaculée-Conception approchait; cette fête était douce aux religieuses du Saint-Rosaire, à sœur Élisabeth surtout, qui l'avait choisie pour offrir ses premiers vœux au Seigneur. M. Cathiard l'attendait pour rétablir l'ordre si fortement troublé. Il fut ému de compassion le matin, lorsqu'il vit les sœurs réunies dans le petit chœur qu'il leur avait réservé au chevet de l'église, et sœur Élisabeth agenouillée parmi elles, et si humble, qu'on l'eût dite la dernière et la plus méprisée. Il entra, il alla droit à elle, et il lui dit devant cette assemblée où ne circulait aucun pressentiment heureux : — « Sœur Élisabeth, vous êtes leur mère !... vous m'entendez ? vous êtes leur mère ! » A ces mots tous les fronts se relevèrent joyeux et consolés. Sœur Élisabeth suivit son Directeur au confessionnal où il avait à lui parler, et au moment de la communion, elle était la première à recevoir son Dieu ! Cette dure épreuve, permise par Dieu pour aiguillonner la vertu de la mère Élisabeth, lui laissa un profond et joyeux souvenir. Quand elle en parlait pendant les dernières années de sa vie : « Je n'ai jamais été plus heureuse, disait-elle : M. Cathiard savait bien que j'avais plus besoin d'humiliation que d'argent. »

Lorsqu'après cette communion la pieuse mère rentra dans son couvent, entourée de toutes ses filles, elle n'avait sur les lèvres que les paroles de la sainte duchesse de Thuringe, dont elle portait le nom : — « Mes sœurs, il en est de nous comme des roseaux qui croissent le long des rivières : quand la rivière déborde, le roseau s'incline et se ploie, et l'inondation s'écoule sans le briser ; après quoi, il se relève et se redresse dans toute sa vigueur et jouit de sa nouvelle vie. Nous aussi, nous devons quelquefois être ployées vers la terre et humiliées : mais ne nous décourageons jamais, redressons-nous après l'orage avec courage et avec amour!... »

CHAPITRE XII

Les fondations. — Le R. P. Dom J.-Baptiste.

1848-1853

> « Loin de nous tout bien qui
> nous viendrait en allant contre
> la volonté de Celui qui est notre
> souverain bien ! »
>
> (Sainte Thérèse.)

Mme Chevalier, qui préparait les sœurs aux examens, n'avait pas une santé assez vigoureuse pour continuer longtemps ce pénible travail; ce fut Mlle Létanche, institutrice communale, qui lui succéda. Ses soins vigilants et continus produisirent d'heureux fruits : bientôt les sœurs furent capables d'ouvrir au Pont une petite école. Marie Devaux, toujours dévouée autant qu'infatigable, mit à leur disposition sa maison, située auprès de l'église, et ne demanda en échange que la joie d'y vivre et d'y mourir, soignée par ses amies.

Cette première fondation se fit donc sans tristesse, sans crainte, dans la paix. Aucune sœur ne fut déléguée pour la diriger comme supérieure, mais tous les matins les jeunes maîtresses s'y rendaient avec zèle et bonne volonté, et le soir, leur tâche remplie, revenaient prendre leur part des travaux, des récréations et des veilles de la communauté.

Le dimanche, elles réunissaient encore leurs enfants pour les conduire à l'église et à la promenade, car il était également important de les surveiller dans leurs premiers actes de chrétiennes et dans leurs jeux enfantins.

Deux années s'écoulèrent ainsi, et parce que ces pieuses filles n'avaient au cœur que le désir de plaire à Jésus-Christ, le Sauveur semblait ne pouvoir un instant s'éloigner d'elles. Il les dirigeait dans le labeur rude et ingrat de l'éducation ; il mettait dans leurs âmes des joies qui en diminuaient toute la rigueur. Les enfants soumises à leurs ordres étaient heureuses et travaillaient sans tristesse, presque sans peine.

Ces débuts si bons, si encourageants, ne surprirent pas la mère Élisabeth : elle en trouva la vraie cause en son Dieu, et faisait remonter vers lui le grand bonheur qu'elle éprouvait de pouvoir le servir et le faire servir autour d'elle ; les amis de la communauté ne s'en étonnaient pas davantage parce qu'ils avaient suivi l'œuvre dès sa formation, et avaient vu de leurs yeux toutes les grâces dont la Providence l'avait comblée.

Parmi ces amies, il en était deux (1) dont les encouragements n'avaient pas manqué pendant les journées les plus laborieuses et les plus difficiles, et qui, avant même qu'on sût lire au couvent, avaient écrit quelles espérances elles fondaient sur lui. Ces amies, aussi généreuses que dévouées, demandèrent quelques religieuses pendant le cours de l'année 1849, et l'année suivante une classe s'ouvrait sous leurs auspices à Saint-Geoire.

La mère Élisabeth vint installer ses filles dans le petit appartement qu'on avait loué; elle y passa deux jours, leur donnant ces mille conseils, leur faisant ces douces recommandations qu'un cœur comme le sien pouvait seul inspirer. C'étaient les premières de ses religieuses qui la quittaient, les premières qui allaient vivre loin de son regard, et ne devaient plus avoir son bras pour les appuyer, son âme pour les encourager, son jugement ferme et solide pour les diriger dans les voies de Dieu. Aussi, quelque rapproché qu'il fût de sa maison-mère, le petit couvent de Saint-Geoire, à peine établi, vit-il couler des larmes et connut-il de douloureuses angoisses... Enfin, il fallut se séparer. Sœur Euphrosine resta au poste qui lui avait

____

(1) Mesdemoiselles Chaboud. Elles furent aidées dans cette fondation par M. Dusserre, alors vicaire de la paroisse.

été confié, et la mère Élisabeth revint au Pont seule et triste.

Mais Dieu est infiniment bon, et quand il appelle une simple femme à la plus sublime des vocations, qui est celle d'établir son règne dans les âmes, il ne se contente pas de lui donner un cœur aimant, une âme forte et humble : il envoie des anges à son aide, et il leur ordonne de la soutenir, de peur que ses pieds ne se lassent et ne se heurtent aux embûches du chemin. A l'heure donc où l'œuvre du Rosaire prenait ces accroissements, et où il fallait la défendre contre les ennemis du dehors, la protéger contre ceux plus dangereux du dedans, et tout en la propageant, l'empêcher de s'affaiblir, la mère Élisabeth trouva dans les Pères Chartreux, ces insignes bienfaiteurs des pays qu'ils habitent, un véritable et solide appui.

Peut-être ne sut-elle jamais qui leur avait révélé ses besoins, car pendant les derniers mois de son pèlerinage, lorsqu'elle racontait cette phase de l'histoire de sa communauté, elle disait : « Le Révérend Père général m'a fait appeler... Je ne sais pas qui lui avait parlé de nous. » Mais ses filles le savent et ne l'ont pas oublié. Mme Aragon avait pour parente et pour amie, une femme vénérable, Mme Laroche. Devenue veuve, elle avait suivi son fils à la cure de la Ruchère. Elle connaissait la mère Élisabeth. et elle se plaisait à

parler de cette communauté nouvelle où l'on respirait, dans toute sa primitive fraîcheur, cet élan,
ce je ne sais quoi de jeune dans le zèle et la charité, qu'on ne retrouve qu'au berceau des congrégations. Bientôt elle communiqua à son fils le
désir d'en avoir un petit essaim au milieu de ces
montagnes reculées.

M. l'abbé Laroche, qui avait déjà épuisé ses
ressources personnelles en réparant sa pauvre
église et en pourvoyant aux plus indispensables
nécessités du culte, dut faire ce que font en pareil
cas tous les prêtres de cette contrée, c'est-à-dire
invoquer le secours des Chartreux. Le Père général, informé de son dessein, ne lui refusa pas
l'appui qu'il demandait, mais il voulut avant tout
voir cette femme dont on lui racontait la vie si
mortifiée et la vertu si généreuse. Il la fit donc
appeler, et Marie Devaux, qui l'avait conduite à
la Salette, fut chargée de l'accompagner encore
dans cette course de la Grande-Chartreuse qui
devait avoir des résultats si heureux.

Le Révérend Père Dom Jean-Baptiste Mortaize,
général des Chartreux (1), était alors âgé de cin-
quante-quatre ans : élu en 1831, il portait depuis
vingt ans le lourd fardeau de la supériorité. Son
âme, offerte à Dieu dès sa naissance, ne s'était
pas arrêtée dans son ascension vers le ciel : on

______

(1) V. note VI.

pouvait dire d'elle ce que saint Grégoire de Naziance disait des âmes de ses frères dans le cloître : « Qu'elle vivait sur la terre et au-dessus de la terre, à la fois enchaînée et libre, purifiée et se purifiant encore, domptée par la mortification et se mortifiant sans cesse, s'abreuvant à la source de la lumière, et en réfléchissant autour d'elle les divins et mystérieux rayons. »

Les psalmodies pieuses, qui sont de règle à la Chartreuse, remplissaient toutes les veilles de ses nuits et des méditations ferventes les meilleures heures de ses journées. Le reste de son temps était employé à étudier les affaires de son Ordre ; à écouter les plaintes des malheureux, à aider ses frères dans le travail de leur perfection. Que d'œuvres charitables il a encouragées ! que d'églises à la construction desquelles il a apporté sa pierre, et presque toujours la pierre de l'angle !

Sa gravité naturelle et l'austérité de sa vie n'avaient pas laissé sur son visage ces stigmates que la rudesse de caractère imprime aux plus nobles traits : sa physionomie était douce, pleine d'humilité, rayonnante de ferveur. Jésus-Christ, qui habitait en lui, avait déposé sur son front le sceau sacré de son amour, et il n'était pas de touriste, l'apercevant sous les longs cloîtres du monastère, qui ne fût, à l'instant, saisi du plus religieux respect.

Quand la mère Élisabeth parut pour la première

fois devant lui, elle fut frappée de cet aspect imposant et humble, et elle ne put répondre un mot aux diverses questions qu'il lui adressa. Mais Dom Jean-Baptiste ne se méprit pas, et lorsque sonna l'office, il lui dit en se levant : « Je serai de retour dans trois quarts d'heure, attendez-moi ! »

Après l'office, il revint et la conversation reprit. Plus le vieillard parlait de Dieu, plus la religieuse osait répondre. Jésus a dit aux premiers disciples : « On vous reconnaîtra à l'amour que vous aurez les uns pour les autres ! » Ces deux disciples du Christ se reconnaissaient à l'amour qu'ils portaient au Sauveur.

La mère Élisabeth passa la nuit à la Grande-Chartreuse ; le lendemain, les besoins spirituels et temporels de la petite communauté furent tous confiés au Père Général. Il apprit les bénédictions que le Seigneur avait répandues sur elle, les efforts que faisaient toutes les sœurs pour tendre à la perfection; l'approbation donnée par Monseigneur ; l'école ouverte au Pont, le couvent fondé à Saint-Geoire ; les épreuves et les souffrances qui, de temps en temps et comme à l'improviste, fondaient sur les sœurs, et cette dette qu'il fallait payer en silence, car les constitutions défendaient de quêter, d'emprunter et de s'endetter. En achevant, la pieuse mère, sans se plaindre en aucune sorte, mais pour faire tomber des lèvres de l'homme de Dieu un conseil qu'il lui fût utile, raconta comment une pénitence bien justement méritée par elle et imposée par le supérieur de la communauté, avait troublé la confiance d'un grand nombre de ses religieuses, et comment leurs âmes ne s'ouvraient plus qu'avec peine à leur confesseur.

— « Il vous faut une chapelle et un aumônier, répondit le religieux. Je puis vous venir en aide pour la construction de la chapelle; quant à l'aumônier, c'est à Monseigneur qu'il faut s'adresser. »

— « Oh! cette année, reprit la mère Élisabeth, il y a trop de pauvres : je ne veux pas que nous leur fassions tort; nous pouvons nous passer de chapelle, les pauvres ne se passent pas de pain. »

— « Les pauvres auront du pain et vous aurez notre aumône, répondit le Révérend Père en bénissant cette femme, qui avait été pour lui la révélation la plus admirable de cette vérité : « Dieu « se cache aux superbes et révèle sa grâce aux « humbles! »

Quelques mois après, le 8 février 1859, la mère Élisabeth montait encore à la Chartreuse, suivie d'une de ses filles (1). Le plan de la chapelle avait été tracé, la première pierre allait être posée; mais comme le Seigneur devait y être prié avec amour, le démon n'épargnait ni les tribulations ni les

______

(1) Sœur Joseph.

peines. Dom Jean-Baptiste en écouta le récit, tâcha d'en adoucir les amertumes, et ensuite élevant l'âme de la religieuse vers Dieu : « Plus vous souffrirez, plus vous mériterez ! » lui dit-il.

Ouverte ainsi, la conversation continua quelque temps, tout embaumée des parfums du Calvaire. Dom Jean-Baptiste l'interrompit : « Ne jeûne-t-on pas dans votre communauté ? » demanda-t-il. — « Oh ! non, répondit la supérieure ; comment pourrions-nous jeûner, nous n'avons pas de quoi faire un repas. » — « Il faut jeûner, reprit-il. Qu'est-ce qu'une communauté où l'on ne fait pas les jeûnes prescrits (1) par l'Église ? »

Deux ou trois jours après, l'humble religieux revenait sur cette parole d'un zèle trop austère, et faisant une sublime différence entre son Ordre, dont les mortifications les plus effrayantes sont la gloire, la joie et la force, et les petites institutions où les sacrifices quotidiens venaient s'unir à la pauvreté pour détruire la vie de la nature, il écrivait à la mère Élisabeth : « Vous devez être sans inquiétude au sujet du jeûne du carême, puisque les modiques ressources de votre communauté et les travaux pénibles auxquels elle est obligée de se

---

(1) La mère Élisabeth jeûnait ; mais M. Cathiard lui avait donné des dispenses pour celles des sœurs qui ne jeûneraient point. Lorsque la mère Élisabeth lui manifestait des inquiétudes à ce sujet, il répondait : « Le jeûne de vos filles est continuel, ma pauvre sœur ! »

livrer journellement ne vous permettent pas de le faire observer dans son entier (1). »

A quelque temps de là, le Révérend Père voulait avoir des sœurs du Saint-Rosaire pour recevoir les étrangers à la Grande-Chartreuse, et la mère Elisabeth les lui refusait. — « Ma bonne et respectable mère, expliquez-moi donc franchement pourquoi vous ne voulez pas me donner des sœurs ? » lui écrivait-il. — « Parce que je ne veux pas donner des âmes pour quelques pièces de monnaie, répondait-elle ; mes filles sont trop peu faites au monde : le contact des étrangers les perdrait !... »

En 1855, nouvelle demande qui, cette fois, ne fut pas refusée : il s'agissait de donner des religieuses pour le village de Saint-Pierre-d'Entremont (2). Afin qu'elles pussent commencer vite leur œuvre de charité et de paix, on les installa dans une petite maison, léguée dans ce but par une pieuse fille du pays.

La mère Élisabeth envoya sœur Saint-Louis et sœur Madeleine avec dix-sept francs dans leur bourse, s'imaginant que rien ne leur manquerait ; mais elle se trompait en cela. Les jeunes sœurs ne trouvèrent dans leur maison ni poêle, ni charbon pour se chauffer, ni meubles, ni provisions.

(1) Lettre de Dom Jean-Baptiste.

(2) En France. L'année suivante, en 1856, il en obtenait pour le village de Saint-Pierre-d'Entremont en Savoie.

Au printemps, lorsque la mère alla les visiter, leur pauvreté était encore très-grande, si grande qu'elles n'avaient pas toujours du pain. Cependant elles ne se plaignaient pas : elles avaient appris à l'école d'Élisabeth que Dieu n'envoie jamais des peines intolérables et qu'il habite avec ceux qui sont dans l'affliction.

Le Révérend Père fut bientôt instruit de leur détresse : dès lors le pain ne manqua plus et l'on n'eut plus froid au foyer qu'il protégeait (1).

C'est ainsi que, dans sa miséricorde, Dieu vint au secours de la mère Élisabeth et de sa communauté; il délégua Dom Jean-Baptiste Mortaize pour être, auprès de ces âmes si dévouées, ce que la bonne Mère appelait : « l'ombre de la main divine », et cette « ombre », comme la main qu'elle représentait, ne s'arrêta jamais dans ses dons, ne se lassa jamais de toucher les plaies spirituelles et de les guérir. La correspondance du Révérend Père avec la mère Élisabeth est là pour le témoigner. Aucune de ses lettres qui ne soit une preuve de sa charité, aucune où son zèle n'apparaisse patient et fort, humble et éclairé. — Un jour il envoie une jeune montagnarde dont il a examiné la vocation, afin qu'elle soit examinée encore, car il ne se confie pas en ses propres lumières. — Un

(1) Il acheta même quelque temps après une maison plus vaste, dont il fit clore de murs le jardin. Il y ajouta cinq journaux de terre, une vache et une prairie.

autre jour, c'est un jeune homme, un petit ouvrier
maçon qu'il reçoit; le travail de ce jeune homme
lui sera inutile, mais parce que la bonne supérieure le croit destiné à la vie du cloître, le vénérable religieux lui ouvre ses bras. Il veut, dit-il « lui
laisser tout le loisir d'entendre l'appel de Dieu et
de comprendre le bonheur dont jouissent ses
élus (1). » La mère Élisabeth a besoin d'un règlement pour faire sa retraite; elle le lui demande
avec une confiance d'enfant : « Ma première pensée,
en recevant votre lettre, répond Dom Jean-Baptiste,
avait été de vous écrire que je ne connaissais pas
assez vos saintes règles pour vous dresser le règlement que vous me demandiez, et que, sans aller
bien loin, vous trouveriez quelqu'un plus capable
que moi de le faire; mais pensant que cela pourrait vous contrarier, je me suis déterminé à écrire
celui que je vous adresse... Je désire qu'il puisse
vous servir à quelque chose (2). »

Comme on le voit, le zèle et l'amour des âmes
sont le but de toutes ces lettres, l'humilité en est
la loi. Mais si, en parlant de lui, le fervent religieux trouvait toujours une dernière place à prendre, en parlant de la mère Élisabeth, il ne gardait
pas toujours cette mesure : « Quelle femme ! disait-

(1) Lettre du 10 mai 1853.
(2) Lettre du 26 novembre 1852.

il à des prêtres (1) de Savoie! » Et s'arrêtant un instant, il ajoutait : « C'est une tête à mener un empire! » — « N'avez-vous jamais admiré, disait-il à M. Morand, curé d'Entremont, avec quelle ardeur elle aime ses filles, de quels soins elle les entoure, avec quelle douceur et quelle fermeté elle les dirige!... »

Quant à la mère Élisabeth, lorsqu'elle revenait de la Grande-Chartreuse, son âme était remplie d'une contrition si grande et d'un désir si ferme de servir Dieu, qu'elle était toujours prête de s'écrier avec saint Antoine : « Malheur à moi, misérable pécheresse, qui porte si indignement la qualité de religieuse! J'ai vu Élie, j'ai vu Jean-Baptiste dans le désert, j'ai vu Paul dans le Paradis! »

____

(1) M. Belleville, curé de Barbéraz, nous a transmis cette parole, et il ajoutait : « Je crois en effet qu'on pourrait appliquer à sœur Élisabeth, réserve faite des positions, ce qu'un de nos anciens rois de Piémont disait de notre illustre et regretté cardinal Billiet : « Monseigneur sait tout, sans avoir rien appris ! »

CHAPITRE XIII

Construction de la chapelle. — La fièvre typhoïde.

1854-1858

Le 28 avril 1854, vingt-six ans après l'entrée de Marie Genin et de Joséphine Croibier dans la petite cabane des Brosses, M. Cathiard vint bénir la première pierre de la chapelle, et le R. P. Dom Jean-Baptiste apprenant que les ouvriers étaient à l'œuvre, écrivit : « Je tiens singulièrement à ce que les travaux commencés ne soient pas suspendus ; M. Valentin nous obligera tous en prenant les moyens nécessaires pour que la nouvelle chapelle soit livrée au culte à Noël, et même plus tôt s'il est possible. »

Mais ce désir, qui descendit comme un ordre sur la petite communauté, comme une flamme plus vive dans le cœur d'Élisabeth, ne fut pas accompli, et ce fut seulement au mois d'août de l'année suivante que le sanctuaire s'ouvrit aux fidèles.

La mère Élisabeth, de concert avec son Directeur, en renvoya la bénédiction au 8 décembre. Il lui était bon de renouveler par une cérémonie si touchante la consécration de son âme et de sa vie au Seigneur.

Les détails de cette fête semblent appartenir également à l'histoire du ciel et à celle de la terre : à l'histoire du ciel, parce que ce fut en ce jour que s'offrit le premier sacrifice sur cet autel nouveau, orné de guirlandes de fleurs et de cierges; à celle de la terre, parce que de nombreux amis vinrent prendre leur part de la joie d'Élisabeth, cette part si large qu'elle savait répandre comme une bénédiction d'en haut.

« Hâte-toi de descendre, il faut que je loge aujourd'hui chez toi! » lui avait dit le Seigneur au matin de la journée, et tandis que les jeunes sœurs employaient leur temps à quelques préparatifs, elle s'était agenouillée et avait médité en silence, au pied de la croix, sur ce que Dieu demande à l'âme ou à la communauté dans laquelle il veut faire sa demeure. Le soir, elle était toute ravie encore, et les paroles qu'elle adressait à ses filles, devenaient des prières en s'échappant de ses lèvres. — « Mes sœurs, leur disait-elle, qu'avons-

nous à désirer et que nous manque-t-il maintenant? Il ne nous manque rien que de savoir souffrir, nous humilier, mourir à nous-mêmes. Qui
nous donnera de savoir souffrir? Seigneur, quand
serons-nous vraiment mortifiées?... »

Cette fête si délicieuse devait avoir un lendemain plus doux encore. Le Révérend Père Général et M. Cathiard avaient demandé l'autorisation
de garder la sainte réserve, et Mᵍʳ Ginoulhiac, en
l'accordant, venait de déléguer, pour remplir les
fonctions de chapelain et d'aumônier, M. Perrot,
directeur du collége du Pont. A partir de ce moment, la communauté était constituée d'une manière complète devant Dieu et devant les hommes.

Le bonheur d'Élisabeth et ses transports furent
si profonds, si grands, qu'ils eurent d'autres échos
que ceux du sanctuaire. Les sœurs en connurent
les ravissants secrets; ses amis lui entendirent
prononcer des paroles d'action de grâces qu'ils
voudraient avoir écrites sous la dictée de son
cœur; ses supérieurs, pour lesquels elle n'avait
rien de caché, après l'avoir vue si heureuse,
louaient Dieu. L'un d'entre eux, M. Monnet, lui
écrivit, et sa lettre est restée longtemps dans les
mains de l'humble fille parce qu'elle y trouvait
exprimés, comme elle les eût exprimés elle-même,
ses pensées, ses sentiments, ses désirs.

« Je m'unis à vous, lui mandait-il, pour remercier le Seigneur de toutes les grâces qu'il vous

accorde par l'entremise du Père Général ; montrez-vous reconnaissante d'abord envers Dieu, et ensuite envers votre bienfaiteur.

« Vous avez le bonheur de loger sous le même toit que Jésus-Christ : parlez-lui donc sans cesse, visitez-le pendant le jour, reposez-vous sur son divin cœur pendant la nuit. Dans le moment du travail, interrogez-le et écoutez-le. Ne dites rien, ne faites rien, ne songez à rien qui puisse lui déplaire : il est près de vous, sachez-le bien. Que votre cœur brûle de son amour ! Il faut que chacun puisse envier votre bonheur et que vous reconnaissiez que ce n'est pas inutilement que vous possédez le divin Sauveur dans votre maison, car s'il en était autrement, quel malheur ce serait pour vous ! Le saint vieillard Siméon, en voyant entrer Jésus dans le temple, s'écriait : *Celui-ci sera pour la ruine et pour la résurrection de plusieurs.* Je n'ose pas penser que ce bon Maître soit venu pour la ruine de quelques-unes d'entre vous ; j'aime mieux croire qu'en entrant il a dit : *La paix soit avec vous toutes ! Je vous donne ma paix et le salut !...*

« Pauvres filles, ajoutait encore le prêtre, s'adressant à toutes les religieuses, vous possédez le roi de l'univers. Chez vous, habite le Roi des anges ; chez vous s'immole la sainte victime du Calvaire ! Son sang arrose vos âmes ; vous êtes sous la croix comme Marie, comme saint Jean ! Il est de grands princes dans le monde qui entreprennent de longs voyages pour voir, pour entendre leur roi... et vous, sans presque faire un pas, vous pouvez voir, vous pouvez parler au roi du ciel... Allez donc chercher tous les pécheurs et mettez-les sous les yeux de ce médecin qui guérit toutes les blessures... prenez la main de ce divin hôte et conduisez-le en tous les lieux du monde, afin de lui montrer toutes les souffrances de vos frères vivants et morts. »

« J'ai eu des nouvelles de votre charmante chapelle, écrivait un autre prêtre (1), en qui la mère Élisabeth avait une grande confiance, et je sais aussi les épreuves qui vous ont frappée. Que Dieu soit béni des bonheurs et des peines ! Le Révérend Père général est bien, que je sache, un des meilleurs ouvriers de la Providence en ce siècle-ci : il unit une âme d'apôtre à une âme de religieux... Ma lettre vous arrivera à l'époque où les mondains se font des souhaits tout mondains : santé, honneur, fortune... Et moi, prêtre de Jésus-Christ, je viens vous souhaiter, à vous et à votre chère communauté, l'amour, ou du moins le support de la croix, parce que *ce qui crucifie sanctifie.* »

Déjà le Seigneur avait exaucé ce souhait. Pendant que les ouvriers préparaient les matériaux et

____

(1) M. Belleville, curé de Barbéraz.

construisaient le sanctuaire où devait reposer le Saint des saints, la mère Élisabeth soignait quinze religieuses atteintes de la fièvre typhoïde. Le dévouement de sœur Joseph auprès d'une pauvre malade avait eu cette récompense : elle était revenue avec le germe de ce mal si terrible en lui-même et dans ses suites, et bientôt le couvent était transformé en hôpital. « Ayons de la foi et ne nous laissons pas aller à la faiblesse, disait la mère Élisabeth à ses filles... n'allons pas penser que nous ne pourrons souffrir longtemps, car nous pouvons tout en Celui qui nous fortifie... Offrons seulement nos peines... le Seigneur est si près de ceux qui souffrent!... » Et la première au chevet des sœurs malades, elle leur rendait les services les plus pénibles, passait des nuits sans sommeil et des journées presque sans nourriture, pour ne pas avoir à les abandonner un instant. Semblable à cette sainte Chantal qui, à force de méditer auprès du lit de quelques moribonds, avait entrevu d'ineffables rapports entre la Passion de Notre-Seigneur Jésus-Christ sur la croix et cette passion que tout homme subit tôt ou tard par la maladie et par l'adversité, elle voyait son Seigneur souffrir dans ses chers malades et se servir en quelque sorte de leurs douleurs pour continuer, mais sous une autre forme, le sacrifice expiatoire qui a sauvé le monde.

Après soixante jours de délire, sœur Joseph, la

compagne des premières peines et des anciens travaux, entra en convalescence : ce fut une vraie joie pour la communauté ; toutefois cette joie ne fut pas complète : à deux pas du lit où la sœur avait tant souffert, était étendue sœur Françoise Damian, et les infirmières n'avaient plus d'espérance.

Il est de certaines âmes qui, avant d'avoir entendu l'appel de Dieu, paraissent être des rochers arides, et qui, aussitôt qu'elles ont écouté sa voix et se sont données à lui, produisent au centuple et ne reculent plus dans le travail et la charité. Sœur Damian était une de ces âmes. Depuis sa profession elle n'avait cessé de grandir en vertus. Les jeunes novices trouvaient en chacun de ses actes un exemple nouveau ; les sœurs l'aimaient avec tendresse, et lorsqu'elles la voyaient agenouillée devant le Saint-Sacrement, les yeux tout humides de larmes, elles ne savaient si elles devaient être ravies ou saintement jalouses. La mère Élisabeth la maintenait dans l'exercice de cette charité si ardente par des humiliations souvent renouvelées. Parfois, elle la reprenait vivement d'une faute qu'elle n'avait pas commise, d'un défaut qu'elle n'avait pas, afin que les sœurs pussent admirer son humilité. Mais cette admiration ne suffisait pas à la sage directrice, et toujours, lorsqu'après une humiliation sœur Françoise avait quitté la salle, elle ajoutait : — « Vous venez de voir sœur Françoise ? imitez-la : c'est une vraie religieuse. Oh! mes sœurs, qu'il y a de religieuses en ce monde, et combien cependant sont peu religieuses!... »

L'heure de l'agonie en sonnant ne surprit pas sœur Françoise : elle était prête. Elle reçut son Dieu avec ferveur, s'unit pieusement aux prières de la recommandation de l'âme et expira en baisant sa croix de religieuse et en regardant avec une expression sereine et ravie celle qui l'avait conduite au tribunal de Dieu. « Voici une croix que je n'ai point choisie, disait la mère Élisabeth, quelque temps après avoir offert son sacrifice, mais, Seigneur, si nous pouvions choisir nos croix, serions-nous vos épouses à Vous qui, au jardin des Oliviers, avez pris le calice des mains de l'ange en disant : *Mon Père, que votre volonté soit faite et non pas la mienne ?* »

Une pensionnaire, sœur de cette jeune Marie Magnin que nous avons vue aller au tombeau comme à une fête dès longtemps promise, mourut également en ces jours de tristesse. Elle était idiote, mais Dieu en la rappelant à lui, doua subitement son âme d'une lumière et d'une pénétration qu'il n'accorde qu'aux saints.

La veille de sa mort, le docteur, en visitant les sœurs malades, ne lui avait rien ordonné, et la bonne mère demanda s'il ne la trouvait pas gravement atteinte. « — Non, reprit-il, elle ne craint rien : elle se remettra, point de danger pour elle! »

— « Point de danger pour elle ! répondit la mère Élisabeth, se parlant à elle-même, nous le verrons... Il m'est avis qu'elle mourra !... » La petite idiote eut la même pensée que la supérieure et presque en même temps. — « C'est aujourd'hui samedi, dit-elle à la bonne mère, demain je mourrai... Je voudrais faire ma première communion ! » — « Ma fille, répondit la mère Élisabeth, monsieur le curé ne peut pas monter en ce moment. Vous ferez avec moi la communion de désir, » et elle se prit à lui en faire réciter les actes.

Un charpentier qui travaillait à la chapelle, vint à passer : — « Maron, lui dit la petite malade, prépare ma bière ; je ne veux pas que tu travailles demain... prépare ma bière, Maron... je mourrai demain... » — « Non, tu ne mourras pas, » répondit le charpentier. — « Si, je te le dis, Maron, reprit-elle vivement, je mourrai demain ; prépare ma bière... je ne veux pas que tu travailles demain... » et la pauvre enfant, dans le délire de la fièvre, répéta longtemps encore : « Fais ma bière ; je ne veux pas que tu travailles demain ! »

Pendant qu'elle avait joui de quelque santé, les sœurs s'étaient épuisées vainement à lui apprendre les principaux mystères de la foi, elle n'avait jamais pu les retenir ; sur son lit de mort elle apprit l'acte de désir avant la communion. Pour elle, la mort devait être la première communion.

Le dimanche à l'heure de la messe, apercevant

la mère Élisabeth debout aux pieds de son lit et prête à la quitter, elle la pria de rester avec elle... Mais la mère devait suivre la communauté à l'église, alors la petite idiote dit tristement : « Ne savez-vous donc pas, mère, que quand vous reviendrez, je ne serai plus là ? »

En effet, quand la mère revint, la pauvre idiote avait rendu le dernier soupir. Elle était morte en récitant cet acte de désir, qu'elle avait appris la veille, dans les convulsions de l'agonie : « Venez, divin Jésus, venez prendre possession de mon âme ; venez en moi afin que je demeure en vous ! »

« Pauvre Magnin, ajoutait la mère Élisabeth, lorsque le souvenir de cette enfant qu'elle avait si longtemps gardée, revenait dans les conversations des sœurs, pauvre Magnin, tu ne désirais qu'une chose, faire ta première communion, et Dieu t'a exaucée en t'appelant au festin des élus. Tu lui as porté toute blanche la robe de ton baptême, et l'heure du jugement n'a été pour toi que la première heure des joies éternelles ! »

CHAPITRE XIV

> « Celui-là est un ami bien
> doux, qui sa't nourrir notre
> âme. »   (Saint Hilaire.)

Un jour les sœurs interrogeaient leur mère sur sa vie de jeune fille : « Avant d'entrer en communauté, répondait-elle, je me réunissais à une de mes amies, et nous faisions notre retraite tous les mois. — Ne vous excitiez-vous pas mutuellement à la pénitence? reprenait une autre sœur. — Oh! oui, ajoutait la bonne mère, nous voulions aimer Dieu, et nous nous demandions toujours l'une à l'autre ce qu'il fallait faire pour le mieux servir. »

Ce travail béni avait grandi avec les années, et dans le parloir obscur et étroit du petit couvent, naissaient chaque jour des affections et des reconnaissances dont on ne peut évoquer sans émotion

10

tous les souvenirs. Voyageuse au désert, sœur Élisabeth savait quelle goutte d'eau doit rafraîchir; sœur de charité, quel appareil il faut déposer sur les plaies; fille respectueuse et docile, quel dévouement on peut inspirer; et mère, quelle âme il faut laisser voir.

Les perplexités dont son esprit souffrait parfois, ne l'empêchaient pas de soulager et d'aider. Elle était persuadée qu'attendre d'être parfait, pour indiquer à ses semblables la voie qui mène à la perfection, c'était manquer à Dieu (1); aussi ne renvoyait-elle jamais personne sans avoir dépensé les trésors de son zèle. Les sujets ordinaires de ses entretiens, quand on ne demandait rien de particulier à ses lumières, étaient l'humilité, la mort à soi-même, le dépouillement de tout ce qui n'est pas Dieu; mais elle savait sortir de ces austères pensées et elle parlait de l'amour divin avec une énergie et une ardeur ravissantes.

Souvent encore, après avoir élevé l'âme du pro-

(1) Hélas! ma fille, disait sur ce chef saint François de Sales à l'abbesse du Puy d'Orbe, si personne ne servait aux âmes que ceux qui sont parfaits, vous n'auriez pas de père en moi; et il ne faut pas laisser de soulager les autres encore que l'on soit soi-même en perplexité. Combien y en a-t-il de bons médecins qui ne sont guère sains? Et combien se fait-il de belles peintures par des peintres bien laids? Quand donc vos filles viennent à vous, dites-leur tout bellement et en charité ce que Dieu vous inspirera, et ne les renvoyez point vides d'auprès de vous!

tecteur ou de l'étranger qui était venu la visiter jusqu'aux sphères vraiment célestes qu'habitait son âme, elle se prenait à raconter avec une naïveté charmante et une grande simplicité les principaux traits de sa vie, les peines de la fondation, les premiers travaux des sœurs, leur grande pauvreté... Cette manière d'agir si franche aurait pu être très-dangereuse à une intelligence moins pure, parce que l'amour-propre se glisse vite dans un récit dont on ne peut abdiquer le rôle principal; mais elle était si éloignée de la vaine gloire que, lorsqu'elle se plaisait à redire les grâces qu'elle avait reçues de Dieu, c'était uniquement afin que son nom fût béni, et son secours demandé ensuite avec plus de confiance et plus d'amour.

Son zèle pour le salut des âmes était doué de patience et de condescendance. Elle savait attendre les moments de Dieu : que de fois elle s'arrêtait à la porte à demi-fermée d'un cœur dont elle craignait de froisser les fibres secrètes! On l'eût dit frappée d'impuissance ou d'indécision, elle ne l'était pas; et au sortir d'un entretien où elle s'était appliquée à ménager les susceptibilités les plus délicates, elle tranchait d'un seul coup des difficultés incontestables : « Vous avez la vocation sacrée du sacerdoce, disait-elle sans tergiverser à à un jeune homme dont elle avait aimé les parents et soigné l'enfance ; croyez-moi, bénissez le Seigneur ! » et le jeune homme partait pour le séminaire et devenait un prêtre zélé et pieux.

« Vous devriez aller frapper à la porte de la Grande-Chartreuse, » disait-elle à un enfant découragé et triste, qui manquait de ressources pour continuer ses études ; et elle accompagnait cette inspiration d'une prière bien instante adressée au Père Général : l'enfant, puissamment secouru, est entré comme religieux dans le couvent qui l'avait aidé.

Mais il était un nom entre tous qui, sur les lèvres de la mère Élisabeth revenait sans cesse, lorsqu'elle parlait à ses filles des miséricordes de Dieu dans les âmes ; c'était celui d'un ouvrier plâtrier, venu de Morestel, et qui avait travaillé quelque temps à la chapelle des Brosses.

Ce jeune homme n'était pas dévot, il avait lu des romans et y avait pris plaisir. Il aimait à chanter des chansons en travaillant, à tenir de gais propos et à se réjouir avec ses amis. En le voyant si vif, si léger, si alerte, la mère Élisabeth lui disait souvent : « Joseph, Joseph, écoutez-moi, vous ferez plutôt votre chemin en ce monde que votre chemin en l'autre ! »

Tous ceux qui approchent des saints et que Dieu veut sauver par leur ministère se sentent attirés puissamment vers eux, et sans comprendre la force de cette tendance, ils la suivent. Joseph Vernet était attiré vers la religieuse qui bientôt, usant de son influence, put changer les romans contre de bons ouvrages, et les gais refrains contre des chants plus moraux et plus châtiés. Une fois, après une journée laborieuse, elle appela le plâtrier, et se plaçant en face de lui, tandis qu'il prenait un peu de lait, elle lui dit sans aucun préambule : « Joseph, il faut vous faire chartreux; il le faut absolument, Dieu le veut ! »

Joseph crut à une plaisanterie, et lui répondit en riant : — « Oh ! mère, vous n'y pensez pas : les chartreux jeûnent, je ne puis pas jeûner; ils vivent dans la solitude, et la solitude ne me va guère ! »

Le mère Élisabeth ne plaisantait pas : — « Il faut vous faire chartreux, reprit-elle, chartreux pour la vie, chartreux pour l'éternité; » et après avoir répondu à toutes les objections avec une pénétration si grande, qu'elle semblait lire en cette âme les pensées et les affections les plus secrètes, et une lumière si vive que le jeune homme en fut ébloui, elle ajouta : « Si vous vous faites chartreux, je réponds de vous ! »

« J'ai beaucoup de confiance en vous, se hâta de dire le jeune homme, mais faites attention, ma mère, à la responsabilité que vous prenez en vous chargeant de moi... Vous devez savoir que si j'ai quelques qualités naturelles, j'ai encore plus de défauts. »

« Ce que j'ai dit est dit, reprit la mère Élisabeth;

partez, et je me charge de vous devant le bon Dieu !... Je vais écrire au révérend Père Général ; c'est vous qui porterez la lettre... »

Porter une lettre au couvent de la Grande-Chartreuse n'engageait à rien, et Joseph Vernet pouvait bien, sans interrompre trop longtemps son travail, se donner la satisfaction de voir de près les belles montagnes qu'il n'avait jamais aperçues que de loin ; aussi attendit-il la lettre de la religieuse. En la lui remettant, la mère Elisabeth l'avertit qu'il trouverait deux sœurs à la Chartreuse, et que, s'il lui survenait quelques difficultés, il n'avait qu'à les faire appeler.

Il partit ; mais, comme il approchait de Fourvoirie, il rencontra les sœurs qui revenaient : alors jetant son paquet d'un côté et sa lettre de l'autre : — « C'est fini, dit-il, je retourne avec vous au Pont ; aussi bien, je ne suis pas fait pour être chartreux et je n'ai jamais pensé à l'être ! » La sœur Euphrosine l'encouragea, lui parla des beautés du désert et des magnifiques rochers qu'il verrait... — « Vous êtes trop près, ajoutait-elle, pour renoncer si facilement à admirer ces merveilles ! »

Il se remit en marche, admira quelque temps les rochers, les sapins, les bonds rapides du torrent... Puis il se prit à réfléchir. Sa pensée monta comme une flèche, des rochers et des sapins, au Dieu qui les avait créés : « Il vaudrait mieux pour moi, commençait-il à s'avouer tout bas, servir le Grand Maître du ciel que tous les maîtres de la terre ! »

En arrivant au couvent, il demanda la permission de pénétrer dans la cellule du révérend Père Dom Jean-Baptiste, et le Général le reçut comme un enfant dont on veut faire un élu de Dieu. Toutefois, avant de l'admettre, il trouva juste de le renvoyer au Pont pour achever un travail qui demandait à peine dix journées.

Le travail fut terminé bientôt, mais des amis vinrent et détruisirent en peu de temps le projet du jeune plâtrier ; bien plus, ils négocièrent pour lui un mariage et en fixèrent l'époque.

Trois mois s'écoulèrent. La bonne mère Élisabeth entendit parler de ce mariage, et fit dire à Joseph Vernet de venir au couvent : « Si la mère y est, répondit-il, je n'irai pas ; si elle n'y est pas, j'irai. » Elle était sortie, de sorte que la personne qui lui avait été envoyée pour lui dire : « Venez en ce moment, elle n'y est pas ! » Joseph monta ; mais la Providence arrangeait elle-même l'entrevue, de sorte qu'à l'instant où le jeune ouvrier frappait à la porte, la mère Élisabeth arrivait, un lourd panier de provisions au bras.

— Bonjour, mère ! dit-il un peu confus.

— Bonjour, Joseph ! lui répondit la mère.

Lorsqu'elle eut déposé son panier sur la table elle joignit les mains et regarda pendant quelque temps, sans prononcer une parole, le jeune homme qui, debout, roulait son chapeau dans ses doigts.

« Enfin, dit-elle, vous voilà!.... Vous voilà, grand lâche!... vous devez être chartreux et vous n'avez pas la force d'aller à la Chartreuse; et vous cherchez une épouse ici-bas, quand c'est à Dieu que vous devez donner tout votre cœur! »

Joseph resta longtemps sans répondre; mais lorsqu'il ouvrit la bouche, ce fut pour demander timidement une lettre, en ajoutant qu'il était disposé à partir. « Partez, répondit la mère, et je vous le répète, je me charge de vous devant le bon Dieu. »

La semaine n'était pas terminée que Joseph entrait définitivement au couvent de la Grande-Chartreuse, heureux d'avoir rejeté loin de lui toutes les inquiétudes et toutes les préoccupations de la vie.

Dès lors, rien ne lui fut difficile, rien ne lui parut impossible. Il se lança dans la voie nouvelle, ouverte devant lui, comme un voyageur déjà formé. Jamais il ne songea à revenir au Pont pour y revoir ses amis. Un jour, on lui annonça que sa mère l'attendait hors des portes : « Ma vraie mère, reprit-il, c'est la mère des sœurs du Rosaire ; » ainsi que le divin Maître, il ne reconnaissait plus pour parents que ceux qui l'avaient aidé à pratiquer les conseils célestes. A quelques jours de là, il vit de loin arriver la mère Élisabeth, suivie de deux religieuses. Il demanda la permission de quitter son travail et accourut : « Mère, mère, lui disait-il, oh ! que vous êtes ma mère ! vous m'avez appris à connaître Dieu, à l'aimer... Sans vous, je serais bien loin, perdu peut-être, et je suis là ! fils de saint Bruno, fils de la Sainte-Vierge !... Oh ! que je suis heureux ! ne mourez point, je vous en supplie, avant que j'aie fait mes vœux ; » et il se prosternait et collait ses lèvres sur les pieds de l'humble religieuse qui ne savait comment rompre cet élan de reconnaissance, dont elle rapportait toutes les joies à Dieu.

Joseph, devenu le frère Gabriel, a prononcé ses vœux, il a donné *son congé* à sa mère Élisabeth, c'est-à-dire la permission de mourir, mais l'acte de sa consécration, qui a imprimé le sceau céleste à son bonheur, n'a point rompu le cours de sa reconnaissance. Pendant tout le temps qu'a vécu la mère Élisabeth, il n'a cessé de lui en offrir des témoignages : était-il envoyé dans un autre couvent, il le lui mandait ; il lui écrivait au commencement de chaque année. Parfois ses lettres contiennent les plus délicieux détails. Tantôt c'est une Chartreuse, celle de Valbonne, bâtie au milieu d'une forêt de chênes, et qu'il trouve si belle qu'il ne sait la comparer à rien qu'à ce paradis terrestre qu'il n'a point connu. Tantôt c'est une cellule qu'on lui donne à réparer : il travaille avec un soin merveilleux, il dépense tout ce qu'il a de talent, il croit avoir fait un chef-d'œuvre. Le Révérend Père Dom Jean-Baptiste arrive, trouve cette cellule bonne pour un prélat, point du tout pour un religieux, et ordonne de recommencer l'ouvrage. « Mère, ajoute-t-il, car son âme n'a aucun secret pour celle qui l'a donné à Dieu, j'ai eu quelque peine à prendre mon parti ; mais le bon père m'a fait mettre à genoux aux pieds de la statue de la Sainte-Vierge et m'a dit de répéter après lui cette prière qu'il prononçait pour moi : « Sainte-Vierge, vous le savez, j'ai fait tout ce « que j'ai pu pour réparer et orner cette cellule, « mais voilà que le Révérend Père trouve qu'elle « est trop belle et par conséquent contraire à la « pauvreté. Eh bien, en votre considération et par « obéissance, je vais refaire tout cet ouvrage ; en « échange, accordez-moi la grâce de passer le « reste de mes jours avec les serviteurs de votre « Fils et les vôtres ! »

La dernière fois que frère Gabriel, au retour d'un voyage à la Grande-Chartreuse, put voir la mère Élisabeth, il la trouva, c'est lui-même qui nous l'a écrit, « bien faible de corps, mais toute remplie d'amour de Dieu ; » elle lui dit que probablement il ne la reverrait pas en ce monde ; alors il lui répondit : « Puisque vous avez tant envie de mourir, mourez ! j'espère bien, Dieu aidant, ne pas abandonner la religion ; toutefois, si vous mourez, ne m'oubliez pas devant Dieu. »

Avouons-le, comme la mère Élisabeth, nous ne savons pas nous lasser de parler de ce bon frère : c'est qu'il est pour nous une des preuves de l'influence bénie qu'elle exerçait sur les âmes.

Des affections nouvelles pouvaient croître et grandir autour d'elle, sans qu'aucune des anciennes fût délaissée. « Celui qui dédaigne son ami est un cœur indigent (1), » dit l'Esprit-Saint. Son cœur était riche, pur et dévoué, ardent et doux. Une des plus agréables surprises de ceux qui l'approchaient était de le sentir vibrer dans ses paroles fortes et émues.

Ici, il faudrait une liste de noms que nous n'essayons pas de tracer, car quel est l'habitant des rives du Guiers qui ne l'ait connue, à qui elle n'ait été utile, pour qui elle n'ait prié? Quel est le malade qu'elle n'ait pas été visiter et consoler? Quel est l'enfant auquel elle n'ait pas donné d'encouragements et de leçons? Dans les premiers temps surtout, elle entrait volontiers dans l'école dirigée par ses sœurs, et s'adressant aux enfants dans un langage touchant et simple, elle leur enseignait la confiance envers Dieu et la dévotion à la Sainte-Vierge, et les aidait à se préparer à la première communion :

(1) Prov. 11-12.

« Elle prêche comme M. le Curé, disaient les enfants, mais nous la comprenons mieux ». Au jour des distributions de prix, les jeunes filles qui n'avaient pas mérité de couronnes recevaient en secret de ses mains, soit un livre, soit une image. Combien il en est qui font remonter à la parole qu'elle leur a adressée en cette occasion leurs premières réflexions sérieuses et leurs premières résolutions de solide vertu !

Son exemple d'ailleurs était encore plus puissant que sa parole, parce qu'il était de tous les jours et s'adressait à tous. Même au milieu de la rue, elle s'agenouillait au son de l'*Angelus*. Elle le fit un jour en plein marché, et les gens qui l'entouraient se dirent les uns aux autres : « Cette sœur nous apprend à ne pas rougir de notre religion ! » Aussi avait-on dans le pays une si entière confiance en ses prières que si l'on voulait obtenir du ciel une faveur spéciale, on disait : « Allons recommander cette affaire aux prières de la mère Élisabeth, et le bon Dieu nous exaucera. »

De son côté, rien ne lui coûtait quand il s'agissait d'aider une âme ; elle accompagnait souvent bien loin, auprès de quelque prêtre en qui elle reconnaissait des dons spéciaux pour la direction, de pieuses jeunes filles inquiètes et fatiguées de leurs pensées. Elle favorisait de tout son pouvoir celles qui voulaient se donner à Dieu, quel que fût l'institut religieux qu'elles eussent choisi.

Ses lumières appartenaient à tous ceux qui l'aimaient, comme aussi ses forces ; mais l'intérêt des âmes ne lui inspirait pas seul tous les sacrifices : elle savait en offrir encore pour satisfaire les plus simples désirs de ceux qui l'entouraient. Plusieurs des lettres qui nous sont restées sont dues à ce besoin, car écrire ne lui était pas facile. Ordinairement, elle mettait une journée entière à tracer la plus petite page, et il lui fallait à chaque mot chercher dans un livre comment il était écrit.

Dans le couvent qu'elle a laissé, dans les demeures où elle s'arrêtait, on raconte mille traits délicieux. Un jour, un prêtre très-respectable, voulant posséder un objet qui lui eût appartenu, chargea une sœur occupée à faire la classe dans sa paroisse, de substituer, sans qu'elle s'en aperçût, une croix neuve à sa croix tout usée par les baisers et par les larmes. La religieuse ne put cacher cette petite manœuvre : « Laissez cela ! laissez cela ! » lui dit la mère Élisabeth ; mais apprenant par qui la sœur était déléguée, elle n'ajouta pas un mot, détourna la conversation et laissa faire. « C'était le renoncement de la charité (1). »

Perdait-elle une personne qui lui était chère, elle la pleurait avec cette force de douleur et cette soumission à la volonté de Dieu qu'on ne rencontre jamais unies que dans l'âme des prédestinés.

______

(1) M. Morand, curé de Saint-Pierre d'Entremont.

Ensuite elle ne l'oubliait pas ; elle la suivait par delà la tombe avec une persistance merveilleuse, demandant des prières, s'imposant les plus rudes mortifications pour la soulager et lui ouvrir le ciel.

Vers la fin de sa vie, ce culte des âmes du purgatoire s'accrut encore : ses amies n'avaient qu'à demander en leur nom pour tout obtenir, même qu'elle relâchât quelque chose à ses austérités (1). On eût dit qu'elle voulait trouver au ciel tous ceux qu'elle avait aimés et perdus sur la terre.

Dans les additions faites au réglement en 1850 et revêtues du sceau de Mgr Philibert de Bruillard, on avait écrit : « Tous les ans, il y aura un service anniversaire pour les âmes défuntes ; » et de sa plume si lente, mais de son cœur si dévoué, la mère Élisabeth ajoutait : « et pour les bienfaiteurs. »

Cet ordre, elle le renouvela en son testament spirituel : « Je recommande, dit-elle, de ne pas oublier les bienfaiteurs. Tous les ans, on fera célébrer une messe pour tous les bienfaiteurs. »

----

(1) « Il m'est arrivé quelquefois, surtout pendant les deux dernières années de sa vie, la voyant exténuée de fatigue, de lui offrir une boisson plus fortifiante qu'elle refusait. Mais si, m'unissant aux sœurs, j'invoquais sa grande dévotion aux âmes du Purgatoire, et la priais d'accepter pour elles, comme une mortification, ce faible soulagement, elle le prenait gracieusement aussitôt. »

(Mlle Fanélie ARAGON.)

Et sur son lit de mort, ne pouvant plus se faire entendre sans de grandes fatigues, elle avait encore cette parole sur les lèvres : « N'oubliez pas, mes sœurs, ceux qui nous ont aidés ; n'oubliez pas ceux qui nous aiment ; n'oubliez pas les âmes du Purgatoire ! »

CHAPITRE XV

Rapports de la mère Elisabeth avec ses filles.

> « Oh ! que c'est une grande
> chose que de comprendre une
> âme ! »   (Sainte Thérèse.)

Si la mère Élisabeth avait pour ses amis un cœur dévoué et un esprit fécond en ressources, pour ses filles elle savait allier mieux encore la douceur à la force, l'ardeur à la patience, la vivacité et la sûreté du coup d'œil à la vigueur de l'exécution.

Leur direction spirituelle était le grand but de sa vie, l'étude du règlement sa grande mission ; elle avait gardé pour elle-même le soin d'en développer l'esprit, ce sens caché, ce je ne sais quoi d'enseveli sous la lettre et qui en est comme l'âme et la vie. Aussi ne négligeait-elle rien : le matin, elle ajoutait presque toujours à la lecture du sujet

de méditation quelques réflexions brèves et énergiques, et sans parler des avis qu'elle adressait en
particulier à chaque religieuse et des conversations
générales de la récréation, le dimanche, conformément aux prescriptions de la règle, elle assemblait les sœurs en chapitre et leur donnait ces instructions vives et ardentes, souvent émues, presque
toujours éloquentes, dont elles ont gardé de si
constants et si heureux souvenirs (1).

Il est difficile, impossible même de répéter cette
parole où les images se pressent nombreuses
comme les pensées et à laquelle les incorrections
mêmes ajoutent de l'originalité et de la grâce ;
cependant il est nécessaire de faire connaître la
pieuse mère dans ses rapports avec ses religieuses
et de l'entendre développer au milieu d'elles les
grandes maximes de la sainteté.

Un jour, M. Perrot, l'aumônier du couvent,
étonné de ce qu'on lui avait dit de ses exhortations,
voulut en juger par lui-même : il attendit que
toutes les sœurs fussent entrées dans la salle du
chapitre et il se prit à écouter à la porte. Le feu de
son discours, la pénétration de sa pensée, le sur

____

(1) Il me souvient avoir entendu dire à la mère Élisabeth
qu'elle préchait souvent pendant une demi-heure et plus. —
« Sur quels sujets, lui demandai-je un jour? — En général
sur l'humilité, répondit-elle, nous sommes si orgueilleuses! »
C'était, je crois, son texte le plus habituel ainsi que le support des faibles, l'amour du prochain et le travail. »

(M. Sanson.)

11

prirent étrangement ; il s'écriait encore deux ans après : « Oh ! qui me donnera d'enseigner les âmes comme cette humble fille ! (1) »

Maintenant qu'elle nous a quittés, nous ne pouvons plus, comme l'aumônier, jouir en secret de ses richesses, mais quelques paroles, échappées à son cœur et recueillies en divers temps par une personne qu'elle aimait, la rappelleront peut-être à ceux qui la pleurent.

« La vie religieuse est l'imitation de la vie divine de Jésus-Christ, disait-elle, il faut, mes sœurs, que toujours il y ait en vous ou hors de vous quelque chose qui souffre. »

— « Les journées que vous passez sans avoir souffert soit dans votre corps, soit dans votre esprit, soit dans votre cœur, sont des journées perdues. »

— « Il faut que vous preniez l'habitude de la mortification des sens (2). Lors donc que vous serez tentées de parler inutilement, souvenez-vous que Notre-Seigneur était silencieux ; de vous adonner à la paresse, que Notre-Seigneur était

---

(1) « Parfois, ajoutait-il, elle m'interrompait lorsque je faisais le catéchisme, me priant d'appuyer sur tel ou tel sujet, dont les sœurs avaient un besoin plus pressant. »

(2) « Mortifions-nous sans cesse ; lorsque nous avons besoin de donner de la nourriture à notre corps, mangeons par mortification, car c'est une pénitence. Ne savourons jamais la nourriture. Ne jetons pas les yeux sur ce qu'on nous sert, pour voir si c'est bien ou mal apprêté. »

actif et vigilant (1). A qui serviraient les exemples du Sauveur, si ce n'est pas à ses épouses ? »

— « Quant à la mortification du cœur, les occasions en sont nombreuses, et je ne vous recommande qu'une chose, qui est de ne pas les laisser échapper. Ainsi, ayant fait du bien à une personne, vous apprenez que sans raison elle parle mal de vous ; n'allez pas vous plaindre : laissez passer. Oh ! que vous êtes heureuses, bien heureuses, infiniment heureuses ! car c'est un riche don que vous offre cette âme en échange des bons offices que vous avez pu lui rendre. Elle vous donne la fleur la plus brillante de votre couronne céleste... Écoutez, mes sœurs, et croyez-moi : baisez la main de ceux qui vous accablent de coups, bénissez la langue qui vous injurie, aimez de toutes vos forces l'âme de votre frère aigrie contre vous. »

— « Le meilleur instrument de pénitence, disait-elle encore, est cette mortification intérieure. Au bout des instruments de pénitence c'est un crochet de fer qu'on place. Eh bien ! je vous le dis, c'est souvent de l'orgueil et de l'hypocrisie qui demeure au bout de ce crochet de fer, et Dieu n'y gagne rien. Le démon a pour nous vaincre des

(1) Un jour, quelques sœurs se plaignant du froid, la mère Élisabeth leur dit : « Allez donc à Bethléem : c'est là dans la pauvre étable où Notre-Seigneur naît sur de la paille qu'il faut aller quand on a froid. »

moyens inconcevables : parfois il lui suffit qu'un confesseur sache que nous nous mortifions, que nous nous donnons la discipline, pour nous mettre en tête que nous sommes admirables, saintes, que sais-je? et nous ne sommes rien que les servantes de l'iniquité (1). »

— « Un prêtre que la mère Élisabeth estimait beaucoup, lui demandait un jour de traiter avec indulgence une religieuse, parce que, disait-il, sa faute est bien légère, et de plus elle est *très-sensible.* — Monsieur, répondit-elle d'une voix énergique, appelons les choses par leur nom : disons *orgueilleuse* et non pas *sensible.* Les religieuses sensibles sont des orgueilleuses, voilà la vérité! »

— De la mortification elle passait à la pauvreté, et elle disait : « S'il vous manque quelque chose et que vous vous en plaigniez, vous péchez contre la vertu de pauvreté. Saint Louis de Gonzague avait une robe bien courte, on en fit à toutes les personnes de la communauté excepté à lui; alors

(1) Une sœur lui demandait comment il fallait réprimer la gourmandise : « Faites ce que j'ai fait, dit-elle. — Qu'avez-vous fait, mère? reprit la sœur, et la mère ajouta : —Quand j'étais jeune, j'aimais beaucoup les noix et les fruits, j'en ramassais dans les champs, je les gardais dans mes poches, et ces noix et ces fruits me donnaient de grandes tentations. Je fis vœu de n'en plus manger. — Faut-il faire le même vœu? interrompit la religieuse. — Je ne vous dis pas de faire le même vœu, reprit la mère Élisabeth, mais je vous dis de refuser ce qui est pour vous le sujet d'une préférence quand on vous l'offrira. »

il remercia Dieu. Une sœur orgueilleuse aurait dit : Ma robe est courte, indécente, mauvaise, et elle aurait manqué à la vertu de pauvreté. »

En cette matière comme en toutes les autres, elle savait joindre les actes aux paroles. Une jeune novice, qui venait de passer quelques jours dans sa famille pour une raison de santé, en rapporta des manches noires qu'elle voulait porter dans ses manches bleues pour se distinguer un peu des autres. Elle montra cet objet à la Mère pour obtenir la permission de s'en servir. La Mère prit les manches, et les lui rendit : « Vous ne les garderez pas longtemps, dit-elle, reprenez-les ; vous me les rendrez quand je les demanderai ». A l'heure du chapitre, quand toutes les sœurs furent assemblées, la mère Élisabeth dit : « Donnez-moi des allumettes. Sœur qui avez des manches, jetez-les au milieu de la salle. » Ce qui étant fait, la Supérieure y mit le feu, afin que toutes comprissent bien cette leçon de pauvreté et de vie commune.

— Un matin, pendant le travail, les sœurs lui demandèrent de leur parler de l'obéissance ; elle leur répondit : « Sainte Madeleine de Pazzi, étant jeune religieuse, avait l'esprit fort impatient ; sa supérieure lui conseilla de réprimer chaque mouvement de vivacité par un acte de contrition fait à la chapelle du monastère. Or le jour suivant, elle fut contrainte, avant midi, d'aller jusqu'à dix fois demander pardon au Seigneur. Lorsqu'elle sortait de la chapelle, bien résolue de ne plus pécher, elle rencontra une sœur qui lui demanda le plus léger service : « Qu'ai-je besoin d'être toujours à vos ordres ? » dit-elle ; mais à l'instant elle se souvint du commandement qui lui avait été fait ; et n'osant plus entrer dans la chapelle une onzième fois, elle s'agenouilla à la porte : « Seigneur, s'écria-t-elle, puis-je vous demander pardon encore ? (1) » Et le Seigneur lui apparut, la releva et lui dit : « Allez, ma fille, vous m'avez satisfait ! » Elle était guérie ; jamais depuis, elle n'est retombée dans ses accès d'impatience. Voyez, mes sœurs, ce que Dieu accorde à l'obéissance. Tâchez d'être douces et faciles à vos supérieures, et Dieu, au dernier jour, vous dira comme à sainte Madeleine : « Ma fille, vous m'avez satisfait ! »

Mais la vertu que la mère Élisabeth aimait entre toutes c'était l'humilité ; elle y revenait sans cesse : « Une communauté doit retracer fidèlement l'image de l'étable de Bethléem, disait-elle à ses filles ; ne nous inquiétons pas d'être le foin, ou les ânes, ou les bœufs de l'étable, pourvu que nous soyons près de Notre-Seigneur Jésus-Christ. »

— « Il en est parmi vous, ajoutait-elle, qui doivent reprendre les sœurs et les enfants ; qu'elles le

______

(1) « Quand vous paraîtrez devant le bon Dieu, disait-elle à une religieuse qui par un secret orgueil s'étonnait de ses fautes, il vous en découvrira encore bien d'autres. »

fassent sans aigreur, sans impatience, sans inquiétude, avec belle humeur, avec humilité... Oui,
avec humilité, car elles ne doivent pas se croire
meilleures que les autres... Elles doivent se dire
même que Dieu leur demandera un compte plus
rigoureux; et certes elles seront en peine de le
fournir. Voyez-vous, mes sœurs, il faut qu'au
jour du jugement les supérieures puissent être
secourues par celles dont elles auront protégé la
foi et aidé la vertu.

— « Heureuse la sœur qui n'a qu'à obéir!
qu'elle ne juge point ses supérieurs, qu'elle ne
discute point avec leurs commandements, et, je
vous l'affirme, il n'y aura pour elle qu'un jugement favorable! »

Une jeune sœur, profitant de l'absence de la maîtresse des novices, était venue lui raconter ses
peines : « Ma fille, lui répondit la mère Élisabeth,
vous ne considérez que la créature... vous avez
l'air de me dire que si vous n'aviez à traiter
qu'avec moi vous serviriez Dieu plus aisément.
Ah! ma fille, c'est une ruse du démon, car je
vaux moins que les autres sœurs : elles font toujours la volonté du bon Dieu en obéissant, tandis
que moi, pauvre misérable, je n'ai pas toujours le
mérite de l'obéissance. Ainsi, ma sœur, quelle que
soit celle qui vous commande, songez qu'elle est
Dieu pour vous; aimez-la et respectez-la sans
faire attention à ses défauts. »

Une autre se plaignait de quelques humiliations qu'elle avait reçues et qui pouvaient, selon elle, lui enlever son autorité sur les enfants : « Pauvre sœur, lui répondit la Mère ; vous voulez devenir humble sans être humiliée. Vous savez pourtant bien que pour faire un vêtement, il faut de l'étoffe : eh bien ! l'humiliation, c'est l'étoffe avec laquelle on fait l'humilité ! »

Il était rare, lorsque la mère Élisabeth avait entretenu ses filles des efforts qu'on devait faire pour obtenir une vertu, qu'elle ne citât pas l'exemple de quelque saint ayant pratiqué lui-même cette vertu ; elle avait alors sur les lèvres de délicieux traits : « Vous ne savez pas l'histoire de sainte Madeleine de Pazzi, disait-elle un jour où la conversation avait roulé tout entière sur la simplicité, écoutez donc : Elle pétrissait ; la messe sonne, elle laisse sa pâte et court à la messe sans se donner le temps de se laver les mains... Elle communie ; elle revient ; et le bon Dieu est tout heureux ! Il faut aller à lui comme on est. Il nous prendra bien à notre dernière heure comme nous serons ! »

Si la mère Élisabeth aimait la simplicité, cette fille de l'humilité chrétienne, elle détestait la paresse spirituelle qui se glisse dans l'âme et en ronge les fibres vives. Elle répétait souvent le mot de sainte Thérèse : Tant recevoir et si peu rendre ! Et quelquefois elle ajoutait : « Les paresseuses seront piquées avec des aiguilles ardentes et jamais le démon ne leur laissera un instant de repos. Ah! pauvres âmes, travaillez donc en cette vie : il faut si peu de travail au Dieu si bon, et ce si peu de travail, il le demande si peu de temps! (1) »

— « Il y a des religieuses qui sont assoupies le matin et se plaignent d'être fatiguées. Vaines excuses!... Elles n'ont qu'à se jeter au bas de leur lit : si elles tombent sans pouvoir se relever, alors on doit les croire; si elles se relèvent, elles n'ont qu'à suivre la communauté dans ses exercices (2). »

— « Tenez-vous sur vos gardes, comme un militaire en faction... le démon veille, mes enfants. Il est toujours prêt. Un instant il nous décourage; le moment suivant il nous enorgueillit... Il a des ruses que nous ne pouvons imaginer, et quand il a saisi l'âme d'une religieuse, tout l'enfer retentit de sa joie... C'est que la religieuse est l'épouse de Jésus-Christ, et qu'enlever à Jésus-Christ une de ses épouses, c'est gagner sur lui une bataille... Je vous en conjure, épouses de Jésus-Christ, ne

______

(1) « Que celle d'entre vous, mes sœurs, qui croira avoir le plus de sujet d'être en sûreté, soit celle qui vive le plus dans la crainte. » (Sainte THÉRÈSE.)

(2) « Les sœurs m'ont affirmé qu'étant très-souffrante, elle avait mis en pratique ce conseil qu'elle ne donnait qu'en public et seulement pour raviver autour d'elle l'énergie toujours si prompte à faiblir. Les sœurs m'ont dit encore, que cette fois-là elle n'avait pu se relever. » (M. MORAND.)

devenez pas les disciples de Satan... Toutefois, n'ayez pas peur de lui : si vous en avez peur, il se jouera de vous. C'est comme un chien enchaîné : il aboie toujours, mais il ne mord que ceux qui s'approchent de trop près. »

— « Vous dites que l'occasion a été la cause de vos chutes... Non ! ce n'est pas l'occasion qui nous fait tomber, c'est notre lâcheté habituelle à servir Dieu ! »

— « Beaucoup d'entre vous allèguent aussi leurs tentations... mais ce sont nos tentations qui nous gagneront le ciel. Que ferions-nous pour Dieu, si nous n'étions pas tentées par le démon ? Oh ! heureux péché d'Adam qui nous a donné les tentations ! »

— « Préservez-vous des petites fautes (1), disait-elle souvent ; les petites fautes sont dangereuses, plus dangereuses que les grandes. Il n'est pas difficile d'ouvrir la porte aux petites fautes, de manquer aux petits commandements de la règle ; on s'en donne vite à soi-même l'absolution.... Mais aujourd'hui un petit manquement, demain deux, après-demain trois, quatre, huit, dix... vingt, et puis viennent les grosses fautes... et l'enfer !... »

Pour enseigner aux sœurs les moyens de garder Jésus, elle disait : « Les marchands de la terre

____

(1) Elle disait à une religieuse qui venait lui avouer quelques tendances imparfaites : — « Comment, pauvre fille, vous en êtes encore là ! Oh ! que vous êtes donc difficile à tuer ! »

veulent faire fortune, aussi ne sortent-ils pas de
leurs magasins; et nous, marchands du ciel, nous
ne pouvons pas tenir dans le petit magasin que
Dieu nous a confié. Oh! pourquoi sortons-nous si
volontiers de notre cœur? Jésus n'y descend-il
pas? n'y réside-t-il pas? n'aimons-nous pas Jésus?
Mes sœurs, si nous aimons Jésus, si nous voulons
garder Jésus, je vous en conjure, demeurons dans
notre cœur par le recueillement, par l'humilité,
par l'obéissance, par la patience et par le dévouement (1). »

Lorsqu'elle parlait de la communion, son visage
s'illuminait d'un reflet extraordinaire, et sa voix
tremblait de respect et d'émotion : « Le bon Dieu
peut se passer de vous, mes sœurs, disait-elle,
mais n'essayez pas de vous passer de lui. Ne re-
mettez pas à un autre jour, même par mortification, la communion qu'on vous a permis de faire.»

— « Si vous écoutez le démon, ajoutait-elle, il
vous dira : demain, demain!... et demain venu,
vous redira encore : demain, demain!... Répon-
dez-lui qu'il n'y aura peut-être point de demain

---

(1) Elle disait encore : « Si nous nous permettons des paroles
inutiles et vaines et si nous passons sur les petites fautes, le
bon Dieu s'en va de notre cœur!... Lorsque nous sommes
dissipées dans nos prières, le bon Dieu s'en va... — Comment
faut-il se corriger de sa dissipation? demandait une sœur. —
En imitant les saints, répondait la mère. Ils apportaient aux
pieds de Dieu leur bonne volonté, se mettaient simplement en
sa présence et le regardaient avec amour. »

pour vous, et que le Bien-Aimé veut votre lampe pleine d'huile. Le sang de Jésus-Christ, c'est le vin qui fait germer les vierges... C'est l'huile qui brûle dans la lampe des vierges sages. Les vierges folles croient qu'il leur sera permis de prendre de l'huile à l'heure où l'époux viendra, mais l'heure de la mort doit nous trouver prêts. Ne refusons donc jamais le don de Dieu, n'écoutons pas le démon... Le démon connaît mieux que nous le prix du sang de Jésus-Christ... »

La mère Élisabeth ne concevait pas les désirs qu'éprouvent certaines âmes, lâches et avides, qui attendent des consolations en tout temps, lors même qu'elles n'offrent rien à Dieu : « Vous voudriez sentir mille joies en vos communions et en vos méditations, mais, dites-le moi, avez-vous mérité de sentir?... »

Elle ne décourageait pas cependant les âmes. Elle leur apprenait quelle charité elles devaient avoir pour elles-mêmes : « Supportez vos craintes, supportez vos peines, supportez vos fautes, disait-elle ; ne vous excusez pas si vous avez quelques reproches intimes à vous faire : ne vous plaignez pas, à quoi bon ? Quand on se plaint, on manque de charité envers son pauvre cœur. Le pauvre cœur, il faut l'abreuver avec l'eau mêlée du fiel de la passion. Oubliez-vous, mourez à vous-mêmes et le ciel s'ouvrira. »

— « Demandez la liberté d'esprit et, sachez-le

encore, on ne peut arriver à l'obtenir qu'en suivant Dieu et en s'élevant vers lui par les créatures, les plantes, les animaux, les hommes ! »

— « Vous vous observez devant un évêque, disait-elle, devant un des grands seigneurs de ce monde, et devant Dieu... rien ! On dirait qu'il n'est pas là ! Pauvres sœurs, il est là cependant ! Il est là comptant vos fautes. Au jour du jugement, il vous dira : J'étais là ! et il ne sera plus temps de réfléchir, de prier, de pleurer... »

— « Laissez la dissipation et donnez-vous à Dieu... Méditez la Passion : voyez Judas, il avait fait des miracles, et cependant comme il tombe ! Il livre Jésus par avarice, et lorsqu'il est tombé, c'est le désespoir qui achève sa damnation... Il se pend ! Oh! s'il fût allé à Jésus, Jésus tout sanglant, tout palpitant de douleur sur la croix, ne l'eût pas condamné. Un jour, Jésus fut interrogé par un saint sur le pardon qu'il eût peut-être accordé à Judas, et il répondit : « Il ne me l'a pas demandé, ce pardon! » Demandons ce pardon tous les soirs et n'y manquons pas; si nous laissons passer un jour, deux jours sans nous examiner et sans sortir du péché par un acte de contrition, nous perdons Dieu !... »

La mère Élisabeth revenait souvent sur ce sujet : — « Vous ne devez pas plus vous passer d'examen, mes sœurs, que de pain. Vous pouvez le faire en tous temps et en tous lieux, dans les champs et à l'église, au milieu même de vos élèves... Je voudrais être dans vos classes, et faire mon examen au milieu de vos élèves, je me demanderais : Que fais-tu? en présence de qui es-tu?... et je verrais par la foi, non-seulement Dieu, mais les anges de tous les enfants qui vous sont confiés, et je prierais ces anges de m'aider à connaître mes fautes, de m'accuser eux-mêmes devant Dieu et de demander grâce pour moi... Oh ! qu'ils le feraient de grand cœur ; et combien ils auraient de force ensuite pour vous aider dans les occasions difficiles ! (1) »

Sa confiance dans les bons anges et dans les saints du ciel était très-grande : — « Quand vous avez un enfant difficile à conduire, et que vous vous voyez contraintes de lui imposer une pénitence, disait-elle, ne le faites point sans avoir consulté l'ange de cet enfant. Il est chargé de vous inspirer les moyens de le réduire. »

— « Lorsque vous avez à converser avec les personnes du dehors, faites-le brièvement, saluez leur ange gardien ; entretenez-vous avec lui tandis que ces bonnes gens vous parlent : de cette manière vous éviterez bien des fautes. Saluez tout le monde, mes sœurs, même ceux qui ne vous sa-

(1) « Les anges des petits enfants aiment, d'un amour particulier, ceux qui les élèvent en la crainte de Dieu et qui instillent en leurs tendres âmes la sainte dévotion. (Lettre de saint François de Sales, 11 février 1607.)

luent point; je vous affirme que les anges de ceux qui ne vous saluent point vous rendent votre salut. »

— « ...Ayez donc saint Michel pour protecteur; il prend son épée et le démon n'y tient pas... C'est encore la même chose qu'au premier jour : le vaincu est vaincu, le vainqueur est vainqueur, mais maintenant c'est pour les chrétiens que saint Michel se bat! »

— « Saint Pierre et saint Paul, voilà de fameux procureurs ; ils sont les procureurs du bon Dieu près de nous, et nos procureurs près du bon Dieu. Quand on leur a remis sa procuration bien signée, c'est fini, il n'y a plus qu'à attendre le jugement : la cause est gagnée. »

La mère Élisabeth voulait établir la paix dans les âmes, non pas la paix qui vient de l'indifférence, mais cette paix solide et ferme dont le seul fondement est la confiance en Dieu. Elle disait : « Mes sœurs, mettez votre confiance en Dieu et ne vous appuyez pas sur les hommes... Les hommes, ce sont des roseaux pourris; quand ils ne vous percent pas la main, ils se brisent et vous tombez. Mais Dieu n'abandonne jamais sa pauvre créature. Allez, il l'aime bien trop! »

— « Vous pouvez trouver cette paix et vous sanctifier dans vos classes; vous avez la plus belle vocation du monde, la vocation des apôtres. Dieu vous envoie aux ignorants, aux faibles, à ceux qui souffrent. Il suffit d'être fidèles... Il n'est pas nécessaire de dire à Dieu sans cesse : Mon Dieu, j'agis pour vous ! L'ouvrier qui travaille pour son maître, n'est pas toujours près de lui, à dire : « Je travaille ! je travaille !... » Il travaille avec bonne volonté, et le maître voit l'ouvrage, et la fin de la journée arrive. Oh ! mes sœurs, qu'elle est vite arrivée ! »

— « Ne vivons donc pas comme les impies : ils se lèvent et se couchent, ils mangent, ils boivent, ils se réjouissent et l'éternité est devant eux, à droite, à gauche, ils n'y songent point. »

— « Que nous sommes heureuses, mes sœurs, il dépend de nous de conserver la paix jusque dans les bras de la mort : pratiquons seulement nos règles. »

— « Que les supérieures se nourrissent de la règle pour en faire vivre les religieuses qui dépendent d'elles. Je suppose qu'une supérieure n'ait pas l'esprit de la règle : si elle est naturellement mortifiée, elle trouvera faciles toutes les épreuves, toutes les peines, toutes les pénitences, et elle en imposera sans cesse ; si elle est adonnée à l'oraison, elle ne comprendra pas les dissipations d'une pauvre sœur, qui aura beaucoup plus de mérite à réciter un *Pater* en présence de Dieu, qu'elle, à passer une heure en adoration ; si elle est mélancolique, elle sera tentée de trouver imparfaites toutes celles qui ne passent pas par son pénible chemin. N'ayons pas d'esprit propre, mes sœurs, mais l'esprit de la règle. Je vous l'assure, les supérieures trouveront dans la règle tout ce qu'il leur faut pour conduire chaque sœur suivant sa capacité naturelle et les dons que Dieu lui a faits. Si une sœur a reçu dix talents, aidée de la règle, sa supérieure peut lui en faire rendre dix ; si elle en a reçu cinq, sa supérieure peut lui en faire rendre cinq. La règle, la règle, voilà notre échelle pour monter au ciel. Rien sans la règle, tout avec la règle et par la règle (1) !... »

Pendant les vacances, elle lisait toujours aux religieuses les chapitres de *La Perfection chrétienne* de Rodriguez, qui traitent du règlement, de la chasteté, de l'esprit de pauvreté, de l'obéissance et de l'humilité ; et lorsqu'elle jugeait le passage difficile, elle s'arrêtait et l'expliquait. Ces commentaires se terminaient toujours par un élan vif et profond vers le Dieu qu'elle aimait : « O Dieu, s'écriait-elle, je vous ai connu bien tard ; donnez-moi de vous connaître comme les saints vous ont connu, et de vous faire connaître à ces pauvres filles qui sont venues vous chercher ici !... »

Si elle trouvait quelqu'une des religieuses se désolant de n'atteindre pas le degré de perfection

---

(1) On croirait entendre parler sainte Thérèse, chapitre xviiie du *Livre des fondations.*

que rêvaient ses désirs : « Pauvre sœur, lui disait-elle, soyez donc patiente, les melons ne mûrissent pas au premier soleil. »

Elle savait les fortifier. Chacune d'elles a sur ce chef des traits charmants; mais c'était surtout auprès des âmes souffrantes qu'elle était habile. Elle épuisait les ressources de son affection à détruire leurs tristesses et leurs peines ; elle les appelait à elle, et dans de longues conférences, elle étudiait les causes et la nature de leurs doutes et leur donnait des remèdes, C'étaient des cris d'amour vers Dieu ou des actes d'humilité, de charité, de paix. Le plus souvent, pendant ces entretiens, elle gardait à la main son crucifix qu'elle baisait avec amour. Et parfois le montrant à son interlocutrice : « Et Celui-ci, disait-elle, s'est-il impatienté? s'est-il révolté ? s'est-il vengé? Voyez, ma sœur, comme il s'humilie ! et nous, nous ne supportons pas qu'on nous dise nos vérités, et nous avons l'air de nous croire innocentes! Voilà le grand, le vrai modèle : pourquoi voulez-vous aller au ciel par un chemin de roses? »

Un jour, après avoir réprimandé une sœur, elle lui avait imposé pour pénitence de se prosterner contre terre. Comme la religieuse hésitait, la mère se lève tout à coup et se jette par terre les bras étendus en croix, et demeure là pendant un temps assez long. « Ma fille, dit-elle, il faut que votre pénitence se fasse : si ce n'est pas par vous, ce sera par moi. »

Quelquefois ses admonestations revêtaient une forme plus vulgaire, mais aussi plus énergique en sa piquante originalité. Une jeune postulante, arrivée depuis peu, regrettait vivement ceux qu'elle avait quittés et pleurait sans cesse. La mère Élisabeth, dûment avertie, se rendit au noviciat, et ouvrant brusquement la porte : « Quelle est donc celle qui ne fait que pleurer parce que son mari la maltraite ? » Puis se tournant vers la possulante : « Ah ! ma fille, il paraît que vous n'avez pas su bien choisir ! Voyez nous autres, nous avons pris un époux qui ne nous maltraite pas et ne nous donne jamais occasion de pleurer. Ma fille, ajouta-t-elle d'un ton plus doux, vous regrettez votre mère, mais ici vous en retrouvez une ; vos sœurs, mais en voilà une pleine chambre qui sont toutes disposées à vous rendre service ; vous regrettez vos frères, mais le plus sage de tous les frères est ici ; il est à l'église : allez le voir, vous lui direz que le temps vous dure, et vous entendrez qu'il vous répondra : « Comment, ma sœur, peux-tu pleurer et me regretter puisque je suis ici ? J'y reste pour toi : viens souvent me voir et je serai ton consolateur. »

La communauté du Pont a gardé le souvenir de bien d'autres enseignements dictés par le même cœur maternel, mais elle n'était pas l'unique objet des tendresses de la pieuse mère. Obligée par sa charge de visiter à certaines époques les sœurs établies dans diverses paroisses de la montagne, sœur Élisabeth ne partait jamais sans emporter pour elles quelque signe d'affection : du maïs, du blé noir, des fruits, des vêtements même, si elle savait que les sœurs en eussent besoin.

Sa sollicitude ne connaissait plus de bornes si quelqu'une des sœurs tombait malade. Elle restait tout le jour à son chevet, mettant à son service une longue expérience des maladies, et ne s'en rapportant qu'à elle-même pour les soins les plus pénibles et les plus délicats. On la voyait se lever avant la communauté pour visiter ses chères infirmes. Un jour elle partit à pied pour Saint-Pierre-d'Entremont, situé à sept lieues du Pont-de-Beauvoisin, afin de visiter et de soigner une sœur dont la santé l'inquiétait. Elle savait égayer ses malades, les distraire par quelques mots agréables « On n'avait plus de mal, disent les sœurs, lorsqu'elle était là. » Mais à cette tendresse et à cet enjouement qui en était le signe, se mêlait toujours une vive préoccupation des choses de l'âme. Si elle trouvait quelqu'une de ses chères malades dans une dangereuse illusion sur le moment de sa fin, ou dans une de ces tentations de relâchement qui accompagnent si souvent les longues infirmités, elle retrouvait toute la fermeté de son caractère, à ce point qu'elle aurait semblé dure à ses filles si celles-ci n'avaient connu la tendresse de son cœur. A l'une, elle disait sans hésitation que le moment était venu de faire à Jésus-Christ crucifié le sacrifice suprême. A une jeune sœur qui lui semblait tenir aux petites joies de la vie : « Vous avez, disait-elle, une maladie qui se communique. Quand vous ne serez plus, nous devrons brûler vos habits, briser votre écuelle et votre verre... Il faut donc vous résigner à ne plus recevoir que des vêtements usés, et des objets qu'on puisse détruire sans regret après votre mort. »

En donnant à la mère Élisabeth cette pleine possession de son âme, Dieu y avait joint, comme il fait d'ordinaire, le discernement des esprits et la secrète divination des pensées. Telle sœur, arrivant après six mois ou un an d'absence, demeurait frappée de stupeur en entendant la Mère lui faire l'histoire des défauts et des pensées mêmes dont elle n'osait commencer l'aveu. Mais c'était surtout dans l'admission ou le rejet des postulantes que ce don se manifestait d'une merveilleuse manière. Quelquefois une jeune fille écrivait lettres sur lettres et ne recevait aucune réponse, tandis que la mère écrivait à d'autres que l'appel divin n'avait pas encore frappées.

Un jour, raconte M. Morand, curé d'Entremont, la mère Élisabeth se trouvant chez moi, nous vîmes arriver ensemble deux jeunes filles de la paroisse. La plus âgée se présentait pour se faire religieuse, et s'entretint à ce sujet avec la digne supérieure. A la fin de l'entretien, la Mère se tourna tout à coup vers l'autre jeune fille qui ne lui avait rien demandé : « Et vous, lui dit-elle, ne voulez-vous pas aussi vous faire religieuse?.. » Quand elles furent parties, la mère me dit : « La première ne se fera pas religieuse; c'est sa compagne qui le deviendra. » Sans attacher d'autre importance à cette parole, je lui fis remarquer que la postulante avait un grand fonds de vertu, et que depuis plusieurs années elle ne soupirait qu'après la joie d'entrer en religion, tandis que sa compagne, moins sérieuse, n'y avait jamais pensé. A quoi la mère Élisabeth me répondit : « Je recevrai la postulante, puisqu'elle le désire tant, mais vous verrez qu'elle ne restera pas chez nous. Quant à sa compagne, celle-là sera religieuse. » Cette prédiction s'est accomplie à la lettre. Après quelques mois d'un pénible essai, la postulante est rentrée dans sa famille; l'autre jeune fille, qui avait un frère à la Trappe, est morte Trappistine quelques années plus tard.

Soit vis-à-vis des postulantes, soit vis-à-vis des novices, la mère Élisabeth n'exagérait pas les difficultés de la vie religieuse, mais elle ne les adoucissait pas. « Si vous voulez être vraiment religieuse, disait-elle à une jeune fille récemment introduite dans le couvent, il faut devenir semblable à cette tête de mort, » et elle faisait passer sous les yeux de la jeune fille un crâne à demi-caché dans ses mains. A l'enfant des montagnes qui lui arrivait brillamment vêtue, demandant avec une certaine assurance ce qu'il fallait apporter pour le temps du postulat, elle répondait : « Apportez-nous une âme sans corps, cela suffit bien ! »

Jamais, pour la mère Élisabeth, l'absence de dot n'était un obstacle; quand elle trouvait sur son chemin de pauvres jeunes filles qui ne pouvaient se présenter nulle part, faute de ressources, elle regardait comme une faveur singulière que Dieu les lui adressât. Sa joie de les recevoir était grande, plus grande que quand elle en recevait une ayant quelque fortune : « Celle-ci m'inspire des craintes, disait-elle, mais de celles-là je ne me mets point en peine, elles ne m'apportent que des vertus (1). » Sans doute elle éprouvait par une merveilleuse habitude des bontés de Dieu, que ce

(1) Impossible de ne ne pas citer cette lettre de sainte Thérèse : « Vous ne sauriez croire, mon Révérend Père, écrivait-elle au P. Dominique Banez, le doux plaisir que je ressens quand je reçois quelque fille qui n'apporte rien, et que je la prends seulement pour l'amour de Dieu. Quand je rencontre de ces pauvres filles qui souhaitent sincèrement de se consacrer à Dieu et qui ne peuvent suivre leur vocation faute d'argent, je regarde comme une faveur que Dieu me fait de se servir de moi pour les aider. S'il était en mon pouvoir de procurer à toutes un pareil bonheur, j'en éprouverais une indicible consolation. Du moins je ne me souviens pas d'en avoir refusé une faute de dot, lorsque d'ailleurs j'en étais contente... »

ne sont pas les sacrifices faits pour le salut des âmes qui appauvrissent les communautés, bien au contraire (1).

Mais il nous faut achever : et comment finirions-nous, sinon en disant de la mère Élisabeth ce qu'écrivait sainte Thérèse de sœur Catherine de Tolosa, pauvre veuve qui avait donné tous ses enfants à Dieu et s'était donnée elle-même dans un dernier sacrifice : « Lorsque ses enfants goûteront au ciel les joies éternelles et s'en verront redevables à leur mère, par quelles actions ne lui témoigneront-ils pas leur reconnaissance et de quel redoublement de bonheur le cœur de cette mère ne se sentira-t-il pas tressaillir à l'aspect de leur félicité ! »

____

(1) Ne cherchez pas les dots, disait la mère de Chantal, cherchez les vocations... Qui veut avoir des filles d'argent n'en aura jamais d'or !

CHAPITRE XVI

Rapports de la mère Elisabeth avec ses Supérieurs.

« Mes sœurs, ne croyez pas faire beaucoup, lorsque, pour l'amour de Dieu, vous obéissez à vos supérieurs ; songez plutôt à l'amour que Dieu a eu pour vous, en obéissant aux hommes jusqu'à la mort de la croix ! »

Cette parole, que nous retrouvons sans cesse sur les lèvres de la mère Élisabeth, quand elle enseignait ses filles, était toute la règle de son âme envers ses supérieurs ; et si le caractère de sa direction était un zèle ardent mais réglé, qui ne tergiversait ni devant les craintes et les pusillanimités des faibles, ni devant les inquiétudes venues du dehors, le caractère de sa soumission était une humilité simple et vraie qui ne l'abandonnait pas un instant, et lui faisait recevoir avec une égale docilité et pour l'amour de Dieu, soit l'ordre le plus sévère, soit le conseil le plus mesuré et le plus doux.

Déjà nous avons étudié ses rapports avec M. Cathiard et le Révérend Père Dom Jean-Baptiste, et nous avons vu comment la nature si différente de ces deux prêtres ne changeait rien à sa bonne volonté. Toutefois ses directeurs ne furent point les seuls à admirer les dons que Dieu avait faits à son âme. Sans parler du vénérable cardinal Billiet, archevêque de Chambéry, qui ne tarissait pas en éloges sur les règles données à la communauté naissante, trois évêques, envoyés tour à tour par Dieu sur le siége épiscopal de Grenoble, apprécièrent la vertu de la pieuse fondatrice et ne dédaignèrent pas, à diverses reprises, de lui donner des conseils : « Mettez en Dieu votre confiance, » lui écrivait Mgr Philibert de Bruillard, à l'heure où sa communauté, devenue plus nombreuse, était menacée de manquer de pain, « il nourrit les oiseaux du ciel, il ne pourra pas vous abandonner (1). » Ensuite, apprenant avec quelle grandeur et quelle énergie la mère Élisabeth supportait les plus rudes épreuves et se dépensait

---

(1) A cette lettre d'encouragement, le charitable vieillard joignit une abondante aumône.

au service de Dieu, il ajoutait : « Courage, ma chère fille, courage ! mais ne tentez pas la Providence (1). »

Quelque temps après (2), lorsqu'il avait résolu de laisser son église à Mgr Ginoulhiac, il lui écrivait encore : « J'ai pris au succès de votre établissement un intérêt bien sincère et je ne m'en repens pas, puisque vos sœurs en étaient dignes : que le Seigneur répande de plus en plus sur elles et sur vous ses abondantes bénédictions ; je ne manquerai point de vous recommander d'une manière particulière à mon digne successeur... »

Cette attestation, donnée par le vénérable prélat, ne fut pas la dernière preuve de son dévouement ni le dernier trait de sa protection. En abandonnant son siége il n'abandonna pas l'humble religieuse des Brosses : de sa solitude de Montfleury, il la soutenait dans ses peines, la félicitait de l'heureux succès de ses démarches, et ouvrant sa fenêtre trois fois par jour, à l'heure où les cloches des petites églises du Dauphiné sonnaient *Angelus*, il la bénissait ainsi que son ancien peuple.

Mgr Ginoulhiac ne repoussa pas le legs pieux de son prédécesseur, et son âme, si occupée des grands intérêts de la foi, se pencha bientôt, avec

(1) 3 octobre 1849.
(2) 10 avril 1853.

une charité admirable, vers les pauvres sœurs du Saint-Rosaire. Tantôt c'était une aumône que le prélat leur annonçait, car les temps lui paraissaient trop difficiles pour que la faim ne se fît pas cruellement sentir dans le petit couvent; tantôt c'était un enseignement paternel qu'il versait dans le cœur d'Élisabeth, afin que de là, comme du réservoir choisi de Dieu, il se répandît sur tous ses enfants. — « Je prie Dieu, lui écrivait-il, de bénir votre petite communauté, et d'y conserver toujours l'esprit de pauvreté, de simplicité et de charité, qui doivent être comme son plus bel ornement. Je lui demande aussi, de vous donner *le reste* par surcroît, afin que vous puissiez le servir sans trop de sollicitude, dans la paix et dans la joie du Saint-Esprit! (1) »

« ... Les petits et les humbles à leurs propres yeux, écrivait-il encore, sont les plus agréables à notre divin Maître, qui a prononcé cette prière : *Je vous rends grâces, ô mon père, de ce que vous avez caché ces mystères aux sages et aux savants, et de ce que vous les avez révélés aux petits.* Le moyen donc d'attirer sur vous toutes e sur vos travaux l'abondance des bénédictions di vines, c'est de vous tenir en toute simplicité et confiance dans ces sentiments d'humilité et de petitesse ; croyez-moi, ma Révérende mère, ceci

(1) 2 janvier 1856.

n'est que juste : il est si vrai que ce que nous sommes et ce que nous faisons est petit devant Dieu!... (1) »

Je ne crois pas qu'il existe une lettre adressée à la mère Élisabeth où Mgr Ginoulhiac ne revienne sur ce grand sujet. L'apôtre d'Ephèse enseignait l'amour à ses disciples et ses disciples se demandaient étonnés, pourquoi il ne leur parlait jamais que de s'aimer les uns les autres : le savant évêque de Grenoble enseigne l'humilité, cette vertu si opposée à l'esprit de notre siècle ; mais ses filles spirituelles ne se lassent pas, elles prêtent à sa parole une attention toujours renouvelée. La mère Élisabeth surtout en est délicieusement avide, parce que son cœur est plus largement ouvert à la grâce, et son esprit plus initié aux divins mystères du Très-Haut. Non contente de relire les lettres de son évêque, elle ne craint pas d'aller à Grenoble et à la Chartreuse pour traiter avec lui des affaires de sa communauté ; et là, dans le secret de son cabinet, elle lui confie toutes les tristesses et toutes les aspirations de son âme, avec cet abandon filial et simple qui en elle n'excluait pas le respect, mais en était la plus douce et la plus touchante expression.

Au retour, lorsque les religieuses lui demandaient quelques-unes des paroles de leur évêque,

_____

(1) 9 janvier 1863.

elle les répétait avec joie. Elle entrait dans les plus petits détails, parce qu'elle savait la valeur de tels encouragements et de telles leçons. Un jour les jeunes sœurs la questionnaient sur cette première visite à Mgr Ginoulhiac, qui avait dû, pensaient-elles, l'intimider si fortement : — « Je lui ai vite dit, en arrivant, répondit la mère Élisabeth, que j'étais une pauvre femme si ignorante que je n'avais jamais pu apprendre à lire, ni à écrire..... — Mais, ma mère, interrompirent les sœurs, en arrêtant leurs rouets pour mieux entendre sa voix, comment avez-vous dit cela ? vous savez lire, vous ne pouvez pas le nier ! — Oh ! je sais lire.... mais je ne sais pas bien lire... Et puis, ajouta-t-elle, avec une finesse qui voilait souvent à merveille toute son humilité, si j'avais laissé croire que j'étais bien habile, toutes les fautes que j'aurais faites eussent été à mon compte, tandis que comme cela toutes mes fautes passaient... Monseigneur ne pouvait rien me reprocher, puisque j'étais la première à dire que je n'avais rien appris !... »

Mgr Ginoulhiac ne tarda pas à visiter la mère Élisabeth, dans son couvent des Brosses : M. Cathiard l'y conduisait et lui faisait parcourir toutes les pièces de cette pauvre demeure. Arrivé dans la chapelle, le fondateur se tourna vivement vers la mère Élisabeth qui le suivait, car il venait de s'apercevoir qu'aucun prie-Dieu n'avait été préparé dans le chœur. « Pourquoi donc, lui dit-il, n'avez-vous point fait apporter quelque fauteuil ? » — « Parce que nous n'en avons pas, Monsieur, répondit-elle. Monseigneur vient nous voir : il veut bien, je pense, nous trouver telles que nous sommes!... » Mais encore, n'auriez-vous pas pu ouvrir votre portail à l'arrivée de Sa Grandeur, reprit le vénérable prêtre, en sortant de la chapelle. — Oh! Monseigneur sait bien que nous n'avons pas d'*aime*, » ajouta la mère Elisabeth. L'évêque entendait tout : il demanda ce que signifiait cette expression d'*aime*; et lorsque le curé du Pont lui eut répondu que, dans le langage des montagnards, elle était le synonyme d'âme et d'esprit, il ajouta en souriant : « Il me paraît, M. le curé, que vous conduisez cette communauté un peu militairement. » — Non, Monseigneur, répondit le digne fondateur, j'essaie de la conduire religieusement. »

De retour au parloir, la conversation s'engagea dans des détails plus précis : — « Je n'ai jamais désiré qu'une chose pour le temporel de cette communauté, disait M. Cathiard, c'est qu'elle n'eût pas de dettes, et elle n'en a pas... »—« Très-bien, très-bien, Monsieur le curé, » répondit l'évêque. — « Monseigneur, interrompit l'humble supérieure, je vous dois la vérité, et je la dois à Monsieur le curé aussi bien qu'à vous : j'ai emprunté onze mille francs pour payer la maison et pour la réparer, et le premier sou n'en est pas

encore remboursé. Je n'ai pu faire autrement.....
Voulez-vous que je repousse toutes ces filles qui
viennent me demander le Ciel ?... Faut-il que je
leur ferme la porte ?... » Mgr Ginoulhiac, qui avait
approuvé le fondateur, fut contraint de dire à la
mère qu'elle avait bien fait d'emprunter pour
nourrir ses pauvres filles. Mais deux ou trois ans
après, ce fut en particulier qu'il lui demanda les
comptes de son couvent, et la mère Élisabeth avec
cette douce joie que Dieu donne aux âmes qui
obéissent à sa volonté put lui dire : « Nous n'avons
plus que six mille francs de dettes, et nos terres
produisent à peu près ce qu'il nous faut de blé ! »
Monseigneur demanda des détails : « Le matin et
le soir, reprit-elle, nous avons la soupe, et à midi,
un plat de pommes de terre, de racines ou de châ-
taignes, suivant la saison. »

On le voit, grâce à la bonne administration
d'Élisabeth, il était éloigné le temps où un petit
morceau de pain faisait, à midi, le tour de la table
et n'était rompu par aucune des religieuses.

Mgr Ginoulhiac, nommé archevêque de Lyon,
quitta Grenoble en 1870 ; son successeur, Mgr Paulinier put encore voir une fois la mère Élisabeth ;
il trouva en elle tant de simplicité unie à tant de
grandeur, tant d'humilité (1) et de charité, d'éner-

---

(1) Mgr Paulinier, entrant dans la salle de communauté lui
demanda si elle était contente de ses filles. — Hélas ! Monseigneur, répondit-elle, je suis plus contente d'elles qu'elles ne
sont contentes de moi !

gie et de douceur, qu'il put dire : « Cette femme a été vraiment élevée et conduite par l'Esprit de Dieu ! » La mère Élisabeth, au lendemain de sa visite, disait à des amis : « Le bon Dieu est bien bon pour nous : bénissons-le de ce qu'il nous a donné après Mgr de Bruillard, Mgr Ginoulhiac, et après M^g Ginoulhiac, Mr Paulinier. »

A la demande du Père Général des Chartreux, et de M. Cathiard, Mgr Ginoulhiac envoya successivement quatre aumôniers (1) au couvent du Saint-Rosaire. La mère Élisabeth les reçut comme les représentants du Seigneur et leur obéit toujours avec une promptitude et une humilité admirables ; sans cesse elle recommandait à ses filles ce respect dont elle donnait des preuves si constantes : « Mes sœurs, leur disait-elle, vous ne savez pas ce que c'est qu'un prêtre ? C'est le maître de Dieu ici-bas. Voyez comme il fait descendre son sang sur les coupables et l'offre en sacrifice à l'autel. La Sainte-Vierge, pendant qu'elle vivait, n'aurait pu accomplir la mission du plus humble prêtre. Rendons grâces au Seigneur qui les a placés si près de nous, afin que son secours ne nous manque pas. »

Elle disait encore : « Une église sans prêtre, mes sœurs, c'est un catafalque sans eau bénite. Là où il n'y a pas de prêtres, il n'y a plus de Dieu,

____

(1) MM. Dupuy, Brun-Buisson, Tabardel et Perrot.

plus de pardon, plus de nourriture pour les âmes, plus de conseil, plus de soutien, plus d'espérance. Les anges peuvent beaucoup pour nous empêcher de tomber dans le péché, mais une fois que nous sommes au fond de l'abîme, ils n'ont plus pour nous que des larmes : le prêtre est plus puissant que les anges. Il arrive, il nous appelle comme Jésus-Christ appelait Lazare, et la mort lui cède sa proie ; le démon obéit aux prêtres. »

« Pour n'être pas en désaccord avec un prêtre, a écrit un ecclésiastique qui l'avait vue souvent à l'œuvre (1), la mère Élisabeth se serait imposé les plus grands sacrifices. Lorsqu'elle traitait avec eux, elle saisissait avidement leur manière de voir et s'y conformait (2). » Elle paraissait avoir une compassion profonde de ceux qui sont appelés par la volonté de Dieu à gouverner leurs semblables : « le fardeau de la supériorité est si lourd, mes sœurs, disait-elle, qu'il ne faut pas l'alourdir encore par vos résistances et vos réclamations. L'humilité est une bonne clef pour ouvrir la porte du ciel ! »

Parfois, elle ne se contentait pas d'enseigner,

____

(1) M. Morand.

(2) Nous avons entendu dire à son dernier aumônier, M. Perrot, ce que saint Pierre d'Alcantara disait de sainte Thérèse : « Elle ne peut souffrir que ceux à qui elle ouvre son cœur ne l'avertissent pas de ses fautes, et lorsqu'ils le font, elle les écoute avec une humilité admirable... »

elle joignait des actes aux paroles. Un jour, une religieuse de la communauté de Saint-Geoire, étant venue au Pont, se plaignit de sa supérieure, qui ne l'envoyait point auprès des malades et manquait de zèle. « Retournez dans votre communauté, répondit-elle, j'irai et je vous nommerai supérieure à sa place. Nous verrons si vous serez plus contente de vous-même ! » La religieuse retourna à son poste toute tremblante. Huit ou dix jours après, la bonne mère parut et réunit les sœurs : « Je sais, dit-elle, que ma sœur *** se plaint de sa supérieure, et je n'aime pas les plaintes ; je la nomme supérieure, je veux savoir si elle pourra faire ce qu'elle ne craint pas d'exiger !... » La pauvre religieuse se jeta à genoux et implora sa grâce : rien ne put changer la détermination de la mère Élisabeth ; à toutes ses prières elle répondait : « Le changement de pain met en appétit ! » En vain les autres religieuses, même la supérieure, s'unirent-elles à la coupable, affirmant qu'elles n'avaient pas besoin de changer de pain : « Il ne me paraît pas que vous mangiez, reprenait-elle ; d'ailleurs ce qui est dit est dit, et je ne le retire pas ! »

En achevant ces mots, elle passa à son bras le grand cabas de paille dans lequel elle mettait son livre avec son ouvrage, et partit ; mais en s'éloignant, elle laissa au curé de Saint-Geoire, en qui elle avait une grande confiance, le soin de rétablir

l'ancienne supérieure quand la pénitente aurait
assez souffert.

Dès le soir même, M. Biessy accordait son pardon à la pauvre sœur repentante et déjà suffisam-
ment corrigée.

CHAPITRE XVIII

La mère Élisabeth et ses rapports avec Dieu.

> « En vous est la source de la
> vie, et nous verrons la lumière
> dans votre lumière. »
> (Psal. xxvi, 10.)

Le temps est venu de pénétrer plus avant dans
le secret de l'âme d'Élisabeth, de déchirer les
voiles, et d'arriver à ce qui fut le principe de ses
vertus, le ressort caché de son activité, l'explica-
tion de toute sa vie : je veux dire son amour pour
Jésus-Christ.

Né en même temps qu'elle, cet amour sacré
s'était fortifié et développé avec elle. Au jour de
sa première communion il lui faisait dire : « Je ne
suis pas prête ! » Plus tard, à Miribel, il donnait
aux paroles de M. Falatieu une signification toute
particulière qui décidait de son avenir. En 1831,
il la contraignait à recevoir dans sa maison, et
comme si elles eussent été ses filles, de jeunes

compagnes qui n'avaient jamais été que ses amies.
Ensuite cet amour toujours plus grand la conviait
à une mission privilégiée, l'aidait à vaincre les
difficultés les plus sérieuses, à souffrir les douleurs
les plus aiguës, à encourager les faibles, à instruire les ignorants, à porter les peines des malheureux, et à guérir, par des conseils et des encouragements, ces tristesses que les hommes
repoussent et rebutent, parce qu'ils ignorent comment on peut les consoler. Les années, en se mul-
tipliant, n'avaient pas éteint cette flamme si vive
et si pure : au contraire, elles paraissaient la douer
d'une fécondité nouvelle. Le cœur d'Élisabeth en
était si embrasé qu'à certains moments il ne pouvait pas renfermer en lui toutes ses ardeurs; alors
il en jaillissait sur son visage de suaves et mystérieux reflets. Son regard devenait plus brillant,
son sourire plus doux, et son front couvert des
rides qu'avaient creusées bien avant l'âge les
mortifications et les peines, se revêtait d'une
dignité inconnue. L'étranger qui l'apercevait pour
la première fois, ainsi transfigurée dans la charité,
était contraint de dire, comme ses plus anciennes
religieuses ou ses amis les plus intimes : Dieu est
en elle !

Et cela était vrai : Dieu vivait en elle dans une
intimité si complète et si puissante, qu'elle faisait
disparaître en quelque sorte les ombres de la

foi (1); il semblait que la mère Élisabeth voyait son Sauveur quand, entourée de ses filles, elle disait : — « Le bon Dieu m'aime plus que je ne l'aime; il a plus peur de me perdre que moi; comment ne m'abandonnerai-je pas à mon Dieu ? Oh ! si mes sœurs savaient, reprenait-elle, combien vous êtes bon, mon Dieu ! elles sauraient combien vous nous aimez... Apprenez-leur donc combien vous êtes bon !... »

Mais c'était surtout au pied du Saint-Sacrement que cet amour s'épanchait avec le plus de joie : « Je n'ai jamais vu personne prier avec une ferveur aussi grande, disait après l'avoir vue prosternée devant l'autel, un prêtre zélé et pieux. » « Je crois qu'elle aurait passé la journée entière à l'église, si les devoirs de sa charge et sa santé l'eussent permis, » écrivait à ses filles après sa mort, un des directeurs de son âme. Il reste d'elle, qui écrivait si péniblement, quelques lignes où elle exprime les élans de son cœur au moment d'aller à la Sainte Table : « Feu divin, s'écrie-t-elle, que ne suis-je tout embrasée de vos saintes ardeurs ! Ouvrez-moi les bras de votre bonté, Seigneur, et recevez avec miséricorde celle qui va vous recevoir avec confiance et amour. »

(1) « La mère se distinguait par une foi très-vive. Je la complimentais un jour sur les développements que prenait sa maison : « Franchement, me répondit-elle, cela ne me fait pas plaisir : ce ne sont que des embarras pour aller au ciel. » (DULAQUAIS.)

La prière était le premier besoin de sa piété. A peine s'était-elle mise en la présence de Dieu que son âme était aussitôt saisie et comme enlevée à ses préoccupations les plus instantes : libre de tout lien, elle se plongeait alors avec délices dans les profondeurs du Cœur Sacré; elle restait souvent ainsi de longs moments sans paroles et sans autre pensée que la contemplation de cette majesté infinie, à laquelle elle s'unissait toujours plus étroitement.

Une de ses filles étant venue lui demander un conseil, la trouva plongée dans la lecture des prières de la messe. Comme c'était le soir, elle lui fit remarquer que l'heure de la messe était passée depuis longtemps. Mais la mère continua sa lecture dans une espèce de ravissement, puis, quand elle l'eût terminée, elle se mit à genoux, s'inclina profondément comme si elle adorait le Sauveur présent sur l'autel, puis elle fit le signe de la croix, se releva et s'assit en disant à la sœur qui attendait : « Pauvre sœur, qui dites que ce n'est pas l'heure de la messe, ne savez-vous pas que le saint sacrifice s'offre quelque part sur la terre à toutes les heures du jour et de la nuit? Aussitôt que j'ai un moment de libre, je m'unis au prêtre qui célèbre en ce moment. »

Un autre jour, sœur Madeleine dut la prévenir qu'une personne voulait lui parler ; elle était à la chapelle, tellement immobile et inondée de larmes que la sœur hésita avant de vouloir l'arracher à sa méditation : cependant, craignant que le visiteur ne se lassât d'attendre, elle s'enhardit et l'appela par deux fois. La mère Élisabeth n'entendit pas et demeura prosternée sans aucun mouvement comme si on ne l'avait pas appelée. Lorsqu'elle revint à elle, l'étranger mécontent se disposait à partir : « Pourquoi ne m'avez-vous point fait appeler ? » lui dit-elle. — « Je vous ai prévenue par deux fois, répondit la sœur, et vous ne m'avez pas entendue..... » Sœur Madeleine plaidait encore sa cause et déjà la mère Élisabeth ouvrait une conversation dont le seul but était d'éloigner d'elle l'attention du visiteur qui, soudain, s'était pris à la considérer avec un respect mêlé d'étonnement.

Lorsque la mère Élisabeth était retenue au lit par la souffrance, elle ne se dispensait d'aucune de ses prières ; elle passait souvent les meilleures heures de la nuit à fléchir la miséricorde du Seigneur : — « Priez et ne vous découragez pas, disait-elle aux sœurs, demandez toujours plus à mesure que le pauvre monde demande moins. Le bon Dieu a les mains remplies de grâces ; vous ne savez pas tout ce que contiennent les mains de Dieu ! » Un dimanche, après vêpres, étant au couvent d'Entremont, les religieuses parurent désirer d'être dispensées des observances de la règle, afin de passer leur temps près d'elle, mais la pieuse mère n'entendait pas qu'on célébrât ainsi la joie de la posséder : — « Non, mes sœurs, répondit-elle vivement, faites plutôt le chemin de la croix en outre des exercices qui vous sont imposés, pour témoigner à Dieu votre reconnaissance. »

Si elle savait faire respecter le précepte de la règle qui ordonnait la prière, elle savait mieux encore se reprocher le moindre oubli, la plus légère distraction. Un jour qu'une suite d'occupations l'avait arrachée à ses méditations habituelles, et qu'elle s'était vue contrainte d'aller prendre son repos sans avoir satisfait son cœur, elle s'en accusa devant toute la communauté. M. Cathiard était là : « Pauvre sœur, lui dit-il, soyez donc en paix, on ne peut pas être en même temps au four et au moulin!... » Que de fois après avoir récité son chapelet avec cette ferveur admirable dont toutes les sœurs se souviennent, elle le remettait tristement dans sa poche, disant dans ce langage rustique auquel elle avait pourtant renoncé le jour de sa consécration à Dieu : « *O pouro mâ di* (1). »

Le démon, quels que fussent ses efforts, ne parvenait pas à l'entraîner loin de Dieu, à la détourner même de son sein : elle avait l'expérience des bontés divines et elle y comptait. Sa confiance était forte comme sa foi.

Toujours unie à Jésus, le regard constamment fixé sur l'autel où il s'offre et sur la croix où il

______

(1) Oh ! pauvre mal dit !

s'immole, elle devait par un juste retour sur elle-même, être amenée à vouloir souffrir, pour imiter son Sauveur ; aussi la mortification était-elle, comme la prière, un besoin de son amour. En tous lieux, en tous temps, elle était pressée de se mortifier : le vendredi, elle plaçait sur son côté un cœur de fer, garni de crochets aigus, et l'on a trouvé dans sa cellule une discipline dont elle se servait souvent. Elle portait encore une rude ceinture, formée de nœuds et armée de pointes, qu'elle ne quittait ni le jour ni la nuit (1). A l'exemple des saints, elle éteignait ainsi dans le sang les luttes entre la chair et l'esprit, entre la volonté de la nature et celle de la grâce.

Mais la soif qu'éprouvait Élisabeth d'offrir des douleurs à Celui que les prophètes ont appelé l'homme des douleurs, ne s'arrêtait point là. Elle jeûnait continuellement. Quand on la pressait de prendre un peu de nourriture elle disait souvent :

(1) « J'ai porté cette nuit la haire pour vous, disait-elle à une de ses filles livrée à des craintes ; ainsi, pauvre sœur, ne vous inquiétez pas ! »

Lorsqu'elle allait à Grenoble présenter une de ses élèves à l'examen, ou à la Chartreuse voir le Père Général, ou à Saint-Geoire, ou à Entremont. c'était toujours à pied. Parfois, accablée de fatigue, elle était contrainte de s'asseoir sur le bord du chemin. La sœur qui l'accompagnait, lui dit un jour : — « Mère, prenez donc cette diligence qui passe : vous êtes trop lasse pour continuer de marcher. » — Ah ! ma fille, répondit-elle, nous avons fait vœu de pauvreté, il faut souffrir pour accomplir notre vœu. »

« Vous ne pouvez pas me donner celle qui me rassasierait : l'amour de Dieu dont j'ai faim ! » En vain faiblissait-elle sous le poids des plus rudes souffrances, elle ne se permettait pas le plus petit soulagement. « Votre excellente assistante, lui écrivait le R. P. dom Jean-Baptiste, vous fera connaître mon opinion au sujet des divers points sur lesquels vous désirez avoir mon avis, mais une chose que je vais vous dire moi-même, c'est la peine bien grande que j'ai éprouvée, en apprenant de plusieurs personnes que durant la grave maladie que vous avez faite, vous n'avez pas voulu vous laisser soigner d'une manière convenable, et que de plus, dans l'état de convalescence où vous vous trouvez encore, vous refusez de prendre quelques soins. Si j'étais votre supérieur, je regarderais comme un devoir pour moi de vous obliger à faire à l'égard de votre santé tout ce qui paraîtrait utile à la bonne sœur infirmière ; mais ce que je ne puis vous commander, je vous prie instamment de le faire. Personne sans doute n'est indispensable dans ce monde ; mais il n'en est pas moins vrai que vous êtes nécessaire à votre communauté, et que si vous veniez à lui manquer présentement, elle aurait bien de la peine à se tirer d'affaire, et son existence pourrait peut-être même se trouver compromise. C'est assez vous dire que vous devez en conscience vous ménager (1)... »

La mère Élisabeth, aussi ardente à obéir qu'elle l'était à vouloir se mortifier, cédait à l'instant à ses supérieurs (2); mais il aurait fallu que ses supérieurs la suivissent toujours et prévissent tous ses pas, tant elle était ingénieuse à trouver sur son chemin des pratiques de mortification (3).

(1) « J'ai appris aujourd'hui, par ***, que vous vous privez d'aliments gras pendant ces jours de l'Avent, lui écrivait M. Pégoud, en 1866 : c'est mal, parce que c'est contraire à votre santé. Au nom des intérêts de votre communauté et au nom de Monseigneur l'Évêque, je vous prie de vouloir bien accepter au moins du bouillon. Permettez-moi de vous imposer cette pénitence et de croire que vous n'aurez pas à en tirer vanité. »

(2) « Comme j'assistais à son dîner, au couvent du Pont, dès le premier plat, elle dit qu'elle ne pouvait plus manger. Sœur Euphrosine lui dit de manger encore du second, puis du troisième : elle ne cessa de manger que quand sœur Euphrosine cessa de lui offrir. Je fus étonné de voir la mère qui devait connaître son appétit, obéir toujours sans réplique à son assistante. On me conta plus tard que son confesseur lui avait dit de se régler, pour la nourriture, sur ce que lui dirait sœur Euphrosine. » (M. Morand.)

(3) Ils la prévenaient le plus possible. Nous trouvons dans ses papiers cette lettre de Msr Ginoulhiac à la date du 2 janvier 1861 :

« Ma Révérende mère et très-chère fille,

« Je suis toujours bien touché des vœux que vous m'exprimez et des prières que vous adressez à Dieu pour moi, vous et votre communauté. Mais pourquoi cette année ne m'avez-vous pas écrit vous-même ? Il est probable que vous êtes fatiguée. S'il en est ainsi, je recommande à la mère assistante de veiller à la conservation de votre santé, et à vous de vous soumettre à sa direction à votre égard. »

Elle allait un jour à la Grande-Chartreuse, accompagnée de quelques Sœurs ; arrivées près de de Fourvoierie, les jeunes religieuses qui avaient faim, lui disaient : « Mère, n'avez-vous besoin de rien ? Mère, de quoi manquez-vous ? Nous avons faim, n'auriez-vous pas faim comme nous ?... — J'ai faim également, reprenait-elle ; » et les faisant asseoir dans une prairie, sur les bords du Guiers, elle ouvrit son panier, et donna une pomme à celle-ci, une poire à celle-là, un morceau de pain à la troisième. Il restait encore quelque chose : c'était un petit morceau de charcuterie, et les Sœurs voulaient qu'elle le gardât pour elle-même ; mais elle ne l'accepta pas, elle le partagea encore entre toutes ses filles, n'en gardant qu'une bien petite portion. Au moment où elle se préparait à en faire sa nourriture, il lui sembla que Dieu lui en demandait l'abandon : Elle ne fut pas longue à l'offrir : « Voici pour toi, Satan, » dit-elle en la jetant contre les rochers ; ensuite, se levant toute joyeuse : « L'homme, dit-elle, ne vit pas seulement de pain ! »

Une âme qui se plaît ainsi à demeurer aux pieds de Jésus et le trouve partout dans les larmes et dans la joie, reste aisément vis-à-vis d'elle-même dans les limites du juste et du vrai : elle est humble naturellement et sans effort. La mère Élisabeth était trop attachée à la croix de son Sauveur pour s'élever en ses propres pensées ;

aussi la trouvons-nous, devant Dieu, aussi humble qu'il nous a été donné de la voir devant ses supérieurs et devant ses amis. Ce n'est pas qu'elle ne reconnaisse les dons qu'elle reçoit chaque jour ; mais elle sait d'où viennent ces dons, et la profusion des grâces, loin de l'enorgueillir, fait tout le sujet de ses plus grandes perplexités.

« Il n'est pas au monde, peut-elle dire avec sainte Thérèse, une âme pire que la mienne ; je reçois des faveurs immenses, tandis que les autres, par leurs vertus, acquièrent plus de mérites ; aussi il me semble que Dieu leur donnera d'un seul coup au Ciel ce qu'il veut me donner ici-bas (1) ! »

La terreur du jugement et une claire vision des miséricordes de Dieu et de ses besoins, maintenaient donc l'âme d'Elisabeth dans l'humilité la plus profonde, et lorsque ses filles, étonnées des trésors immenses déversés dans son cœur, se demandaient quelquefois comment elle faisait pour être si humble, elles ignoraient à quelles craintes, bénies de Dieu, elle devait ce mépris d'elle-même.

En 1871, un prélat d'une piété éminente et d'une foi de grand saint, s'arrêta quelques instants dans le couvent des Sœurs du Saint-Rosaire. Déjà il avait entendu parler des qualités de l'humble religieuse, mais ce qu'il vit l'étonna bien davantage. Il ne put garder pour lui seul son admiration : la

____

(1) *Livre des fondations.* (*Avila.*)

mère Élisabeth l'apprit. A quelque temps de là les Sœurs voulaient ramener leur sainte supérieure à ce souvenir : « Laissez, laissez, dit-elle, j'aurais préféré un affront; car l'affront pour une religieuse est toujours un gain, tandis que l'éloge, quand on ne l'offre pas à Dieu bien vite, devient le plus mortel de tous les poisons. »

L'humilité ne mettait pas seulement sur les lèvres de la mère Élisabeth ces leçons austères que les maîtres de la vie spirituelle approuvent, elle y faisait éclore également des prières ardentes et fécondes. Un jour qu'une de ses amies lui demandait un remède contre les mauvaises pensées : après avoir conseillé de les fuir plutôt que de les combattre, elle ajoutait : — « Quand j'étais jeune, j'étais sujette à cette tentation et je m'en plaignais à mon confesseur; mais il me consolait trop, et bientôt je pris la résolution de n'en plus parler, à moins que mes inquiétudes ne devinssent de véritables craintes d'avoir offensé Dieu. Je ne crois pas avoir péché contre la vertu de chasteté.» Ensuite, s'arrêtant un instant, comme pour se recueillir... « C'est à vous, mon Dieu, dit-elle que je dois cette grâce : sans vous je serai tombée. Je serais devenue l'instrument de ma propre damnation...Oh! que vous êtes grand, quand vous prenez compassion du pauvre! Que vous êtes bon, quand vous nous attirez sur votre cœur! »

CHAPITRE XVIII

1858-1873.

> « Qu'avons-nous à désirer que
> de souffrir, nous qui prétendons
> marcher sur les traces du Cru-
> cifié ? »   (Sainte Thérèse.)

Lorsque Dieu veut arracher une âme aux stériles vanités de la terre, il lui donne le secours de quelques maîtres pieux et habiles, qui l'élèvent au-dessus d'elle-même et lui font comprendre tout le néant des jouissances d'ici-bas. Mais lorsque cette âme s'est éprise de la splendeur infinie, alors il intervient lui-même : de sa main divine, il éloigne les appuis qu'il avait donnés, afin d'être seul à guérir et seul à consoler, seul à humilier et seul à exalter, seul enfin à achever dans cette âme le travail de la sanctification.

14

La mère Élisabeth nous paraît arrivée à ce moment solennel où toutes les protections humaines tombent.

M. Cathiard disparaît le premier.

Au mois d'octobre 1858, il avait voulu prêcher encore la retraite annuelle de son cher couvent, et l'avait terminée par cette parole qu'aucune Sœur n'a oubliée et qui est demeurée la même sur toutes les lèvres : « Mes enfants, c'est un vieillard qui vous parle des bords de la tombe : Écoutez-le ! »

Deux mois après, le vénérable prêtre, si durement éprouvé par la vie, se sentait atteint de la maladie qui devait le conduire au tombeau; mais son cœur demeurait vaillant et calme en face du péril : Dieu pouvait venir le surprendre, il ne devait pas le trouver inactif.

La mère Élisabeth apprenant qu'il souffrait davantage, alla le voir : « Vous faites bien de venir, dit-il, car c'est fini... Je vais bientôt rendre mon âme à Dieu ! » La religieuse essayant de l'interrompre, il reprit en branlant la tête : « Je n'ai plus de force que pour peu de jours; eh bien ! je ne voudrais pas que rien de ce qui m'est arrivé n'eût été, et s'il m'était permis de recommencer la vie, je demanderais de passer par les mêmes épreuves. J'ai toujours en tout et partout, senti la main de Dieu sur moi ! »

Le pieux curé du Pont-de-Beauvoisin ne se

trompait pas; le lendemain, il paraissait si affaibli, que le docteur Chevalier voulait le dissuader de réciter son office : — « Oh! monsieur, lui répondit-il, tranquillisez-vous, mon bréviaire ne m'est pas une fatigue; bien au contraire, c'est la seule satisfaction qui me reste! »et quelques heures après, il s'éteignait en récitant cet office devenu son unique joie. La page entr'ouverte sous ses doigts mourants était celle du *Magnificat*.

Semblable à ce disciple d'Elie qui ne pouvait se décider à quitter son maître montant au Ciel, la mère Élisabeth suivit longtemps M. Cathiard de ce regard de l'âme que la mort ne rompt point. Outre la perte immense qu'elle faisait, elle ne se dissimulait pas la lourde responsabilité qui allait peser sur elle seule, et quel travail ce serait que de continuer l'œuvre entreprise; mais dans sa douleur, elle garda tout son courage, et l'inquiétude, cette déplorable préoccupation des faibles, n'entra pas dans son cœur.

Mgr Ginoulhiac voulut donner à son humble fille les vrais motifs de consolation : il lui écrivait le 5 janvier 1859 :

« Ma Révérende Mère,

« J'ai pris une vive part à la perte qu'a faite la paroisse du Pont et que vous avez faite en particulier. Mais j'ai béni aussi la Providence de ce qu'il nous avait été permis de régler et d'assurer votre position spirituelle avant le décès et du consentement du vénérable M. Cathiard. Tout ce qu'on me dit de ses pressentiments de mort prochaine, des mesures qu'il avait prises, de ses dispositions testamentaires, m'inspire une confiance bien fondée que sa mort a été précieuse devant Dieu, et que vous avez pour protecteur dans le Ciel celui qui a été votre fondateur.

« Que vos bonnes Sœurs ne l'oublient pas néanmoins dans leurs prières; et qu'elles se rappellent les exemples de foi vive, de zèle ardent, de régularité et d'ordre dans la vie qu'il nous a laissés, afin de s'exciter à imiter des vertus qui sont nécessaires non moins à elles-mêmes, qu'au succès de leurs travaux... »

Un autre ami de la communauté, M. Monnet, curé de Saint-Victor, devait suivre bientôt M. Cathiard dans la tombe. Nous avons parlé de lui en racontant la jeunesse de la mère Élisabeth dont il avait été le guide spirituel et dont il était demeuré le fidèle conseiller. Elle espérait même l'obtenir comme aumônier quand tout à coup elle apprit sa mort. Le jour de l'Ascension 1862, le respectable prêtre était monté en chaire et avait parlé du ciel avec une sorte de ravissement. Le lendemain, 30 mai, il avait annoncé la clôture du mois de Marie, et à entendre sa parole vive et énergique, rien ne faisait craindre pour ses jours. Le 31, au matin, après la messe, il entra dans son jardin pour se promener : bientôt on dut l'appeler, et l'on ne put obtenir aucune réponse : il s'était arrêté dans sa promenade sur une pelouse d'où l'on apercevait le clocher de son église et la statue de la Sainte-Vierge que lui-même avait placée au sommet. Là il s'était affaissé et avait rendu le dernier soupir.

Privée de ces deux soutiens qui l'avaient si puissamment et si fidèlement aidée dans son œuvre, la mère Élisabeth sentit en son âme un vide douloureux. Toutefois, le R. P. dom Jean-Baptiste Mortaize vivait, et quand survenait une difficulté imprévue, elle avait la facilité de lui écrire, et même d'aller le voir; comme aussi elle pouvait lui conduire la Sœur ou la jeune novice qu'une peine intérieure affligeait. Mais cet appui si doux et si fort ne devait point tarder à lui manquer également : comme nous l'avons dit, Dieu voulait être seul !

Déjà au mois de mai 1862, une lettre du R. P. dom Jean-Baptiste faisait pressentir quelque grave changement dans sa vie.

« Bonne et respectable Mère, écrivait-il à la mère Élisabeth, je vous suis bien reconnaissant de la part que vous avez prise à mon indisposition, qui est à peu près passée; mais j'espère qu'elle me viendra en aide dans la réalisation d'un projet que j'ai formé et que je nourris depuis plusieurs années.

« L'ouverture de notre chapitre général qui

doit avoir lieu dans huit jours et en durera autant, ne me permettra en aucune manière, pendant le reste de ce mois, de m'occuper d'affaires étrangères à notre Ordre ; et après, malgré toutes mes espérances, le bon Dieu seul connaît ce qu'il en sera. Priez-le bien avec toute votre bonne communauté de me venir particulièrement en aide dans la circonstance présente, afin que sa sainte volonté s'accomplisse en moi et par moi. »

Le chapitre général annoncé par dom Jean-Baptiste eut lieu en effet, et le vénérable religieux y donna sa démission et demanda pardon à ses frères en des termes si touchants que tous lui répondirent par des sanglots.

Cette démission, qui fut alors refusée, dom Jean-Baptiste la renouvela quelques mois après en l'adressant au Saint-Siége. Elle fut enfin acceptée en février 1863.

Au moment de partir pour la Chartreuse de Pavie, il voulut annoncer lui-même la nouvelle à la mère Élisabeth : « Bonne et respectable mère, lui disait-il, je quitte la Grande Chartreuse pour me rendre où la volonté de Dieu m'appelle. Demain, je passerai bien près de vous et vous ne me verrez pas ; mais au ciel nous nous reverrons, et il n'y aura plus ni séparation, ni adieu. Priez beaucoup pour moi, afin que le Seigneur me fasse miséricorde. »

La perte que faisaient les Sœurs du Rosaire

était immense. Le Révérend Père général s'était montré sans cesse préoccupé de leurs intérêts et heureux d'aider leurs âmes. La mère Élisabeth, après avoir lú la lettre de dom Jean-Baptiste, demeura longtemps abîmée et comme anéantie sous cette croix, ne pouvant parler que de la sainteté, que des vertus de son protecteur. Mais bientôt elle s'arrêta dans cet éloge dicté par la douleur, et allant à la chapelle, elle se prosterna près de l'autel, pour offrir son vénérable ami dans un généreux sacrifice, comme une victime vraiment précieuse et digne de Dieu.

Cette offrande d'un cœur si profondément chrétien, fut agréée : Dieu le manifesta clairement à sa servante, non-seulement par la douce paix qu'il répandit à l'instant dans son âme, mais encore par cette assurance qui lui vint de la Chartreuse même, qu'elle ne serait pas abandonnée, et que le Révérend Père dom Charles Saisson, le nouveau prieur des Chartreux, continuerait l'œuvre de son vénérable prédécesseur.

En effet, pendant l'hiver de 1866, le R. P. dom Vincent Celles vint en son nom visiter les Sœurs. Il les trouva bien à l'étroit dans leur couvent du Guillon, et ne put découvrir autour d'elles personne qui voulût, à des conditions acceptables, leur céder quelques pouces de terrain pour ajouter un modeste bâtiment à l'ancienne construction.

Les arracher à cette demeure, et aller fonder

ailleurs un autre couvent et une autre chapelle, était chose difficile et coûteuse, mais après un mûr examen, ce fut le parti que le Révérend Père adopta. Lorsqu'il vit qu'il était impossible d'établir définitivement les Sœurs sans avoir recours à ce moyen extrême, il chercha dans les environs, de concert avec M. Favot et le docteur Martin, une petite propriété qui convînt à son charitable projet.

On lui en présenta plusieurs, et la mère Élisabeth dut, ainsi que l'assistante, donner son avis. Comme elle ne voulait pas que sa pensée fît incliner la balance où les destinées de son couvent allaient être pe-ées, elle répondait à toutes les demandes du religieux : « Faites ainsi que bon vous semblera, mon Père : nous serons bien partout, pourvu que l'humilité et l'amour de Dieu soient avec nous. » Mais l'assistante, connaissant ses préférences : — « Mère, lui dit-elle tout bas, parlez donc, on n'attend qu'un mot de vos lèvres.» — « J'ai remis mes affaires entre les mains de saint Pierre et de saint Paul, répondit-elle; ce sont mes procureurs, ils la mèneront suivant la volonté de Dieu. »

Dom Vincent Celles aurait questionné longtemps si la sœur Euphrosine n'eût de son côté, pressé la Mère; enfin une petite note fut rédigée et apprit aux Chartreux combien il lui serait douloureux d'abandonner complétement ses pauvres et ses malades de la Folatière. Il n'en fallut pas davantage pour faire préférer à toute autre la propriété de M. Permezel, située au hameau du Thomassin, à une distance presque égale entre le couvent du Guillon et le Pont-de-Beauvoisin. Lorsque le vendeur eut signé l'acte, et que la main toute tremblante de la vieille religieuse eut apposé, lettre à lettre, son nom sur la feuille, les Sœurs se souvinrent que M. Cathiard, dans ses rêves pour la communauté, avait dit : « Je mourrais content si je voyais mes Sœurs au Mas du Thomassin! »

Mais si la position était merveilleusement choisie, la maison de M. Permezel était trop petite pour contenir les Sœurs, et le procureur des Chartreux dut, aussitôt après avoir satisfait aux conditions de la vente, s'occuper des plans d'une habitation plus vaste : « Voyez à ne rien oublier de ce qu'il faut aux bonnes Sœurs, écrivait-il à M. Valentin, chargé de préparer la construction, et surtout ne craignez pas que les salles conventuelles soient trop spacieuses. » Mgr Ginoulhiac demanda que ces plans lui fussent soumis, et dom Vincent les lui porta. Dès qu'ils eurent reçu la sanction épiscopale, on se hâta de les mettre à exécution, et bientôt les fondations furent creusées et les murs s'élevèrent.

Le bonheur de la mère Élisabeth était grand ; cependant, disons-le, il se voilait de temps en temps d'un nuage : elle craignait que ces murs si bien bâtis ne devinssent pour les Sœurs une source d'orgueil, et que, perdant de sa pauvreté native, la communauté ne perdît de sa force, de son amour pour les faibles et de son humilité. Elle craignait aussi, et en cela son cœur souffrait des douleurs auxquelles son corps était condamné, de ne pouvoir elle-même installer ses filles dans ce couvent nouveau. Un jour que, par une permission toute particulière, cette inquiétude avait fatigué son âme plus que de coutume, et qu'épuisée par la maladie, elle s'était recourbée sur elle-même, la tête dans ses mains, conjurant le ciel de lui accorder du secours, un Père chartreux, dont le nom n'est pas resté dans la mémoire des Sœurs, arriva. C'était en automne, et il apportait quelques fruits, tout récemment cueillis dans ces petits jardins du couvent de la Grande Chartreuse où les premières fleurs apparaissent si tard; la mère Élisabeth les prit, les considéra avec satisfaction. Ensuite le Révérend Père parla de la construction du couvent. Il éprouvait quelque difficulté à s'énoncer en français, mais la mère Élisabeth n'en éprouvait point à lui ouvrir son âme : — « Oh ! oui ce couvent sera bien beau, dit-elle, et les Pères chartreux sont bien bons pour nous; mais je ne le verrai point achevé, je ne vivrai pas jusque là, l'hiver m'emportera... » — « Vous verrez votre couvent, ma mère, répondit le religieux, comme s'il eût été chargé de la rassurer, et vous l'habiterez; croyez-moi, vous avez encore plus de quatre ans de vie ! » Cette parole calma à l'instant l'inquiétude de la mère Élisabeth. Le démon ne l'attaqua plus et lorsque, trois ans et demi après, en allant à Entremont, elle parlait de cette tentation à l'amie qui l'accompagnait, elle ajoutait aussitôt, toute souriante, car la séparation dernière était redevenue l'objet de ses désirs les plus grands : « J'ai fait mon compte, et c'est au commencement de l'année prochaine que je dois mourir. »

Mais tandis que les murs du couvent s'élevaient sous la direction du Père procureur, la petite communauté était menacée d'une ruine complète. Quelques habitants de la Folatière, cédant à des instigations fâcheuses, avaient fomenté cet orage : ils ne voulaient arriver à rien moins qu'à disperser cette réunion de pieuses filles, formée au milieu d'eux, et dont la seule occupation jusqu'alors avait été de les aider, de les secourir et de les soigner dans toutes leurs misères.

Peut-être, et nous aimons à le croire, suivaient-ils en aveugles l'étrange système de ce siècle, et répétaient-ils sans le comprendre ce mot que la révolution adresse toujours au dévouement catholique, quand il se présente à elle sous l'humble vêtement religieux : — « Vous êtes inutile à la société. »

Dans tous les cas, la persécution qui allait fondre sur le couvent ne surprit pas Élisabeth. Déjà, elle en avait pressenti plus d'une fois les sourdes menées : « Dieu nous trouve trop paisibles, disait-elle à ses filles. » — « — Mais, est-ce que Dieu voudrait notre malheur ? » demandait une sœur toute jeune, qui n'avait pas encore saisi la valeur des peines. — « Rien n'arrive au hasard, ajoutait la mère, Dieu commande aux vents comme au soleil, et tout ce qu'il fait est pour notre bien ! »

Mais si, dans le secret du couvent, la mère Élisabeth élevait jusqu'à Dieu l'esprit des religieuses afin qu'il ne s'abaissât pas dans des haines mesquines, elle agissait au dehors avec une énergie digne de sa nature. Un jour, elle alla elle-même trouver un de ceux qui lui étaient le plus opposés : « Pourquoi nous persécutez-vous ? lui dit-elle : votre père a labouré nos terres et votre mère nous a fait du bien... » — « Qu'ai-je besoin de vous aider comme mon père et ma mère ? reprit, en balbutiant, cet homme tout étonné des paroles hardies de la vieille religieuse... » — « Vous ne nous avez point aidées encore, je le sais bien, ajouta-t-elle, le front haut et la voix ferme, mais Dieu nous a donné du temps pour cela... D'ailleurs, vous savez ce que je demande : ce n'est pas l'aumône, c'est la paix !... »

La mère Élisabeth n'obtint pas la paix, et les amis du couvent vinrent la presser d'adresser au gouvernement une demande d'autorisation. Cette démarche, dont l'issue lui paraissait douteuse, ne lui plaisait point. La première fois qu'on lui en parla, elle répondit : « Ne nous suffit-il pas d'être autorisées par le bon Dieu ? » Mais Mgr Ginoulhiac l'ayant désiré, elle ne s'y opposa plus.

C'est alors que M. Favot mit au service de la communauté toutes les ressources de son expérience et de ses talents ; il fut admirablement dirigé par l'autorité ecclésiastique et secondé par M. de Mépieu, alors député. A la suite de ces démarches, la cause des religieuses, si mauvaise à la Folatière, fut trouvée bonne à Paris, et le 15 janvier 1868, le décret qui les autorisait fut signé.

Quelle journée pour la petite communauté que celle où parut sous le toit du vieux couvent ce grand diplôme, revêtu du nom de l'empereur et de celui du ministre des cultes (1). Depuis le retour de sœur Régis après ce premier examen dont nous avons redit les détails, on n'avait pas conçu une si douce et si complète sécurité.

La mère Élisabeth rendait grâce à Dieu. « C'est lui, disait-elle, qui a fait cela : il a pris la main de l'empereur et l'a mise sur le papier, en le forçant d'écrire !.... » Les amis de la communauté, après avoir travaillé de toutes leurs forces à obtenir cette autorisation, s'étonnaient presque d'avoir réussi ; comme la pieuse mère, ils sentaient qu'une

(1) M. Baroche.

influence supérieure les avait puissamment se-
courus.

Le dimanche 1er mars 1868, les sœurs, au
nombre de quarante et une, se réunirent dans la
salle du chapitre pour accepter les statuts auxquels la communauté allait être soumise et procéder à des élections nouvelles.

La mère Élisabeth lut le décret et les statuts ;
ensuite elle quitta son rang : elle n'était plus que
la dernière des religieuses.

Le scrutin devait être secret, mais la majorité
des suffrages n'en fut que plus éloquente ; toutes
les voix proclamèrent supérieure Élisabeth Giraud.

Les Sœurs ne se trompaient pas : Élisabeth
Giraud était vraiment pour elles cette mère, « au-
dessus de l'admiration, » dont parle l'Ecriture,
« en qui Dieu a uni la tendresse d'une femme à
l'énergie d'une âme virile. »

Mais la communauté ne jouit encore que d'une
paix éphèmère ; en 1872, il fallut recourir aux autorités supérieures, car le précédent décret n'autorisait que partiellement cette œuvre, et elle avait
grandi et poussé des racines en diverses parties du
diocèse. Un nouveau décret, ajoutant ses priviléges
aux priviléges déjà obtenus, fut demandé au gouvernement, et en 1873, comme en 1868, les
hommes durent obéir aux desseins de Dieu. Le
pouvoir ecclésiastique reçut en cette circonstance
aide et secours de MM. Novel et Michal-Ladichère.

CHAPITRE XIX

Les dernières Fêtes.

1868-1869

> « Tu es la gloire de Jérusa-
> lem, tu es la joie d'Israël, tu
> es l'honneur de notre peuple. »
> (JUDITH, XV, 10.)

Tandis qu'Élisabeth obtenait à Paris cette signature qui assurait l'existence légale de la communauté, elle n'en abandonnait pas la conduite
intérieure. Véritablement mère, elle suivait dans
les phases les plus diverses de leur vie chacune
de ses religieuses et par ses exhortations vives et
éloquentes, unies aux ardeurs de sa prière et à la
puissance de son exemple, elle préparait leurs
cœurs à devenir les vrais sanctuaires de Dieu.
Ensuite, forte de leur obéissance, elle les mettait
à l'épreuve, en acceptant pour elles des postes
pénibles et des tâches laborieuses.

Déjà nous lui avons vu fonder les écoles de Saint-Geoire et d'Entremont; en 1864, elle en ouvrit une à Saint-Aupre, avec l'aide de M. Martin, curé de la paroisse (1). Quelque temps après ce fut à la Ruchère et à Saint-Philibert qu'elle envoya des sœurs (2).

Si les œuvres ne manquaient pas à son bras, les tristesses non plus ne manquaient pas à son cœur. Sœur Régis était atteinte d'une maladie dangereuse, et les médecins avaient déclaré que quels que fussent les soins dont on l'entourait, le mal irait toujours croissant. La mère Élisabeth en constatait les progrès avec une profonde douleur. Sœur Régis avait été sa première compagne; elle l'avait aidée à délivrer sœur Joseph des entraves où les satisfactions de la terre la retenait captive, à éprouver la vocation de cette sœur Pauline si empressée de se donner à Dieu, à tenir la première école, à soigner les premiers malades. Aussi la mère Élisabeth ne pouvait-elle pénétrer dans la petite cellule où on avait installé la malade afin qu'elle fût tranquille, sans ressentir un indéfinissable mouvement qui remplissait aussitôt ses yeux de larmes et son cœur de regrets. Il fallait qu'elle lançât vers le

______

(1) Dans le temps où M. Martin réparait la maison qui devait servir aux sœurs, il projetait une seconde école à Saint-Aupre-le-Haut.

(2) Ces deux fondations sont dues aux Chartreux; elles eurent lieu l'une en 1864 et l'autre en 1866.

ciel un acte de soumission, ardent comme sa douleur, pour que la sérénité revînt complète et pure
dans son âme. Quant à la sœur Régis, c'était au ciel
qu'elle voulait aller, de sorte qu'elle ne s'attristait
point. — « Je ne guérirai pas, disait-elle, je n'irai
pas au couvent du Thomassin. » Les sœurs faisaient les préparatifs du déménagement, et elle
répétait encore, comme si Dieu lui en eût donné
une révélation : « Je n'irai pas : je mourrai ici,
dans notre vieille maison... »

Elle mourut, en effet, pendant l'octave du Saint-
Sacrement, heureuse d'aller unir sa prière à celle
des élus.

Aux douloureuses larmes que causa cette mort
succédèrent les fêtes de l'installation. Dieu joint
ainsi les peines et les joies, afin que si les unes
nous prouvent que nous sommes sur la terre, les
autres en relevant notre cœur abattu nous rappellent que déjà nous marchons vers une meilleure
cité.

La meilleure de ces fêtes, la plus délicieuse
peut-être, fut la prise de possession du couvent du
Thomassin.

M. Pégoud, curé du Pont-de-Beauvoisin, l'avait
fixée au mois de juin. Mais le R. P. dom Vincent
Celles demanda qu'elle fût renvoyée au 2 juillet :
il lui semblait meilleur d'unir cette solennité si
douce au mystère de la Visitation de Marie, la
Reine du Saint-Rosaire.

Donc le 2 juillet 1868, pendant que les Sœurs quittaient leur couvent du Guillon, le procureur des Chartreux, suivi des autorités ecclésiastiques et civiles du Pont, montait lentement au Thomassin.

La rue qui y conduisait était tendue de guirlandes de verdure et de fleurs, et un arc de triomphe placé à l'extrémité portait sur ses arceaux les armoiries de la Chartreuse, au-dessous desquelles était suspendue cette devise : *Charitas, spes, fides.*

Tout paraissait improvisé dans cette fête, les colonnes de feuillage, comme les bruits joyeux et reconnaissants de la foule; et cependant la Providence l'avait préparée. Elle voulait que là où trente-sept ans auparavant la mère Élisabeth avait passé, accablée des sarcasmes et des injures de ses voisins, poursuivie par les enfants armés de pierres, elle passât de nouveau, recevant des louanges et des bénédictions.

Lorsqu'elle parut, humblement cachée sous son voile noir, précédée de la grande croix de sa chapelle, et accompagnée de ses soixante filles voilées comme elle, et chantant les derniers versets du *Magnificat*, un frémissement parcourut la foule; l'*exaltavit humiles* » de la reine du ciel venait de s'accomplir en elle visiblement.

Dom Vincent, debout sur le seuil de la porte, l'attendait, tenant dans ses mains les clefs du cou-

vent qu'en vertu des pouvoirs concédés par le
R. P. Général, il allait ouvrir aux religieuses.

M. le curé du Pont, digne successeur de M. Cathiard, lui présenta la communauté ; il le remercia au nom de la ville et en son propre nom
d'avoir accompli le vœu si cher de son prédécesseur, et félicita les sœurs du don que, dans
leur détresse, le Seigneur leur avait fait, en attirant sur elles la protection des fils de saint
Bruno.

Le R. P. dom Vincent Celles ne répondit pas
à ce discours ; seulement il remit les clefs du
couvent à la mère Élisabeth et s'adressant à toutes les religieuses groupées autour d'elle, il
leur dit : « Mes sœurs, j'espère que la beauté de
cet édifice ne vous fera pas oublier les modestes
vertus qui vous l'ont mérité, et que vous n'en serez que plus fidèles à pratiquer le désintéresse-
ment, l'humilité et la charité qui sont le but de
votre institut. »

Un autel avait été provisoirement dressé dans
la salle du chapitre ; M. Martin, curé de Saint-
Aupre, y monta et célébra le saint sacrifice pour
la communauté et pour ses bienfaiteurs. Pendant
qu'il officiait, la mère Élisabeth, agenouillée et
immobile, les yeux baissés, tenant contre son
sein les clefs qu'elle venait de recevoir, paraissait
si préoccupée de Dieu, si touchée de ses faveurs,
si humiliée en même temps, qu'autour d'elle on

eût pu s'agiter et circuler sans qu'elle s'en fût aperçue. On dut, après la bénédiction, l'arracher à sa prière, car c'était à elle à présider une fraternelle et joyeuse agape, dont les principales familles du Pont avaient fait tous les frais.

« Mon Révérend Père, dit-elle pendant le repas au Chartreux qui était assis près d'elle et qui, comme elle, considérait tranquillement en on cœur tout ce que Dieu avait fait pour la petite communauté depuis sa première origine, mon Révérend Père, c'est aujourd'hui la fête de la Visitation? — Eh! oui, ma mère, répondit le religieux, légèrement étonné de cette parole, qui lui était adressée comme une question. Élisabeth reprit : « A pareil jour, mon Père, la sainte Mère de Dieu allait dans le pays des montagnes, porter chez sa cousine la joie et la paix, et vous êtes descendu des montagnes pour nous apporter cette joie et cette paix ! » Dom Vincent inclina la tête. La comparaison que la mère Elisabeth avait empruntée au mystère de ce jour était le plus heureux témoignage de reconnaissance qui pût lui être adressé.

L'année suivante, presque à la même époque, la bénédiction de la chapelle ramenait encore au couvent les amis de la mère Élisabeth et le Révérend Père procureur. Cette fois Mgr Ginoulhiac ne voulut abandonner à personne le soin de présider la cérémonie.

A dix heures, le 6 juillet 1869, il passait avec le Père Dom Vincent sous les arcades fraîchement renouvelées, où les sept étoiles de la Chartreuse surmontaient le globe du monde et où sa devise, *Stat crux dùm volvitur orbis*, était gravée au pied de la croix. Quelques instants après, il entrait au couvent. La chapelle était nue, sans ornements, sans fleurs ; il la bénit, puis s'agenouilla devant le tabernacle où le Saint-Sacrement venait d'être déposé pour la première fois, et commença la messe.

Le fils de saint Bruno était humblement prosterné auprès de cet autel où le successeur de saint Hugues offrait le Saint-Sacrifice : unis dans la même œuvre de charité, le religieux unissait encore sa prière vive et ardente à l'oblation de l'évêque.

Après la messe, Mgr Ginoulhiac prit la parole. Son discours ne devait être, ainsi l'avait-il annoncé, « que le simple développement d'une pensée de reconnaissance pour l'ordre célèbre qui avait aidé si puissamment les Sœurs du Rosaire, et pour les Sœurs du Rosaire elles-mêmes. » Mais ce cadre étroit s'élargit soudain, et, après avoir montré le Chartreux sous les sapins du désert, au sein des solitudes neigeuses et sauvages de la montagne, il traça de la vie monastique, un magnifique et vivant tableau.

« *Levavi oculos meos in montes* », s'écriait-il

en le terminant : « Mes frères, lorsque la force manquera à votre bras, que le devoir pèsera sur vous comme un fardeau, levez les yeux en haut, vers ces montagnes d'où vient le secours ! Si vous êtes souffrants et tristes, que l'avenir vous paraisse incertain, levez les yeux en haut... Si vous avez eu le malheur de tomber dans de coupables défaillances, et que l'enfer entr'ouvert sous vos pas, soit prêt à vous engloutir, levez les yeux en haut !... Sur les sommets qui vous dominent, il y a des âmes qui s'offrent à toute heure, pour vous obtenir votre pardon...

« Je le sais, ajoutait-il, notre siècle ne comprend rien à ce dévouement sublime : il passe en hochant la tête devant ces victimes suspendues volontairement à leurs croix, il se demande ce que font ces moines, dans la solitude et le silence? à quoi servent ces ordres religieux, dont il voudrait piller les maisons, détruire l'esprit, anéantir la vigueur, et dont il ne peut, dans sa lutte insensée, que renouveler la jeunesse? Ce que font ces moines, mes frères? ils font ce que l'impie ne fait pas : ils adorent Dieu, ils aiment leurs frères, ils embrassent résolûment toutes les rigueurs de la pénitence... ils apaisent le ciel. »

Puis, après avoir répondu aux critiques des impies, Monseigneur s'appliquait à faire connaître les origines de la petite communauté des Sœurs du Saint-Rosaire : « Mieux que nous, disait-il, vous savez, mes frères, comment elle est née, comment elle a grandi. Une fille, que Dieu s'est plû à enrichir de ses grâces, a été l'instrument de cette fondation ; autour d'elles sont venues se ranger d'autres filles simples et obscures comme elle ; elles les a reçues avec son cœur large et courageux ; elle a écouté les enseignements de son pasteur, elle est allée demander au Révérend Père général et aussi à son évêque leurs bénédictions et leurs prières, et forte de leur appui, soumise à la volonté de Dieu, elle s'est mise à l'œuvre... Je ne vous parle pas de la pauvreté des premiers jours, elle était grande... de l'humilité des Sœurs, elle a été grande aussi, puisqu'elle a attiré sur leur entreprise le regard de Dieu... ni de cette charité, qui les faisait se dépenser auprès du lit des malades, comme dans la classe où elles réunissaient vos enfants...

« Bientôt le bon esprit de la communauté a été apprécié ; l'obscurité dans laquelle elle vivait a fait place à une certaine lumière... La main tendue vers elle ne s'est pas ralentie : je dirai plus, elle est arrivée, forte et puissante, au secours des besoins nouveaux : cette chapelle, cet hôpital, ce couvent, sont l'œuvre de cette main !.. »

Mais, ajoutait le savant évêque, « parce que les murs se sont élevés, faut-il que l'esprit s'élève ? — Oh ! non, certes. Que l'esprit demeure ce qu'il est : pauvre, humble et simple... Pauvre, de cette pauvreté que Notre-Seigneur Jésus-Christ a voulu pratiquer pendant sa vie mortelle ; humble, de cette humilité dont il s'est fait lui-même le modèle ; simple de cette simplicité qu'il a bénie et qu'il bénira toujours !... »

A ce beau discours, qu'une rapide et trop pâle analyse ne saurait reproduire, succédèrent, dans la grande salle, les souhaits joyeux des amis. La mère Élisabeth les recevait avec un doux sourire, mais elle n'y répondait pas. Avait-elle l'âme trop émue par tous ces témoignages d'affection et d'estime ? Cela n'est pas probable, car une amie lui demandant pourquoi elle avait tout accepté sans rien donner, elle lui disait, avec sa franchise habituelle : « J'avais bien préparé trois mots, mais j'ai demandé à Dieu s'il fallait les dire, et il m'a répondu : Parler ! toi, pauvre orgueilleuse ; oh ! tu ne sais donc pas de quel esprit tu es ?.. Je te le conseille, tais-toi ! »

Avouons-le encore, ces jours de fête ne laissaient pas la mère Élisabeth sans tristesse : ils ranimaient en elle cette crainte toujours plus vive, que ce couvent si bien construit, où tout était ménagé avec tant de soin, ne fût pour ses filles un obstacle à la pauvreté et à l'humilité (1).

---

(1) Cette préoccupation l'accompagna jusqu'à la fin. M. Servonnet, chanoine de Lyon, qui eut avec elle une assez longue conversation quelque temps avant sa mort, nous a dit lui avoir entendu répéter plusieurs fois cette parole : « Mon unique prière maintenant est que les sœurs ne perdent pas dans cette belle maison leur esprit de petitesse. Cette trop belle maison me fait bien peur ! »

— Mes Sœurs, leur disait-elle, quel avantage re-
tirerons-nous de ce couvent, si, au dernier jour,
les demeures éternelles ne s'ouvrent pas pour
nous? Oh ! je vous en supplie, ayez sans cesse devant les yeux l'exemple des saints, et n'oubliez
pas que c'est par la pauvreté et l'humilité qu'ils
sont arrivés à la souveraine béatitude... Peu leur
importait, croyez-moi, la cellule qu'on leur avait
donnée, ils ne s'occupaient pas à en regarder et
en mesurer l'espace : ils savaient que ce n'était
qu'une tente dressée pour la nuit. »

Quelques jours après la fête de la bénédiction,
ayant été se promener avec deux ou trois de ses
filles dans les champs qui entourent le nouveau
couvent, elle considérait la petite ville du Pont,
le Guiers roulant ses eaux dans la vallée, les montagnes couvertes des rayons du soleil. Sans doute
la magnificence de la nature ramenait Élisabeth
aux souvenirs de la jeunesse, si doux à son cœur,
car rompant le silence : « Sœurs, dit-elle, louons
donc le Seigneur, il a fait pour nous de si grandes
choses ! » et passant sa main dans une gerbe récemment moissonnée, elle ajouta : « Quand nous
avons quitté notre premier couvent, nous n'avions
que du pain noir, et nous n'en avions qu'une fois
par jour ; maintenant nous avons du pain blanc
toute la journée... Oh ! je vous le répète, louons
donc le Seigneur ! Bien-être misérable, disait-elle
encore, en jetant autour d'elle un regard tout

brillant d'émotion et de reconnaissance, à quoi nous servirez-vous, si nous ne vous élevons pas vers Dieu? vous nous enlevez déjà tout le mérite de la pauvreté!... »

CHAPITRE XX

**Dernières années de la mère Élisabeth. —
Le Concile. — La Guerre et la Commune.**

1869-1871

Le Concile du Vatican s'ouvrit le 8 décembre
1869. S'il ne nous appartient pas de dire les travaux entrepris et les dogmes définis dans cette
assemblée œcuménique de l'Eglise, nous devons
toutefois ne pas laisser ignorer quelle part prenait
la mère Élisabeth à ce grand évènement de notre
siècle.

Cette fille soumise de la vérité, si humble
qu'elle se croyait la dernière et la plus faible des
brebis du Christ, si ardente dans sa foi qu'elle
était certaine d'être exaucée quelle que fût sa
prière, se considérait comme particulièrement
obligée d'aider de tout son pouvoir les gardiens

de la vraie foi. Aussi, dans l'ombre de son monastère, elle jeûnait, se mortifiait, passant de longues heures auprès du Saint-Sacrement, pour attirer les lumières de l'Esprit divin sur les princes de l'Eglise. Elle savait quels secours apportent à ceux qui sont chargés d'affermir leurs frères, les supplications des petits et des pauvres; c'est pourquoi elle ne voulait pas être seule à prier, et aux amis qui venaient la voir comme à ses religieuses, elle répétait sans cesse : « L'Eglise a besoin de nos prières : donnons-les lui sans les compter. Au moment de la mort, nous serons heureux d'avoir prié pour l'Eglise. Les martyrs versaient leur sang pour conserver la foi : nous avons le sang de Notre-Seigneur Jésus-Christ, offrons-le donc pour l'Eglise ! »

Un soir qu'elle avait vivement excité les Sœurs à des communions plus ferventes et à des actes de charité plus ardents, on vint lui annoncer la mort du R. P. Dom Jean-Baptiste. C'était un sacrifice déjà offert, que Dieu imposait une seconde fois à son âme; pendant le cours de cette année 1870, elle devait en offrir d'autres encore.

Au commencement de juillet, la guerre fut déclarée à la Prusse, et les défaites de Reischoffen et de Forbach ouvrirent bien vite cette série de désastres qu'une plume française se refuse à décrire. La capitulation de Sedan, la déchéance de Napoléon et la proclamation d'un gouvernement nouveau suivirent de près, ajoutant à nos tristesses; mais ces nouvelles si douloureuses ne frappèrent ni d'inertie ni de stupeur l'âme énergique de la mère Élisabeth ; prosternée au pied de son crucifix, elle demandait à Dieu des consolations et des forces qu'elle pût ensuite répandre autour d'elle. Ce qui aurait pu l'effrayer, ce n'était pas la défaite, ni le récit des marches prussiennes sur Metz, sur Paris, sur Orléans, sur Lyon : c'était le ravage intérieur, le désordre des consciences, l'anarchie morale gagnant de proche en proche, et l'impiété essayant de traiter la France comme un pays conquis. Toutefois, nous l'avons dit, elle ne s'inquiétait point : elle savait qu'il est des moments dans la vie des peuples comme dans la vie des hommes, où les passions déchaînées semblent régner pour un temps, et elle attendait avec patience l'heure bénie, où Dieu étendant sa main sur la France, comme naguère sur les flots de la mer de Galilée, imposerait le calme à la tempête et aux vents : « Si vous avez Dieu pour vous, mes Sœurs, disait-elle en ces jours sombres, qui sera contre vous? Si vous avez Dieu pour ami, qui sera votre ennemi? Travaillons, travaillons, ajoutait-elle encore, ne regardons pas en arrière, ni à droite, ni à gauche, mais en haut! Voyons notre Sauveur monter au Calvaire. Hélas! avons-nous chacun notre croix sur nos épaules pour marcher à sa suite? »

Les amis de la communauté n'étaient pas aussi confiants ; tous les jours ils venaient lui conseiller telle ou telle mesure pour se mettre, elle et ses filles, à l'abri de l'invasion menaçante : « Je vous remercie, répondait-elle, cela me paraît inutile, j'ai l'intime conviction que nous ne serons pas inquiétées. Mais bientôt les amis ne furent pas seuls à solliciter : quelques parents des sœurs se joignirent à eux, et la pieuse fondatrice se vit contrainte de renvoyer les jeunes postulantes et celles des novices qui n'étaient encore liées par aucun vœu. L'une d'elles, au moment de partir, se précipita toute en larmes dans ses bras, et semblable à cette fille admirable, dont l'histoire sacrée nous a conservé le souvenir, elle lui dit : — « Mère, gardez-moi ; si vous devez fuir, je fuirai avec vous, si vous devez mourir, je mourrai ! » La mère Élisabeth, vivement touchée, lui permit de demeurer avec elle, malgré l'ordonnance générale qu'elle venait de porter.

Quelques jours après, pendant la récréation, entendant plusieurs religieuses se demander avec inquiétude en quel endroit elles devraient se réfugier si l'ennemi envahissait le Dauphiné, elle leur répondit : « Oh ! mes sœurs, les montagnes d'Entremont vous cacheront bien ! » Une religieuse, qui était orpheline, s'approcha : — « Me renverrez-vous, lui dit-elle, moi qui n'ai plus ni père ni mère ? » — « Je ne renverrai personne, reprit la sainte mère ; je resterai dans le couvent avec monsieur l'aumônier ; celles qui voudront rester avec nous, resteront. » Ensuite, élevant les mains et les yeux vers le ciel, elle ajouta : « Oh ! quand donc aurez-vous appris, mes sœurs, que votre vie appartient à Dieu, et qu'il peut la terminer lorsqu'il lui plaît ! » — « Mère, dit encore la religieuse qui lui avait demandé de rester auprès d'elle, ne vous défendrez-vous pas ? » — « Pauvre sœur, répondit-elle, ne sommes-nous pas toutes entre les mains de Dieu ? » L'hiver s'ouvrit ; quelques uns l'attendaient avec impatience pour forcer les envahisseurs à se replier vers leur patrie, mais les rigueurs de cette saison sévirent plus cruellement contre nos troupes que contre cette armée étrangère, si forte, si aguerrie et si bien équipée. Chaque jour il arrivait au Pont quelque jeune soldat échappé d'un champ de bataille où il avait vu tomber des parents et des amis, ou d'une forteresse nouvellement prise ; on se réunissait autour de lui, et son découragement ajoutait encore au découragement de tous.

Les récits de ces enfants du pays arrivaient à la mère Élisabeth, et elle redoublait de prières et de mortifications pour obtenir le triomphe de nos armées et la fin de la lutte ; mais parfois son cœur était tellement ému de compassion qu'elle ne pouvait se décider à prendre ni nourriture ni repos. « Ils manquent de pain, disait-elle, et nous, nous en avons ; ils ont froid et nous avons du charbon pour nous chauffer ; ils souffrent... Oh ! mes sœurs, souffrons donc avec eux ! » et elle se mettait à genoux les bras en croix, s'unissant ainsi du plus profond de son cœur à ces sacrifices douloureux et sanglants, offerts sous les murs de Paris, comme au sein de nos plus belles et de nos plus riches provinces.

Vers le milieu du mois de décembre, un matin on vint lui apprendre que de pauvres mobilisés, atteints de la petite vérole, manquaient de secours, elle se hâta d'envoyer une sœur pour les soigner. Mais à la fin de cette journée on réclama une autre preuve de son dévouement : c'était de recevoir les varioleux eux-mêmes dans le petit hôpital construit par les Chartreux et attenant au couvent. Quoiqu'il n'y eût pas un lit, pas un meuble dans les salles, pas même un poële pour y faire un peu de feu, elle n'hésita pas une minute : — Amenez-les, amenez-les, dit-elle, je vais faire préparer des lits. »

Sœur Félix et sœur Félicité avaient eu la petite vérole, de sorte qu'elles reçurent la noble mais rude mission de soigner cinq jeunes hommes. La mère Élisabeth allait souvent les visiter, les garder, les consoler ; elle voulut même un soir, le soir du 25 décembre, les veiller, car les deux sœurs étaient accablées de fatigue et de sommeil.

Sœur Saint-Jean l'arrêta dans ce dessein complétement au-dessus de ses forces, en affirmant qu'elle avait eu la petite vérole dans sa jeunesse, et qu'elles pouvait veiller à la place des sœurs ; mais cette courageuse fille ne veilla que deux nuits : au lendemain de la seconde veille elle était atteinte elle-même.

A la nouvelle de cette invasion du fléau dans sa communauté, la mère Élisabeth accourut, les yeux tout humides de larmes, elle demanda à la sœur Saint-Jean si elle avait peur de la mort, et parce que la pauvre malade avouait tout bas qu'elle avait compté déjà les jours qu'elle pouvait avoir encore à passer sur la terre, la pieuse mère lui dit : « Je vous en supplie, ne vous inquiétez pas ! Il faut en ces temps de guerre et de ruine que chacun paye son tribut, et vous payez le nôtre. Offrez-vous de tout votre cœur pour l'Église, pour la patrie et pour votre communauté. »

Trois ou quatre jours après, d'autres sœurs venaient occuper dans l'infirmerie les places restées vides autour de la sœur Saint-Jean, et bientôt on en compta sept, offrant sans cesse à Dieu leur vie « pour l'Église, pour la patrie et pour la communauté. »

Le ciel entendit cette prière : aucun des mobilisés soignés à l'hôpital du Thomassin ne mourut ; seule, la jeune sœur Marie-Suzanne, après avoir beaucoup prié et beaucoup souffert, s'endormit doucement dans le Seigneur.

Ce fut une rude croix pour la mère Élisabeth que la perte de cette fille, si dévouée et si pieuse; cependant sa douleur ne diminua pas son courage : entourée de jeunes religieuses dont les frères étaient pour la plupart sous les drapeaux, ou qui craignaient l'invasion pour la chaumière de leurs vieux parents, elle devait sans cesse relever les cœurs et alimenter leur énergie. Grande mission que celle-là, mission divine et qui ne se bornait pas à l'enceinte du couvent. Tous les jours, à toute heure, il arrivait de frêles jeunes filles et des mères en pleurs à cette mère qui savait consoler. Elle écoutait avec une sympathie touchante les lettres des soldats, et quand les larmes avaient coulé près d'elle avec toute la violence d'une douleur impossible à redire, elle parlait. C'était un mot de l'Évangile tout rempli d'espérance, ou un exemple des martyrs, ou encore la douce assurance d'un retour inespéré : alors l'âme de la jeune sœur ou de la pauvre mère se relevait sereine et consolée pour un temps.

Combien nous ont affirmé avoir retrouvé la paix et la soumission à la volonté de Dieu, pendant les horreurs de cette guerre, dans le parloir de la mère Élisabeth! Témoin cette jeune fille qui, après avoir reçu ses encouragements et ses consolations, disait à qui voulait l'entendre :

« Mon frère est dans l'armée de la Loire, mais il reviendra sain et sauf : la mère Élisabeth me l'a dit ! »

La paix la plus douloureuse suivit la déroute de nos armées; les Prussiens reprirent la route de l'Allemagne, et les Français prisonniers obtinrent de rentrer dans leur patrie. Le Pont-de-Beauvoisin vit passer quelques centaines d'hommes venant de Suisse, et quelques voitures remplies de blessés et de malades. Plusieurs de ces malades étant incapables de continuer leur route, le docteur Martin, si admirable de zèle (1), les envoya à l'hôpital et les sœurs les soignèrent : elles en eurent à la fois jusqu'à neuf. L'un de ceux qui y furent reçus appartenait à la famille de Beauchêne; son frère était mort sur le champ de bataille : il fallait adoucir les plaies de son cœur en même temps que guérir ses membres, et la mère Élisabeth le sentait bien. Souvent elle venait s'asseoir près de son lit pour le soutenir et le fortifier, et entre le jeune officier qui avait dû échanger au premier danger de la patrie la vie agréable des châteaux contre un abîme de privations et de misères, et cette religieuse vieillie près de l'autel dans le dévouement de la charité s'ignorant elle-même, il s'établissait des conversations

____

(1) Le docteur Martin est mort quelques semaines après dans l'exercice de son dévouement. Les malades qu'il a soignés peuvent lui rendre témoignage.

où l'héroïsme de leurs âmes apparaissait et se déversait tout entier.

Mais si aux malades et aux blessés la mère Élisabeth laissait voir tout ce que son âme recélait de saintes forces et tout ce que son cœur possédait d'amour, après la guerre, pendant les horreurs de la Commune, son indignation pleine de pitié pour les révolutionnaires, son admiration pour l'archevêque de Paris et les courageux confesseurs enfermés avec lui dans les prisons, révélèrent encore mieux l'énergie de ses sentiments et de sa foi. Elle parlait sans cesse de ces saintes victimes, elle priait continuellement pour que leur courage ne les abandonnât pas, et quelques semaines après ce 24, 25 et 26 mai, qui avaient vu couler leur sang, lorsqu'elle reçut la photographie de l'Archevêque si glorieusement mort, celle du curé de la Madeleine et des Dominicains d'Arcueil, elle se mit à pleurer amèrement. Une jeune religieuse paraissait s'étonner de ses larmes : « Oh ! je ne pleure pas sur eux, dit-elle, je pleure sur nous, car ce sont nos péchés qui ont répandu ce sang innocent ! »

CHAPITRE XXI

Dernier Voyage et dernière Retraite.

1871

« Sois fidèle jusqu'à la mort. »
(Apoc. ii, 10).

La mère Élisabeth, toujours courageuse pendant la Commune comme pendant la guerre, retrouva assez de force au lendemain de ces terribles crises pour aller visiter ses couvents : elle avait besoin de voir chacune de ses filles et d'entendre de leur bouche le récit de leurs angoisses et de leurs inquiétudes. Ce voyage, qu'elle fit au mois d'août avec une religieuse et une amie, n'interrompit aucun de ses exercices de piété, et la diversité des lieux qu'elle traversait ne l'arrachait pas à son recueillement. Rencontrait-elle de magnifiques points de vue, elle les admirait, mais son regard se relevait bien vite vers le ciel, comme pour dire que les beautés de la nature n'étaient rien à côté des splendeurs célestes ; les chemins étaient-ils pénibles et bordés de précipices, elle souriait et ne s'effrayait pas, se sentant entre les mains de son Créateur.

Souvent elle parlait de Dieu, et alors sa physionomie prenait un éclat nouveau, que la fatigue ne pouvait altérer. « Voyage du temps, disait-elle, qu'êtes-vous en comparaison du voyage de l'éternité ? et cependant les voyageurs du temps prennent mille précautions, mille soins, et les voyageurs de l'éternité croient presque toujours avoir assez fait. Les prairies, les belles terres passeront, nous n'aurons au jugement dernier que nos œuvres ! » disait-elle encore en considérant une demeure nouvellement construite sur la route du Pont.

Et à la sœur qui l'accompagnait et qui s'effrayait de quelques menaces de révolution, elle répondait : « Pauvre sœur, vous avez peur de la révolution, où est donc votre foi ? S'il faut gros de foi comme un grain de senevé pour déplacer les montagnes, il n'en faut qu'un *poussiéron* pour se tenir droite à sa place ! »

Mais c'était surtout en présence de ses filles, quand elle était arrivée, qu'il était bon et doux de se trouver auprès d'elle. Ses discours vifs et enflammés, semés de paroles ardentes, s'enfonçaient dans la mémoire comme un trait. Tantôt elle recommandait l'humilité, l'abjection, le mépris de soi-même; tantôt la charité et cet esprit d'union et de support qui adoucit, en les rendant communes, les peines et les tristesses.

Combien les sœurs étaient heureuses! Elles peuvent être détachées de tout, mais par un privilége bien permis, elles ne l'étaient pas de leur mère. Les plus jeunes, comme les plus âgées, lui témoignaient également leur bonheur. « Pauvre sœurs, ne pouvait-elle s'empêcher de leur dire, en essayant de cacher sa joie, ne mettez donc pas ainsi votre satisfaction dans des jouissances qui passent! »

Un jour qu'elles étaient toutes réunies dans la petite salle du couvent d'Entremont, l'une d'elles, d'un esprit naïf et plaisant, se prit à lui dire : « Mère, ne nous serait-il point permis de danser pour fêter votre bienvenue? — Oh! oui, mon enfant, répondit-elle en souriant, je vous le permets, pourvu que vous mettiez des clous dans vos souliers. » La petite sœur ajouta : « Il y a bien quelques jeunes filles en ce monde qui danseraient sur des clous. — Je les en défie, reprit la mère; le diable ne met pas des clous sous les nœuds de satin, il n'est pas si bête, croyez-moi. Il n'y a que le bon Dieu qui puisse donner des couronnes d'épines à ses amis, parce qu'avec la couronne d'épines, il donne les forces. Mon Dieu, mon Dieu, ajoutait-elle, donnez-nous votre croix sur nos épaules et portez-la avec nous! »

Toutes les circonstances étaient pour la mère Élisabeth le texte d'une instruction. La plaignait-on d'avoir à faire une route longue et horriblement fatigante, dans une petite charrette : « Ne me trouvez donc pas malheureuse, je vous en prie, disait-elle ; quand j'étais jeune, oh ! je vous l'avoue, je n'étais pas si dame : j'allais toujours à pied, à Grenoble, à la Chartreuse, partout : et quand la pluie venait, c'était une infusion du bon Dieu qui ne me faisait jamais de mal. »

Lorsqu'on l'arrêtait pour lui montrer une source à laquelle les habitants des montagnes prétendaient qu'on ne buvait pas impunément, parce qu'elle avait été maudite, elle répondait : « Cette eau n'est pas maudite, je vous l'affirme ; seulement, les personnes qui en ont bu et sont mortes là, devaient mourir là ! Il en arrive toujours ainsi. Pour tous l'heure est marquée : Dieu ne l'avance ni ne la retarde ; les soins exagérés, les attentions que l'on donne à son pauvre corps, ne servent de rien. Mais, entendez-moi bien, ajoutait-elle, craignant que sa parole ne fût tombée sur un terrain mal préparé, je ne vous dis pas d'être imprudentes, je vous dis d'être raisonnables ! »

Le R. P. dom Vincent Celles était mort quelques jours avant son arrivée à Entremont ; elle écoutait avec un vif intérêt les détails que les sœurs avaient recueillis sur ses souffrances, sur ses derniers instants, sur ce doux rêve de son agonie, où, se croyant à l'autel, pour célébrer la messe, il avait entr'ouvert ses lèvres et s'était écrié, ivre de joie : « Je vais donc communier ! — Oh ! quel combat, ajoutait la mère Élisabeth, joignant les mains avec une expression énergique d'amour et de foi, quel combat ! Il ouvrait son cœur à Dieu et Dieu lui ouvrait le sien !... Qui nous apprendra, reprenait-elle, ce qu'a été la vue de Dieu pour cette âme qui l'avait tant désirée ? »

A Saint-Aupre, à Entremont, à Saint-Geoire, partout où la vénérable supérieure s'arrêta, les sœurs n'étaient pas seules à la recevoir et à l'écouter : les prêtres des paroisses venaient la voir. Avec eux, elle examinait les besoins de ses filles, les moyens à prendre pour leur conduite spirituelle et les rapports souvent difficiles des supérieures et des sœurs. Son expérience, sa fermeté, l'énergie de sa nature à laquelle s'alliait une douceur et une tendresse toujours plus grandes, faisaient le sujet de leur admiration : « Quelle femme, se disaient-ils ensuite, et comme elle réalise bien le type de la femme forte dont l'Esprit-Saint nous a tracé le portrait ! »

Elle revint au couvent du Thomassin la veille de l'Assomption, heureuse d'avoir fait son devoir, et cependant assez fatiguée ; on voulait lui faire prendre quelque repos, mais elle refusa absolument.

Les vacances et la retraite annuelle ramenèrent bientôt ses filles autour d'elle ; elle les reçut avec une satisfaction extraordinaire. On eût pu croire, à sa joie, qu'elle ne les avait pas vues depuis des années. Mais c'était la dernière fois qu'elle les réunissait, et il plaisait à Dieu de donner à son cœur des émotions plus douces et plus ardentes, afin que les sœurs se souvinssent mieux de sa tendresse.

Ces vacances, si joyeusement ouvertes, se terminèrent dans les larmes.

Le P. Albert, religieux de la Salette, prêchait la retraite annuelle ; au renouvellement général des vœux, il arriva que sœur Pauline, cette compagne des premières épreuves de la mère Élisabeth, se trompa et ne renouvela ses vœux que pour un an. Le soir, en faisant aux sœurs le récit de sa faute, elle ajoutait : « Je ne suis pas en peine, Dieu corrigera ! » Elle ne disait pas comment, le matin même, elle avait demandé à Dieu de mourir avant sa chère mère Élisabeth, et comment il lui avait semblé que Dieu l'exauçait ; car depuis cette prière tout lui paraissait meilleur ou plus joyeux qu'à l'ordinaire. Jamais les jeunes sœurs ne lui avaient semblé aussi ferventes ; jamais la campagne ne lui avait paru si belle.

Sans doute elle jouit trop de la douce réunion des sœurs, et admira trop longtemps le beau soleil d'octobre dorant les montagnes, car vers le soir elle était lasse, et avant l'heure prescrite par la règle, elle demanda d'aller se coucher.

« Allez, lui répondit la mère en souriant, allez, notre chère sœur, qui ne donnez à Dieu qu'un an de votre vie, tandis qu'il se montre si prodigue envers vous. »

Quelques instants après minuit, sœur Pauline, sentant venir la mort, appelait à son aide sœur Catherine. En vain sœur Catherine lui proposa une potion pour calmer la soif qui la dévorait : « Non, non, répondit-elle, je ne veux rien prendre ; j'ai la permission de communier encore aujourd'hui. »

Sœur Madeleine accourut, soutint quelque temps dans ses bras le front de sa compagne inondé de sueur, inspira à ses lèvres mourantes les noms sacrés de Jésus, Marie, Joseph, et fit appeler l'aumônier ; mais il n'eut pas le temps d'arriver, déjà sœur Pauline expirait. Le ciel devait s'ouvrir pour elle avant que la dernière absolution et les dernières bénédictions du prêtre fussent descendues sur son front et sur son cœur.

Aussitôt que sœur Madeleine et sœur Catherine eurent reçu le dernier soupir de sœur Pauline, elles se précipitèrent tout en larmes dans la cellule de leur mère : elles avaient besoin d'être consolées. « Ne vous inquiétez pas, pauvres sœurs, leur répondit la mère Élisabeth, bien certaine du bonheur éternel de celle qui venait de leur être enlevée, ne vous inquiétez pas, sœur Pauline est morte comme elle a vécu ! »

Cette mort si prompte pouvait offrir à la mère Élisabeth de vrais motifs de consolation ; cependant elle n'en brisa pas moins son âme, et le lendemain, lorsqu'il fallut qu'elle vit partir ses filles pour Entremont ou pour Saint-Geoire, ou pour Ville-Fontaine, nouvelle école due tout entière aux pieuses libéralités de Mme de Michalon, elle n'eut que la force de les embrasser et de leur dire : — « Marchez en la présence de Dieu ! Je vous en supplie, marchez en la présence de Dieu ! Si vous marchez en la présence de Dieu, vous ne le perdrez jamais ! »

Quelques sœurs étonnées de l'abattement de ses traits et du feu de son regard qui semblait jeter un dernier rayon, la suivirent dans sa cellule. L'une d'elles demanda à ses lèvres une parole de plus ; l'autre, à son cœur, un mouvement de tendresse plus spécial et plus doux ; une autre désirait obtenir une bénédiction particulière. Elle ne sut rien refuser, ni les conseils, ni les bénédictions, ni le témoignage de son affection maternelle.

A la jeune sœur qui ne voulait qu'être bénie ; « Oh ! oui ma fille, répondit-elle, soyez bénie et avec ma bénédiction je vous donne mes dernières tendresses... »

A la supérieure qui s'inquiétait de son peu d'habileté pour le gouvernement, elle dit d'une voix ferme : « Oubliez-vous, ne pensez pas que vous commandez ! Songez seulement que vous tenez la place de Dieu, et qu'en toutes choses il est là pour suppléer à ce qui vous manque ! »

A une sœur facilement troublée, elle dit encore : « Si vos craintes vous éloignent de Dieu, chassez-les ; si elles vous rapprochent de lui, aimez-les. C'est-là le signe que je vous donne et, croyez-moi, le démon n'inspire jamais que les inquiétudes qui éloignent de Dieu ! »

On le voit, le baume mystérieux de sa charité n'avait jamais répandu de plus doux parfums !

CHAPITRE XXII

Mort de la mère Élisabeth.

« Sors, mon âme, que crains-
tu ? Il y a près de soixante et
dix ans que tu sers Jésus-Christ,
et tu appréhenderais la mort ! »
(S. HILARION mourant).

Le moment était venu : la mère Élisabeth allait
quitter son couvent et suivre, auprès du Seigneur,
cette sœur Pauline qu'elle avait tant aimée.

Déjà Dieu lui avait donné le pressentiment de
sa mort. Un jour qu'elle était venue au couvent de
Saint-Geoire, elle avait mis sous les yeux des
sœurs une croix dont le christ semblait avoir été
arraché : « Vous voyez cette croix, mes Sœurs,
avait-elle dit, elle a appartenu à un chartreux :
c'était un saint ; il avait tant baisé son christ, que
que le christ s'est usé sous ses lèvres. Cette croix
est ma croix, et je veux la donner à celle d'entre

vous qui doit me remplacer. Allons que celle qui
doit me remplacer se lève !... Sœur Marie, c'est à
vous, que je vais laisser ma croix... » Et sœur
Marie avait répondu en pleurant : — « Non, mère,
vous ne me laisserez pas votre croix ! » Mais sœur
Élisabeth avait repris : « Je vous quitterai, car
je ne dois pas vivre longtemps, et ce sera à vous
que Dieu la donnera ! »

Pendant les vacances de 1871, elle revenait
sans cesse à cette pensée de la mort. Elle disait à
une de ses filles qui voulait faire la lecture à sa
place pour lui en éviter la fatigue : « Laissez-moi
lire, allez : je ne lirai pas toujours ; le temps de
ma dernière lecture est proche ! » Et le lendemain, rencontrant une novice qui désirait un
conseil, elle s'empressa de le lui donner : « Souvenez-vous de ce que je vous dis, ajouta-t-elle,
car je ne suis pas certaine de pouvoir vous le répéter. Mes sœurs, disait-elle, vous qui savez écrire,
écrivez-donc les grâces que Dieu a faites à la
communauté et les privations que les premières
religieuses ont souffertes. Il arrivera un temps où
les vieilles ne seront plus là pour redire les miséricordes du Seigneur, et où les jeunes n'en sau-
ront rien ! »

Le jour de la clôture de la retraite, étant allée
s'asseoir sur un tronc d'arbre dans la cour avec
de jeunes sœurs, qui, confiantes et joyeuses, par-
laient des changements qu'amènerait l'année sui-

vante, et des besoins des élèves dans les différentes écoles : Oh ! l'année prochaine, dit-elle en les interrompant, il y aura des changements ; oui, mes sœurs, il y en aura... » Et revenant sur les grâces de la retraite : « Malheur à moi ! s'écria-t-elle, malheur à moi, si je ne l'ai pas bien faite, car elle est probablement la dernière ! »

L'année 1871 s'acheva. Le 10 février 1872, se sentant quelque force, elle sortit avec sœur Marie et fit dans les champs une petite promenade : l'air était très-doux et les rayons du soleil très-brillants ; en rentrant, elle s'arrêta à la chapelle et y passa une heure dans les délices de l'adoration. Sans doute elle y prit froid, car revenue dans sa cellule, elle fut saisie d'une oppression plus grande et se laissa tomber sur la chaise de paille placée près de son feu. Les sœurs s'inquiétaient : « Qu'est-ce que cela ? leur dit-elle ; un peu de faiblesse, un peu d'oppression... Oh ! qu'est-ce que cela ? »

Le lendemain était un dimanche, celui des Quarante-Heures ; elle souffrait beaucoup, cependant elle voulut suivre la communauté dans tous ses exercices. Le soir elle disait aux sœurs : « Je vous aime, je vous aime ; je donnerais jusqu'à la dernière goutte de mon sang pour sauver la plus misérable d'entre vous ! »

Le jour suivant, elle avait grand'peine à se tenir debout : mais le Saint-Sacrement était exposé à la chapelle, et elle demeura aux pieds de son Sauveur une grande partie de la journée ; et lorsqu'une circonstance quelconque la forçait à quitter ce poste de l'amour, elle en profitait pour exciter les sœurs à y venir : « L'Église souffre, leur disait-elle avec sainte Thérèse, le Pape est prisonnier : à la prière, à la prière ! »

Le 13 février elle paraissait plus affaiblie que la veille. Aussi, après avoir entendu la messe et y avoir communié, revint-elle dans sa cellule. « J'ai un point de côté qui me fait bien souffrir, dit-elle. » On s'empressa de lui donner des soins. Hélas ! les pauvres sœurs devaient acquérir bien vite la douloureuse certitude que leurs efforts étaient inutiles : car une fluxion de poitrine se déclara, et, du 14 au 18 février, le mal tourna soudainement à la mort.

Alors ce fut au ciel qu'on s'adressa, et des supplications et des instances bien vives s'élevèrent de toutes parts vers Dieu, pour obtenir à cette mère si aimée quelques années de vie. Vains désirs qui ne devaient pas être exaucés !

On l'a vu dans le cours de ce récit : l'âge n'avait pas affaibli les forces de son intelligence, et la souffrance ne devait pas altérer davantage les célestes vertus de son âme. Au contact de la mort sa foi devint, s'il est possible, plus ferme encore. Naguère quelques étrangers, arrêtés un instant dans sa chapelle, étaient demeurés frappés d'étonnement et de respect en lui voyant faire le signe de la croix. Étendue sur son lit, elle traçait ce signe de sa main tremblante avec une ardeur qui révélait toute la profondeur de sa piété.

Jamais, pendant sa vie, on ne l'avait vue inquiète un instant : moins elle avait rencontré d'appuis humains dans l'exercice de ses œuvres, plus elle avait été sûre du secours divin; et à cette confiance se joignait un amour de Dieu si hardi dans le travail, si soumis dans la peine, si humble dans la joie, que les hommes les moins pieux l'admiraient. Sur le seuil de l'éternité, cette confiance et cet amour, accrus encore, lui inspirèrent des élans nouveaux et des sacrifices jusque-là ignorés.

Mais sa charité ne l'éleva pas seulement vers Dieu. Comme la flamme, dont la loi naturelle est de monter, et qui néanmoins réchauffe autour d'elle, elle en étendait les douces ardeurs sur ses enfants, sur ses amis.

Le 11 février, déjà bien souffrante, elle refusait de prendre aucun repos avant que les sœurs qui avaient été soigner les malades dans le voisinage fussent rentrées. Le 12, elle recevait avec sa bienveillance ordinaire tous ceux qui voulaient la voir. Parmi les visiteurs, vint un jeune homme qui désirait se marier et à qui la mère Élisabeth avait promis de fixer son choix. Elle ne parlait plus qu'avec difficulté, mais elle donna à ce jeune homme tous les renseignements qu'il voulut : elle semblait ne pas se fatiguer à l'entendre et à lui répondre. Le jeune homme, en partant, déposa près d'elle quelques fruits, la priant de vouloir bien les accepter. Le 20 février, veille de sa mort, elle refusait toute nourriture ; cependant quand on lui eut offert un de ces fruits, elle inclina la tête : « Oui, dit-elle, avec plaisir ! » Sa dernière nourriture devait donc être un présent de reconnaissance offert en échange d'un acte de charité.

Les sœurs allaient et venaient en pleurant autour de son lit ; toujours mère et maîtresse, même dans la douleur, elle les renvoyait à leurs occupations. « Il faut travailler ! » leur disait-elle d'une voix entrecoupée par les suffocations, « il faut travailler, pauvres sœurs ! Comment pourrez-vous vivre sans travail ? »

La lutte semblait achevée, et cependant la mère Élisabeth veillait encore. Le 16 février, les sœurs en eurent la preuve convaincante. Une femme qu'elle chérissait dit à demi-voix auprès d'elle : « Quelle sainte ! quelle sainte ! » Il ne lui en fallut pas davantage pour entrer dans un accès d'indignation si vif, que tout son corps languissant et abattu en fut ébranlé : « Sœur Clémence, s'écriat-elle avec une énergie fébrile, quand je ne serai plus, on vous dira que je suis une sainte, ne le croyez pas. Répondez à tous ceux qui vous parleront de moi que j'ai besoin de beaucoup de prières ! »

Ensuite, elle tomba dans une espèce d'agonie.

Les souffrances étaient si fortes que ses membres se raidissaient, ses doigts se crispaient, ses yeux se fermaient. Parfois des étouffements violents lui enlevaient la respiration, alors son cœur cessait de battre. Un instant on la crut au ciel. On frotta ses mains et ses tempes avec du vinaigre ; elle revint à elle, ouvrit les yeux et, considérant ses pauvres enfants accourues toutes autour de son lit : « Je ne sais pas souffrir, dit-elle, je me plains ! — Mère, vous ne dites rien, comment voulez-vous que nous vous croyions sans courage ? » reprit une sœur toute en larmes ; et quelques minutes de moins rudes souffrances succédèrent à ce spasme qui était le premier.

On profita de cet instant de calme pour lui administrer les derniers sacrements. « Je ne suis pas prête ! » répondit-elle à l'aumônier qui lui annonçait la visite de son Sauveur. Elle répétait ainsi sur son lit de douleur ce cri que la pensée de son indignité lui arrachait à la veille de recevoir son Dieu pour la première fois. Mais le Dieu de l'Eucharistie qui avait voulu, malgré ses craintes, pénétrer dans son âme d'enfant pour l'aider à traverser la vie, voulut encore descendre en elle pour lui apprendre à vaincre les souffrances et la mort.

Pendant un évanouissement qui suivit la réception des sacrements, Mademoiselle Fanélie Aragon fit substituer de l'eau de Cologne au vinaigre ; la mourante, revenue à elle, s'en aperçut : « Sœur, vous me faites manquer à mon vœu de pauvreté, dit-elle, laissez, laissez cette eau : viendrez-vous avec votre flacon me soulager quand je serai dans les flammes? Je vous en supplie, n'adoucissez point mes souffrances, il faut que je les garde comme Dieu me les a faites! » Mademoiselle Aragon s'approcha : « C'est moi, reprit-elle, qui ai apporté cette eau, et je l'ai apportée parce que vous étiez pauvre. » Après cette parole, la mère Élisabeth ne fit plus de résistance : ayant toujours, pendant sa vie, accepté l'obole de l'aumône, elle ne devait pas sur son lit de mort repousser cette offrande de l'amitié.

Un moment, tandis qu'elle souffrait le plus vivement, la paix de l'âme lui fut enlevée. Sa conscience était pure, mais elle en perdit la certitude. Alors le combat devint triste et pénible. A la sœur qui lui disait : « Dieu est si bon ! » elle répondait : « Il est juste. » A celle qui lui disait : « Il est miséricordieux ! » elle répondait : Oui, il est miséricordieux, mais seulement pour ceux qui ont su attirer sa miséricorde ! » Elle s'écriait : « Mes sœurs, je vous en supplie, ne m'imitez pas : préparez-vous à la mort... Ne renvoyez pas votre conversion au dernier instant, le dernier instant est trop court !... Cruel péché, si l'on savait le mal que tu causes, on t'éviterait, on te fuirait! Oh ! combien sont donc malheureuses les âmes qui arrivent à l'heure de l'agonie sans aimer Notre-Seigneur : il faudrait tant d'amour pour pouvoir mourir ! »

Sœur Marie essaya de l'encourager : « Mère, lui dit-elle, ce n'est pas vous qui pouvez ne pas aimer Notre-Seigneur, puisque vous nous avez appris à l'aimer. » La pieuse fondatrice fit aussitôt de sa main affaiblie un mouvement qui signifiait : « Pas d'éloges, je vous en prie, pas d'éloges ! » L'aumônier était là ; mieux que la sœur il savait comment on pouvait encourager cette âme : « Mère, dit-il, voyez le bon larron sur la croix à côté de son Maître : il n'a aimé qu'un instant ; vous avez encore un instant pour apprendre à aimer ! Hâtez-vous, afin que lorsque Notre-Seigneur viendra, il vous trouve aimant de tout votre cœur. » Et un acte d'amour, embrasé d'ardeurs et embaumé d'humilité, s'échappait de ce cœur qui en avait produit de si tendres et de si fréquents.

Les paroles de l'aumônier, toujours si dévoué au soulagement et à la sanctification de cette âme bénie, rompirent le cours de ce mal intime, sans doute parce qu'elle était trop pure pour que les terreurs de la mort lui fussent infligées, et trop unie à Dieu pour qu'il voulût se soustraire à son regard mourant. Mais elle était mère, elle ne l'oubliait pas, et sa sollicitude ne pouvait admettre aucun repos. Non-seulement les intérêts de la communauté étaient présents à son souvenir, mais elle se préoccupait des âmes qu'elle avait conduites et qu'elle allait quitter : « Soumettez-vous à la volonté de Dieu, disait-elle à la sœur Marie, il vous aidera dans vos peines, ne pleurez pas ! — C'est votre beau-frère qui vous écrit, disait-elle à la sœur Marie-Rose, en lui remettant une lettre qu'elle venait de lire, laissez-le agir comme il voudra dans la conduite de cette affaire. Lors même que l'on est religieuse, il faut tâcher de plaire à sa famille. » Une sœur, agenouillée près de son lit, lui demandait ce qu'elle devait faire pour aller à Dieu ? Elle répondait : « Travaillez à devenir humble, obéissez à vos Règles ! » Une autre s'approchait ensuite et lui disait : « Mère, êtes-vous inquiète de mon avenir ? Non, reprenait la mourante ; seulement aimez Dieu de toutes vos forces et faites-le aimer. » — « Adieu ma sœur, disait-elle à une religieuse qui voulait recevoir un dernier conseil, adieu, remplissez exactement vos devoirs, soignez bien vos enfants. »

Une jeune élève désirait, sinon une parole, du moins un regard ; la sainte mère, comme si elle eût compris le désir de cette enfant qui ne pouvait pas pénétrer dans son étroite cellule, chargea une sœur de lui dire qu'elle l'avait vue et qu'elle la bénissait dans son cœur.

La jeune fille avait raison de désirer ce regard et d'y attacher une vertu particulière. Plus la fondatrice approchait de la tombe, plus il devenait pénétrant et profond ; il paraissait lire les plus intimes secrets des âmes, et les sœurs en étaient frappées : « Laissez-moi recevoir encore un regard de ma mère, disait l'une d'elles, j'en ai besoin pour mon salut ! »

Peu à peu les feux de ce regard allaient en s'éteignant, et ceux qui interrogeaient le visage de la malade y pouvaient lire une réponse de mort. Le 19 février, plus souffrante encore et plus faible, elle fit remettre à l'aumônier du couvent la page sur laquelle étaient écrites ses dernières volontés, appela ses filles et voulut les bénir. Mais en remuant sa main elle s'aperçut qu'elle ne pouvait plus l'élever sur leurs têtes. Alors elle dit à l'aumônier : — « Bénissez-les pour moi, car vous le voyez, je ne puis plus le faire moi-même. » L'aumônier répondit : « Mère, ce n'est pas ma bénédiction qu'il leur faut, c'est la vôtre ; » et prenant dans ses mains consacrées les mains de cette humble fille qui n'avait jamais su que filer le chanvre et préparer le repas de la communauté, il les tint longtemps suspendues sur le front de toutes les religieuses. Les larmes coulaient de leurs yeux, tandis que sur elles descendaient les derniers vœux de ce grand et noble cœur.

Lorsqu'elle eut donné ainsi sa bénédiction, l'aumônier lui demanda s'il y avait quelque chose qui pût l'inquiéter encore : — « Oh ! non, rien absolument ! » dit-elle ; ensuite, s'adressant aux religieuses, elle reprit : « Mon sacrifice est offert ;

offrez le vôtre dans le calme, soyez aussi tranquilles après ma mort que lorsque j'étais là parmi vous... Ne pleurez pas... sachez vous résigner à la volonté de Dieu ;... soyez obéissantes envers votre aumônier, afin qu'il ait la consolation de vous voir aimer et servir Dieu. Respectez vos supérieures. Oh ! que je plains celle qui prendra ma place ! je l'en supplie, qu'elle s'arme de courage ! Aimez-la ; aimez-vous les unes les autres !... Faites l'aumône de ce que vous possédez ; priez pour moi... Ne croyez pas ceux qui vous diront que je suis une sainte !... »

Elle n'eut pas la force de continuer : les sanglots des sœurs couvraient sa voix, déjà éteinte et presque haletante.

Le lendemain, vers dix heures, elle demanda à l'aumônier des prières et, saintement avide, à mesure qu'il les achevait, elle les lui faisait répéter.

Vers deux heures, elle voulut se lever, mais elle ne demeura qu'un instant hors de sa pauvre couche : elle n'avait plus de force que pour souffrir.

A quatre heures, elle prit de l'eau bénite, fit le signe de la croix, demanda encore qu'on récitât près d'elle les litanies du Sacré-Cœur et le chapelet.

Ensuite elle laissa doucement tomber sa tête sur sa poitrine ; les religieuses qui la soutenaient crurent à un assoupissement passager. Mais la mère Élisabeth ne devait plus se réveiller sur la terre.

Dès qu'elle eut cessé de vivre, les sœurs s'approchèrent les unes après les autres de son lit pour baiser ce front que la mort couronnait, et faire passer sur ses lèvres entr'ouvertes la feuille de papier sur laquelle devait être copié le testament de leur mère, car il fallait que son dernier souffle demeurât toujours là où ses derniers ordres devaient être gravés.

Voici ce testament ; il doit terminer cette notice de la vie et des vertus de la mère Élisabeth Giraud.

« Ce sont là mes dernières volontés !

« JÉSUS, MARIE, JOSEPH.

« Mes chères sœurs, je vous recommande qu'après ma mort vous choisissiez pour supérieure sœur Marie ou sœur Euphrosine ou sœur Madeleine. Celle des trois qui sera proclamée supérieure acceptera cette charge avec résignation et pour l'amour de Dieu, comme lui-même a accepté sa croix pour amour par nous. Je vous recommande le support des faibles, car il vaut mieux pêcher par bonté que par dureté. Je vous recommande l'humilité, la douceur, la patience et la simplicité. Je recommande aux sœurs de ne jamais mettre l'ancienne supérieure devant les yeux ; on n'en parlera que pour prier, car elle en aura besoin. Les sœurs aimeront leur nouvelle mère et la respecteront comme tenant la place de Dieu. Je recommande de ne pas oublier les bienfaiteurs de la communauté. Tous les ans on fera célébrer une messe pour tous les bienfaiteurs.

« On ne changera jamais rien au costume, quelles que soient les sollicitations, ni à la nourriture : qu'elle soit toujours pauvre ; ne vous plaignez jamais de rien. Observez parfaitement les vœux de pauvreté, d'obéissance, de chasteté. Faites ici une sérieuse réflexion de ne jamais rien faire à l'avenir dont vous puissiez être mécontentes à l'heure de votre mort. Je recommande Marie P..., si elle est dans le besoin, de la secourir.

« La supérieure des sœurs du Saint-Rosaire,

« GIRAUD ÉLISABETH.

« Mil huit cent soixante-quatre, le cinq novembre. »

CHAPITRE XXIII

Funérailles de la mère Élisabeth.

« Ses enfants se sont levés et
ont publié qu'elle était très-
heureuse. » (Prov. XXXI.)

Du mercredi 21 fevrier au vendredi 23, la petite chambre où était déposé le corps de la mère Élisabeth fut littéralement envahie par ceux qui voulaient la revoir encore.

La mort n'avait rien enlevé à son visage de la sérénité des derniers instants, elle reposait calme et immobile, comme le serviteur dont la tâche est finie, et qui s'est endormi sur le sein de son maître au soir de la journée. Les larmes coulaient nombreuses autour d'elle ; on faisait sans cesse toucher des chapelets et des médailles à ses mains jointes. « C'est une sainte, » répétaient entre eux ceux qui étaient venus prier... « Nous avons perdu notre sainte ! » Pauvre mère, elle n'était plus là pour repousser cet éloge que, dans son agonie, elle avait entendu avec tant de douleur !

Le vendredi venu, les Sœurs la déposèrent dans son cercueil. En la soulevant pour l'ensevelir, elles s'aperçurent que, malgré leur attention continuelle, sa robe de serge bleue, recouverte de son tablier noir, avait presque complètement disparu.

A dix heures, « cette mère au-dessus de l'admiration, » quittait le couvent qu'elle avait vu construire et dont les fils de saint Bruno lui avaient remis les clés.

Toutes ses filles la précédaient et la suivaient ; elles se pressaient contre son cercueil, comme si elle y eût été pleine de force et de vie, ou que de ses lèvres glacées eussent dû s'échapper encore des conseils et des leçons.

Le cortége à peine entré dans l'église, M. Pégoud monta à l'autel : il voulait offrir lui-même le Saint-Sacrifice pour cette âme dont il avait suivi pendant des années l'ascension vers Dieu. Un grand nombre de prêtres s'étaient réunis autour de lui, jaloux de rendre hommage à l'humble vertu d'Élisabeth.

A onze heures, les membres des diverses confréries, les religieuses et tout le cortége sortaient de l'église sur deux longues files et prenaient lentement la route du cimetière.

Pas un cri, pas un gémissement ne s'échappait

de la foule, on n'entendait que les prêtres chantant autour de ce corps, privé de vie et cependant immortel, des cantiques d'espérance et de paix.

La nature semblait sympathiser avec les regrets des sœurs et de leurs nombreux amis. Le ciel, magnifique à l'orient, s'était chargé au couchant. Le vent s'était élevé et soufflait, apportant des nuages ; le soleil ne laissait tomber que des rayons pâles et incertains.

Aucun éloge n'a été prononcé sur cette tombe. Pour les sœurs, ce silence était doux et éloquent : car quel est l'interprète de la vérité qui eût pu exprimer par des paroles ce que leurs âmes, tristes du départ de leur mère et délicieusement certaines de son bonheur, entendaient tout bas ?

Depuis ce moment douloureux, quelques voix se sont élevées proclamant la vertu et l'énergie de la mère Élisabeth : voix des malheureux qu'elle avait assistés, voix des sœurs qu'elle a laissées orphelines, voix des amis qui la cherchent toujours sur la terre, voix des supérieurs qui l'ont aidée, dirigée et bénie.

« Quelle femme ! disait Mgr Ginoulhiac en apprenant sa mort, je n'ai jamais rencontré une tête mieux organisée unie à un cœur plus généreux. »

« Quelle mère nous avons perdue ! » redisent encore sans cesse, à la vue de ce couvent où elle n'était plus et de cette tombe où son corps repose seul, tous les habitants du Pont-de-Beauvoisin qu'elle aimait d'une tendresse si dévouée, et qui ne se lassent ni dans leurs hommages, ni dans leur reconnaissance, ni dans leurs regrets !

NOTES

Acte de naissance d'Élisabeth Giraud.

Extrait des registres concernant les actes de l'état civil de la commune de la Folatière, canton du Pont-de-Beauvoisin, arrondissement de la Tour-du-Pin (Isère).

Aujourd'hui, 28ᵉ thermidor, l'an cinquième de la République française, une et indivisible, à deux heures après midi, par-devant Pierre Pascal, adjoint municipal de la commune de la Folatière, département de l'Isère, élu le 10 germinal dernier, pour dresser les actes destinés à constater les naissances, mariages et décès des citoyens, est comparu à la maison commune Claude Giraud, potier de terre, domicilié dans ladite commune de la Folatière, lequel, assisté du citoyen Jean Villeton, peigneur de chanvre, âgé de trente-six ans, et Élisabeth Giraud, journalière, âgée de vingt-trois ans, tous deux domiciliés en la commune de la Folatière, canton de Saint-Jean-d'Avelane, département de l'Isère, a déclaré à moi, Pierre Pascal, que Benoîte Burtin, son épouse en légitime mariage, est accouchée hier, vingt-sept du présent mois de thermidor, à onze heures du soir, dans sa maison, située au Mas-des-Brosses, d'un enfant femelle, qu'il m'a présenté et auquel il a donné le prénom d'Élisabeth. D'après cette déclaration, que Jean Villeton et Élisabeth Giraud ont certifiée conforme à la vérité, et la représentation qu'il m'a été faite de l'enfant dénommée, j'ai rédigé, en vertu des pouvoirs qui me sont délégués, le présent acte que le citoyen Claude Giraud, père de l'enfant et les deux témoins Jean Villeton et Élisabeth Giraud n'ont signé pour ne savoir écrire.

Fait en maison commune de la Folatière les jours, mois et an ci-dessus.

Au registre, *signé :* PASCAL, *adjoint.*

Pour copie conforme, ce vingt août mil huit cent quarante :

Le maire de la Folatière,
THIBAUD.

Nº II

Les Prêtres du Pont-de-Beauvoisin en face du serment constitutionnel.

Ce fut au commencement de février 1791 que MM. Pravaz, Blain et Duret reçurent l'ordre de prêter serment à la Constitution civile. M. Pravaz monta en chaire le dimanche suivant, à l'issue de la messe : « Nous sommes disposés, dit-il à son peuple, à prêter serment à la Constitution civile, mais seulement en ce qui concerne la nation, la loi et le roi. Ce qui a été réglé par l'Assemblée relativement au clergé doit être soumis à l'Eglise : que l'Eglise décide, et nous obéirons à l'Eglise ! »

Après ces paroles fermes et simples, il descendit de

chaire, rejoignit au pied de l'autel son frère (1), ses vicaires, et M. Vachet, directeur du Collége, et il jura avec eux de défendre les articles purement civils de la Constitution.

Mais ce serment ne convint pas aux agents de l'Assemblée nationale, et ils députèrent un des leurs au courageux prêtre, avec ces mots : « Le serment que vous venez de prêter n'est pas celui que demande la nation ; cependant, parce que votre zèle et votre dévouement ont mérité notre confiance, nous vous prions de le rétracter. — J'ai juré le serment que je pouvais jurer, répondit l'abbé Pravaz, et je n'en jurerai pas d'autres. »

Ce serment fut envoyé à Grenoble, et ordre expédié bien vite au commissaire républicain d'en demander un nouveau. Le commissaire républicain fit vainement comparaître à sa barre les prêtres du Pont-de-Beauvoisin, M. Pravaz déclara une fois de plus que ses principes et sa conscience s'opposaient à ce qu'il prêtât un serment sans restriction : qu'il jurait comme il avait juré déjà d'être fidèle à la *nation*, à la *loi*, et au *roi ;* mais que, quant à ce qui concernait la divine Constitution de l'Eglise, c'était à l'Eglise elle-même à porter des lois et point à l'Assemblée à les lui donner.

« Je déclare, reprit-il, lorsque son frère et ses vicaires eurent achevé de parler, que quelles que

---

(1) M. Jean-François Pravaz, curé du Pont-de-Beauvoisin, avait auprès de lui, en 1790, son frère Joseph-André, qui avait été Jésuite et remplissait les fonctions d'aumônier du couvent des Augustines.

soient les volontés du district, il est inutile de me demander un nouveau serment : je ne reparaîtrai plus ici pour le prêter. »

On ne demanda donc plus le serment à MM. Pravaz, Blain et Duret, et un schismatique nommé Douillet fut nommé curé du Pont-de-Beauvoisin.

Cet intrus ne prit pas possession de l'église sans difficulté. Les courageux confesseurs qui la gardaient firent valoir leurs droits et demandèrent qu'on suspendît au moins son installation jusqu'à ce qu'ils eussent reçu du gouvernement sarde la permission d'officier dans la chapelle des Carmes, construite sur la rive savoisienne ; mais on n'écouta ni les droits qu'ils faisaient valoir, ni la justice de leur cause : les agents de l'Assemblée nationale étaient pressés d'organiser la persécution au Pont-de-Beauvoisin comme elle l'était à Paris.

La veille du jour de Pâques 1793, les quatre religieux qui demeuraient encore dans le couvent des Carmes prirent la route de l'exil ; les prêtres de la paroisse étaient trop désignés pour ne pas suivre leur exemple (1). Ils allèrent attendre en Suisse et en Italie des temps plus calmes. Le commissaire républicain interdit aux fidèles l'entrée de l'église, restée jusque là un foyer d'espérance ; elle était fermée le 16 floréal 1793, lorsqu'Amar et Merlino firent leur entrée au Pont-de-Beauvoisin, et aussi le 22 prairial, lorsque sonna cette fête de l'Être Suprême, dont les tristes détails ne sont pas bannis de

____

(1) M. Duret émigra à Turin, où il fit l'éducation de deux jeunes enfants de la famille Alfieri. M. Blain passa en Itatie.

tous les souvenirs. D'ailleurs, c'est à cette date que des maisons particulières, sur les deux rives du Guiers, deviennent le refuge des choses saintes et le sanctuaire de Dieu.

La demeure de Mme Pravaz sur la place en France, celle de M. Pravaz, médecin, celle de mesdames Cretet (1), en Savoie, celle de M. J. Chevalier, ont tour à tour et même parfois en même temps, servi au culte divin. Mme Rivoire, la petite nièce de MM. Pravaz, montre encore auprès de l'église des Carmes, le réduit où se cachaient les confesseurs et la grande armoire qui contenait l'autel, la croix et les ornements sacerdotaux. Les gendarmes républicains frappaient-ils à la porte pendant la célébration des saints mystères, on fermait précipitamment les deux battants du meuble : le prêtre, seul avec son Dieu, continuait le sacrifice, et les fidèles venus pour y participer se dispersaient sous divers prétextes. Mais la difficulté de pénétrer dans ces demeures trop connues devint bientôt très-grande et, en 1795, ce fut dans les campagnes, à Domessin, à Pressins, dans des granges isolées, que M. Pravaz, revenu de l'exil, donna à son peuple de saints et mystérieux rendez-vous.

N° III

M. Falatieu.

M. Falatieu fut, en 1793, jeté dans la prison de Bourgoin avec M. Lacombe; mais son énergie ne

(1) Sœur et mère du ministre de l'empire.

l'abondonna pas ; aidé de son compagnon de captivité, il fit un trou dans le mur, acquit la conviction
que ce mur était peu épais, et le renversa à grands
coups d'épaules. Une fois hors de la prison, il dut
encore franchir un vestibule sombre et étroit, descendre les degrés d'une échelle vermoulue,et s'ouvrir
un passage jusqu'au grand chemin, où l'attendait
la liberté. Heureusement aucun gardien ne veillait
cette nuit-là.

Les deux confesseurs de la foi se séparèrent à
quelque distance de Bourgoin : M. Lacombe se rendit à la Côte-Saint-André, M. Falatieu se fixa à
Voiron, chez M. Lenoir. Pendant le jour, il était jar-
dinier et on l'appelait Jacques ; la nuit venue, il allait porter les secours de la religion aux malades du
voisinage.

La servante de M. Lenoir, quoique très-fidèle,
n'avait pas été mise dans le secret. Elle vint un jour
prier son maître de faire pour elle, au soi-disant
Jacques, des propositions de mariage ; il était, disait-
elle, si pieux, si doux, et il ne jurait jamais ! « Si
vous pouviez lui parler pour moi, ajoutait la jeune
fille, j'en serais bien reconnaissante, car je n'ose lui
parler moi-même. » M. Lenoir accepta ce mandat.
Le soir venu, ordre fut donné pour la première fois,
à la servante, de préparer un autel dans la grange :
un prêtre allait venir célébrer la messe. Elle prépara
l'autel, assista au saint-sacrifice, pria de tout son
cœur, et le lendemain, en rendant compte de sa joie
à son maître, elle lui disait : « J'ai bien prié, mais
le prêtre me donnait des distractions : il ressemblait
tant à Jacques !... » — « C'est lui, c'est lui-même,

répondit M. Lenoir; vous ne vous êtes pas trompée.. »

Le souvenir de M. Falatieu est resté présent dans la paroisse de Miribel, et l'on cite les traits audacieux de son éloquence toute sacerdotale. On raconte, par exemple, que M. d'Haussez, préfet de l'Isère sous la Restauration, étant venu ouvrir la chasse à Miribel, chez M. Desmaret, celui-ci crut devoir servir à son hôte un dîner gras : or, c'était un vendredi. M. Falatieu apprit bien vite comment dans sa paroisse on avait transgressé les lois de l'Eglise, et le dimanche il ne craignit pas de parler du scandale et de son influence sur les faibles : « Quand vous voyez, mes frères, dit-il, un préfet de Grenoble venir chez un maire pour y laisser de fâcheux exemples, détournez la tête et fuyez ! » M. d'Haussez et M. Desmaret étaient là, dans la foule, sous les yeux du prêtre. M. Desmaret se retourna vers M. d'Haussez et lui dit : « Eh bien ! me croirez-vous maintenant, quand je vous dirai que notre curé est rude ? » — « Il a fait son devoir, répondit M. d'Haussez, et nous n'avons pas fait le nôtre ! » Après la messe, on vit le préfet entrer dans la sacristie et serrer la main de ce vieux confesseur de la foi qui avait su lui dire la vérité. Depuis ce jour, M. d'Haussez fut pour M. Falatieu un défenseur et un ami.

Mais tous les habitants de Miribel n'avaient pas une âme aussi généreuse : les exhortations un peu vives du vénérable prêtre lui firent des ennemis, on le dénonça à l'évêché, et bientôt il encourut les reproches de l'autorité ecclésiastique : on alla même jusqu'à le suspendre de ses fonctions. Le clergé du diocèse en fut douloureusement ému, et M. Orcel, apprenant quelle épreuve traversait son ancien maître, lui écrivit pour lui exprimer la peine qu'il ressentait de voir qu'on avait trompé ainsi les supérieurs. — « Ne parlez ni de vertu chez moi, répondit M. Falatieu, ni d'erreur chez nos supérieurs, regardons plus haut: Dieu ne se trompe jamais. Aidez-moi à le remercier de l'occasion qu'il me fournit d'expier tant de fautes que j'ai pu commettre pendant une si longue carrière sacerdotale ! »

Le dimanche qui suivit l'ordonnance épiscopale, on vit, à la messe de paroisse, M. Falatieu se placer au pied de l'autel, comme un simple fidèle, pour recevoir cette hostie que naguère, à ce même autel il consacrait de ses lèvres et distribuait de ses mains. A ce spectacle, toute la foule éclata en pleurs et demanda sa réhabilitation. L'autorité ecclésiastique n'en voulut pas davantage et lui rendit ses pouvoirs; mais il sembla que le ciel n'était pas encore satisfait de cette réparation, car quelque temps après, le prêtre à l'instigation de qui les plaintes avaient été faites, mourait tristement ainsi que les agents dont il s'était servi.

N° IV

M. Cathiard.

Jean-François Cathiard était né à Léchaud, petit village de Savoie ; comme il avait deux oncles et deux grands oncles prêtres, il fut mis tout jeune au séminaire.

Il y achevait sa philosophie, quand un élève fut

accusé, devantlui, d'une faute qu'il n'avait pas commise. Les écoliers se soutiennent : Jean-François, qui avait de l'esprit et composait des vers avec facilité, commit une espèce de satire qui parcourut les rangs de ces condisciples, et finit par tomber sous les yeux du professeur qu'elle accusait. A la suite de cette incartade, le jeune Cathiard, qui s'était du reste dénoncé lui-même par un scrupule de générosité, quitta le séminaire à l'âge de dix-huit ans.

Il s'engagea : après les saintes ardeurs du sanctuaire, il croyait trouver quelques joies sous les drapeaux ; mais des épreuves l'attendaient à tous les pas de sa carrière militaire : Dieu voulait lui rappeler ainsi les promesses de sa jeunesse et les devoirs qu'il avait délaissés.

Fait prisonnier à Baylen en Espagne, avec tout le corps du général Dupont, il fut déporté à Cabrera.

Presque jamais il n'a parlé de ses souffrances; seulement lorsque, pendant les longues années de sa vie sacerdotale, il était obligé de traverser des passes difficiles et pénibles : « Allons, se disait-il, comme pour s'encourager au devoir, allons, qu'est-ce que cela en comparaison de Cabrera ? »

L'histoire a raconté ces jours de malédiction et d'angoisse où le pain et les aliments les plus nécessaires manquaient presque totalement aux pauvres captifs, qui se trouvaient heureux quand ils pouvaient trouver un chien ou un chat pour faire la soupe du régiment.

Un jour que le jeune Cathiard n'était pas au corps, ses compagnons tuèrent un malheureux chien qui les avait suivis, et que par pitié pour eux-mêmes,

ils avaient nommé Cabrera. Comme on aimait Jean-
François, on lui garda un petit fragment des entrail-
les du chien. Lorsqu'il revint au poste, il trouva
cette part bien belle et bien bonne.

Un autre jour la famine était encore plus affreuse.
On dévora le foie d'un jeune soldat, mort d'inani-
tion ; mais par respect pour Cathiard, on n'osa lui
offrir sa part de ce festin de cannibale.

Outre la faim, les pauvres soldats enduraient une
soif cruelle. Un orage venait-il jeter un peu de pluie
sur leur rocher de Cabrera, ils se précipitaient sur
cette eau, et la recueillaient comme si elle eût été
cette fontaine du village, vive et joyeuse, où, dans
leur jeunesse, ils allaient se rafraîchir.

Beaucoup mouraient à la peine ; ceux qui survi-
vaient se partageaient leurs vêtements, pauvres lambeaux qui couvraient à peine leurs membres exposés aux rayons ardents du soleil pendant le jour, et
aux froides rigueurs de la nuit.

Jean-François, comme sergent-major, était chargé
de distribuer les vivres. Avec une conscience moins
droite et un cœur moins charitable, il eût pu se réserver quelque chose de ce qu'il donnait ; mais il ne
garda jamais rien : il lui semblait qu'en de telles
circonstances le moindre détournement eût été un
forfait. Aussi le prêtre chargé d'assister les pauvres
prisonniers apprécia-t-il bientôt cette âme noble et
généreuse, active et forte, énergique et franche.
Souvent, il l'appelait auprès de lui, et François allait
volontiers lui demander des conseils. Une nuit, la
nuit de Noël, l'aumônier prépara le sergent à recevoir son Dieu. Jean-François se souvint toute sa vie

de cette communion faite sur le rocher de Cabrera ; quand il en parlait, c'était avec une émotion que les années n'affaiblirent point.

Peu de temps après, il voulut fuir ces lieux où l'attendait une mort certaine : il se jeta donc, à la faveur des ténèbres, sur le bâtiment qui allait en Espagne chercher les vivres ; mais à peine débarqué, il fut reconnu, arrêté, et conduit sur le ponton *la Castille*, à l'ancre dans la baie de Cadix.

Il avait passé neuf mois à Cabrera ; il passa de longs jours encore sur ce ponton... Un soir qu'il était plus inquiet de l'avenir que de coutume, parce qu'il sentait ses forces décroître et se perdre, il recommanda son âme à Dieu et se jeta dans les flots : « Savez-vous nager ? » demandait-il dans sa vieillesse aux jeunes gens qui venaient le voir... « J'ai été bien heureux, ajoutait-il, oh ! j'ai été bienheureux, une fois dans ma vie, de savoir nager ! »

Arrivé sur la terre espagnole, si hostile alors aux Français, il se cacha d'abord, puis après quelques jours de repos, il songea à sa patrie, et résolut d'y retourner.

Deux routes s'offraient à lui également difficiles : l'une conduisait aux pieds des Pyrénées, l'autre sur les rives de la mer, en face de l'île de Sardaigne. Les Pyrénées étaient gardées par des forces importantes, il choisit la voie qui suivait le rivage et se mit en marche résolûment.

Elles devaient être dures ces journées ardentes, se succédant l'une à l'autre, amenant chacune leurs privations et leurs périls ; cependant le courage du jeune sergent ne se démentit pas, et il savourait un bonheur inconnu quand, après avoir cheminé de longues heures sous un soleil brûlant, il trouvait une pauvre chaumière où il pouvait demander du pain. Un jour qu'il avait cherché longtemps cette humble aumône et ne l'avait pas trouvée, il allait, accablé de fatigues, s'étendre sous quelques broussailles pour se reposer, lorsqu'il s'aperçut qu'on le poursuivait... Mille inquiétudes s'élevèrent à la fois dans son pauvre cœur agité ; mais il se sentait abrité par la protection de la Sainte-Vierge.

Non loin du chemin, sur une colline élevée, se trouvait un sanctuaire. Il y courut ; plus il faisait d'efforts pour l'atteindre, plus les trois soldats qui le poursuivaient semblaient retoubler d'ardeur. Enfin il arrive, ivre de joie, haletant. Cette chapelle était un lieu de refuge, il le reconnaît, il se précipite au pied de l'autel, baisant et inondant de ses larmes ce parvis, où les hommes armés qui couraient à sa suite n'osèrent pas le saisir.

Comment vécut-il dans ce lieu de refuge ? Comment parvint-il à s'en échapper ? Comment aborda-t-il sur cette terre de Sardaigne, où nous le retrouvons ? nul ne le sait. Il n'a jamais dit qu'une chose à sa famille, c'est que là, sous les yeux de Marie, il avait fait vœu, s'il revoyait jamais le petit clocher de Léchaud, de composer un livre à sa gloire (1).

---

(1) Ce livre a été le *Manuel du Rosaire*. Peu de temps avant sa mort, il vit en songe Marie, assise et tenant sur ses genoux une foule d'ouvrages que ses enfants lui avaient offerts : parmi ces ouvrages était le *Manuel*. Grande fut la joie du saint prêtre ; mais sa joie redoubla encore quand il aperçut la Sainte-Vierge, prenant son livre et le tenant serré dans ses mains,

A peine débarqué en Sardaigne, il fut accusé d'une
faute, mis en prison et condamné aux verges. Dieu,
qui pour le rappeler à lui, l'avait livré à la captivité, à la faim, à la soif, au froid, aux angoisses de
toute nature, à la honte même d'une condamnation
imméritée et odieuse, ne lui laissa pas subir ce sup-
plice infamant. Madame de Monticelli (1), femme
d'un des premiers musiciens du roi de Sardaigne,
apprenant qu'un de ses compatriotes allait passer par
les verges, mit tout en œuvre pour obtenir sa grâce.
Lorsqu'elle eut réussi, elle descendit dans le cachot
du pauvre Jean-François ; elle l'y trouva couché sur
un peu de paille et dans le plus complet dénûment.
— « Levez-vous, lui dit-elle, et suivez-moi, j'ai
obtenu votre grâce !... » Le jeune soldat lui témoigna
bien sa reconnaissance, mais il refusait de la suivre.
—« Et pourquoi ne voulez-vous pas venir ? reprit-elle.
— C'est que je suis dévoré par la gale, répondit-il
enfin. — Oh ! qu'à cela ne tienne, ajouta Mme de
Monticelli, venez, nous vous soignerons et vous
donnerez des leçons de français à mes enfants qui
ne connaissent encore que l'Italien. »

Cette proposition sourit à Jean-François, il quitta
sa prison, et comme il avait été un des premiers
dans ses chères classes du séminaire d'Annecy, il

comme si elle eût voulu dire : « Celui-ci est vraiment à moi.
C'est pour moi qu'il a été fait. C'est le cri du cœur d'un de
mes fils les plus chers. »

(1) Mme de Monticelli appartenait à une bonne famille d'Annecy ; mais elle s'était aliéné le cœur de ses parents en quittant
le couvent, où elle avait été mise comme pensionnaire, pour
suivre un jeune musicien sans fortune et inconnu.

put reconnaître, par ses bons enseignements, la charité de celle qui l'avait sauvé. Il ne tenait qu'à lui de se fixer pour toujours dans l'île de Sardaigne, où « il trouvait des occupations, des amis, et même un établissement avantageux, » disait-il un jour en riant lorsqu'il fut devenu prêtre, mais l'amour de la patrie, qui lui avait fait vaincre tant de difficultés et supporter tant de souffrances, l'emporta encore ; il désira revoir ses montagnes, et il partit un beau jour (1).

En arrivant à Annecy, il apprit que son frère ainé, devenu prêtre, professait au grand séminaire : il y alla. Son frère, en l'apercevant, fut transporté d'une joie si grande, si imprévue, qu'il tomba dans ses bras sans connaissance.

Ensuite, il eut hâte de revoir le foyer natal, où sa mère, son père, son plus jeune frère et sa sœur l'avaient pleuré et portaient son deuil. Il y courut, frappa à la porte : on lui ouvrit... et comme dans la cellule du professeur d'Annecy, la joie de le revoir fut trop vive pour n'être pas jointe à cette indescriptible émotion de l'âme qui arrête, en un instant, toute parole sur les lèvres, tout battement au cœur.

Jean-François Cathiard était à peine rétabli de ses fatigues, lorsqu'il reçut le brevet de sous-lieute-

(1) L'adieu qu'il dit alors ne devait pas être éternel. Mme de Monticelli revint plus tard à Annecy. M. Cathiard l'y visita, et chaque année il prélevait, sur sa modique fortune, une petite somme qu'il offrait à sa bienfaitrice, tombée dans le plus complet dénûment.

nant, et l'ordre de rejoindre son drapeau. L'invasion
de 1814 ne lui en laissa pas le temps ; mis en demi-
solde sous la Restauration, il fut nommé capitaine
de la garde nationale d'Annecy, pendant les Cent-
Jours ; mais lorsqu'on lui apporta ce brevet de capitaine, il était occupé à écouter Dieu. Dieu, en effet,
lui parlait, il l'attirait à lui ; et le jeune soldat, le
revenant de Baylen, de Cabrera, de Cadix, était heureux de retrouver, sous les grands arbres qui avaient
ombragé son berceau, dans la petite église où il
avait prononcé ses premières prières et offert ses
premiers actes d'amour et de foi, la grâce de la vocation sacerdotale.

Il ne devait pas la laisser périr : son âme religieuse
y avait été merveilleusement prédestinée, même par
les tristesses de la vie ; et Dieu en lui demandant
le sacrifice de sa liberté, n'eut ni à le foudroyer
comme Paul, ni à l'arracher à la servitude des sens
comme Augustin.

Le désastre de Waterloo brisa bien vite les derniers obstacles qui s'élevaient encore entre le camp
et le séminaire. Jean-François prit aussitôt la route
qui conduisait de Léchaud à Grenoble.

Il alla, vêtu en grenadier, frapper à la porte du
grand séminaire et y demander son admission.

M. Bossard, alors supérieur, ne le connaissait pas.
Il n'osait ni lui permettre d'entrer, ni l'engager à
sortir. Heureusement, Jean-François parla du séminaire d'Annecy, où il avait fait ses premières études,
et M. Rey, grand-vicaire de Chambéry, alors à Grenoble, put répondre pour lui.

Quelques années après, lorsque M. Rey eut été

sacré évêque d'Annecy, M. Cathiard lui écrivit pour lui rappeler ce souvenir. Mᵍʳ Rey ne l'avait point oublié : « Certes, il date déjà d'un peu loin, lui répondit-il, mais il se fortifie avec les années, maintenant surtout que placé à la tête d'un immense troupeau, j'ai un besoin si grand des miséricordes du Seigneur. Vos bonnes prières les attireront sur moi, mon cher Cathiard, et vous aimerez à l'autel, j'en suis convaincu, à songer un peu à celui qui s'est employé à ouvrir la porte qui vous y a conduit... »

M. Rey ne se trompait pas en pressant le directeur du grand séminaire de recevoir le jeune officier. Déjà, il avait une âme d'apôtre sous l'uniforme du soldat ; au séminaire, cette âme grandit encore. Jetée subitement de l'agitation des camps au calme d'une sorte de cloître, elle se sentit émue, pénétrée par ce religieux silence, vivifiée par l'atmosphère de piété et de foi qu'on y respirait.

Fait prêtre la veille du dimanche de la Trinité, il fut envoyé comme vicaire à Voiron ; de Voiron, où il passa trois ans, et où la population se souvient encore de son zèle, il passa à Saint-Egrève, de Saint-Egrève à Moirans, de Moirans au Pont-de-Beauvoisin.

Tandis qu'il était curé à Saint-Egrève, il prêcha deux stations de carême à la cathédrale de Grenoble.

Le pouvoir civil, se souvenant de son courage, lui avait offert la croix d'honneur ; l'autorité ecclésiastique admirant son zèle, que les années n'affaiblissait point, lui offrit un camail de chanoine honoraire et plus tard un canonicat.

Il refusa d'aller occuper une stalle à la cathé-

drale de Grenoble : c'était au Pont-de-Beauvoisin
qu'il devait mourir, à soixante-douze ans, après
avoir fait le bien et combattu les vrais combats du
Seigneur.

***

N° V

Marie Devaux.

Marie Devaux naquit à Saint-Geoire en 1791, et
parce que ses parents avaient une famille nombreuse,
ce fut sa marraine, Mme Dode, qui se chargea de son
éducation. Mais elle ne travailla pas seule à cette
œuvre : tandis qu'elle déposait de sages et d'utiles
conseils dans l'esprit de la jeune fille, l'Esprit-Saint,
par ses touches secrètes, formait son âme, la déli-
vrait de toutes les vanités de la vie, la fortifiait contre les faiblesses de la nature et la préparait d'avance
à la mission de charité et de dévouement qu'elle devait remplir.

Elle était à peine âgée de vingt-quatre ans, quand
Mme Dode mourut, la confiant à sa sœur, Mme Pravaz, qui habitait au Pont-de-Beauvoisin. Déjà Marie
avait pu apprécier la vertu de cette femme ; elle ne
tarda pas à se lier intimement avec sa fille,
Mlle Agnès, et bientôt les prières, les mortifications
et les actes de charité leur devinrent communs. Non-
seulement elles allaient ensemble visiter et consoler
les malades, mais elles attiraient près d'elles les petits enfants qui ne pouvaient point apprendre le ca-

téchisme, et pendant des heures entières elles le leur faisaient réciter. Un jour quelques soldats, logés chez madame Pravaz, traversèrent la cuisine, tandis qu'elles étaient occupées à ce pénible travail ; après avoir admiré leur patience, ces jeunes hommes finirent par s'avouer tout bas qu'ils ignoraient eux-mêmes ce que ces pieuses filles enseignaient aux enfants ; l'un d'eux avoua qu'il n'avait pas fait sa première communion. Cette révélation fut un trait de lumière pour Marie Devaux ; tout de suite elle les invita à s'asseoir sur les bancs des petits enfants, et le lendemain ils étaient quinze à écouter le catéchisme, à répondre aux questions et à se préparer avec toute l'ardeur que savaient leur inspirer leurs pieuses catéchistes, à cette première communion qu'ils n'avaient point faite encore.

Cinq ou six semaines après, la cuisine de Mme Pravaz était devenue trop étroite. Bientôt deux salles s'ouvrirent, l'une en France, l'autre en Savoie, où Marie Devaux allait tous les jours enseigner aux militaires la loi divine et les mystères de la foi.

Mais elle était pauvre, et Mme Pravaz ne pouvait plus longtemps lui donner asile. Elle entra donc comme servante chez un médecin nommé M. Rosset, ami dévoué de la famille qu'elle venait de quitter.

Ce médecin, loin d'entraver son zèle, en aida, en protégea, en patrona les œuvres. Il passait chaque année six mois au Pont-de-Beauvoisin, et six mois en Savoie dans les environs d'Albens ; Marie le suivait et trouvait sur ce théâtre nouveau mille occasions de charité : c'étaient des enfants difficiles qu'on

avait renoncé à instruire, des jeunes gens qui n'a-
vaient pas fait leur première communion, des jeunes
filles désirant apprendre à l'école de son cœur le
dévouement et le sacrifice ; ou encore, en passant à
Chambéry, les malheureux détenus languissant et
irrités sous les verrous de leur prison.

Les prêtres des paroisses auraient pu facilement
être prévenus contre cet apôtre infatigable, mais ils
respectaient son zèle, et même ils réclamaient son
secours au moment des missions. M. Favre, le prédicateur de la Savoie, quand il prêchait à Chambéry,
aimait à penser que cette simple fille était là, dans
son auditoire, prête à porter ensuite aux consciences les plus troublées ou aux âmes les plus éloignées
de Dieu, ses encouragements et ses leçons ; Mlle de
Kersabieck, fixée momentanément dans la famille
de Boigne, s'intéressait à ses travaux et la suivait
chez les pauvres ; les grands vicaires de Chambéry
et d'Annecy admiraient également l'essor de sa
charité.

Partout où elle passait, son zèle laissait un sillon
que d'autres femmes courageuses et pieuses, mais
moins ardentes qu'elle, étaient heureuses de suivre.

La mort de M. Rosset, en lui laissant quelques
ressources, lui permit de quitter la Savoie ; elle se
rendit alors à Grenoble, où elle ne tarda pas à trouver auprès des soldats de la citadelle et des prisonniers le labeur que demandait son énergique foi.
Souvent elle conduisait des amies dans ces prisons
où sa parole ardente, émue et éloquente trouvait
tant d'échos.

On pourrait croire qu'ainsi transplantée, Marie

Devaux devait remplacer facilement les affections anciennes : mais il n'en était rien. Elle gardait dans un cœur, qu'aucun souffle n'ébranlait parce qu'il était solidement affermi en Jésus-Christ, le souvenir de tous ceux qu'elle aimait ; sans cesse ils lui étaient présents.

Elle ne put oublier Élisabeth Giraud qu'elle avait vue, petite enfant, mendier le pain de sa pauvre mère, et qu'elle avait retrouvée ensuite jeune fille et tout embrasée de charité. L'une des premières, elle crut à la mission dont Dieu l'avait revêtue, et lorsqu'elle passait au Pont-de-Beauvoisin, elle allait la voir pour l'encourager et l'aider.

On raconte que souvent, quand elle prenait sa part du repas de la communauté, elle se plaignait de son indigence personnelle, car elle eût voulu, disait-elle, posséder beaucoup pour pouvoir beaucoup donner .

Le testament de M. Rosset devait lui permettre de satisfaire cet intime désir : à peine fut-elle en possession de la petite maison que le médecin possédait au Pont-de-Beauvoisin, qu'elle vint l'offrir à son amie.

Quelle fut sa joie, lorsque au mois d'octobre 1848, elle y trouva les sœurs installées et faisant la classe aux petits enfants ! Ce premier établissement, qui n'exigea de la mère Élisabeth aucun sacrifice et ne coûta aucune larme, faillit être condamné dès sa naissance à une sorte d'impuissance et de mort ; mais Marie Devaux était là, prête à donner son sang et ses forces pour soutenir l'œuvre de son amie.

Sa correspondance témoigne de son affection désintéressée et dévouée, comme aussi de l'entier abandon de son âme dans l'âme de sa chère Élisabeth : tantôt elle la charge de la remplacer auprès de ceux qu'elle voudrait recevoir, tantôt elle la prend pour intermédiaire auprès de Dieu : « Que de bienveillance on témoigne à votre vieille Marie, lui écrivait-elle en 1854, du Sacré-Cœur de Montfleury, que de soins on a d'elle ! aidez-la à rapporter tout à notre bon père, afin que recevant tout pour Dieu, que voyant tout en Dieu, elle vive en une continuelle action de grâces ! »

C'est à Grenoble surtout, dans les derniers temps de sa vie, qu'on la vit déployer tout son zèle. Les pauvres prisonniers, les soldats, les jeunes filles frappées par quelque peine judiciaire et désireuses de revenir au bien, trouvaient en elle une amie de tous les instants, une consolatrice dévouée, un apôtre infatigable.

Une telle vie devait s'achever sous les yeux, dans les bras de la mère Élisabeth. Aussitôt que Marie Devaux se sentit mortellement atteinte, elle vint prendre sa place près d'elle, dans la petite maison du docteur Rosset.

Sa maladie fut longue et douloureuse ; mais les souffrances n'interrompirent ni ses actes de piété, ni ses œuvres de miséricorde. Les soldats de la garnison, apprenant qu'elle ne pouvait plus aller à la caserne, venaient s'asseoir près de son lit, et elle les instruisait ; les pauvres pleuraient en la voyant languir. Élisabeth et ses filles ne purent, malgré leurs soins, la retenir sur la terre ; le 2 juin 1860, elle exhalait son âme, préparée par le travail et la douleur à toutes les joies du ciel.

Nᵒ VI

Le Révérend Père dom Jean-Baptiste Mortaize, soixantième supérieur général des Chartreux.

Le R. P. dom Jean-Baptiste Mortaize vint au monde, pendant le cours du mois de mars de l'année 1798, au village de Rabat, à quelques kilomètres de Tarascon-sur-Ariége. Il reçut au baptême les noms de Joseph-Casimir. Sans être riche, sa famille était dans l'aisance. Les vertus patriarcales et le caractère profondément chrétien de son père, Etienne Mortaize, étaient connus et appréciés dans le pays. Sa mère, Anne Rousse, était une femme pieuse et forte, pleine de vertus et de mérite. Elle donna le jour à quatre enfants. Joseph-Casimir fut le second ; deux de ses filles entrèrent plus tard au Carmel de Pamiers ; la troisième se maria et devint à son tour une excellente épouse et une bonne mère de famille. Son fils est aujourd'hui un digne prêtre, et l'une de ses deux filles est morte en odeur de sainteté dans ce même Carmel où étaient venues se sanctifier ses tantes.

La divine Providence semble avoir voulu se réserver à elle seule l'éducation du jeune Casimir. Il per-

dit sa mère presque avant d'avoir pu apprécier sa
tendresse, et il avait à peine huit ans quand son
père mourut.

Les heureuses dispositions dont il était doué n'é-
chappaient à personne. A la demande de ses parents,
le curé de la paroisse, ami dévoué d'Etienne Mortaize,
voulut bien se charger de lui donner les premières
leçons de latin. Un peu plus tard, on l'envoya continuer ses classes au collége de Pamiérs, où des
succès marquants vinrent couronner ses efforts. La
droiture de son caractère et la régularité de sa conduite commencèrent dès lors à lui gagner des amis
dont l'affection ne devait jamais se démentir.

A cette époque, Pamiers faisait encore partie de
la circonscription diocésaine de Toulouse. Ce fut
donc au grand séminaire de cette dernière ville que
notre jeune étudiant alla suivre les cours de théologie. L'amour de l'étude joint à des talents remarquables, l'esprit de pénitence et de piété, tout en lui
faisait espérer un bon prêtre et un excellent pasteur
pour les âmes.

Mais Dieu avait d'autres vues : à peine ordonné
diacre, il annonça le dessein de se faire religieux. Sa
résolution était prise, rien ne put le retenir.

Après une visite rapide à la Trappe d'Aiguebelle,
il se rendit à la Grande-Chartreuse.

Le 9 avril 1824, il était admis à commencer le
postulat du novice. Il laissait le monde derrière lui,
il entrait en cellule, il se trouvait seul à seul avec
Dieu.

Il nous reste peu de détails sur ce temps de sa vie.
Les épreuves ne lui manquèrent pas. Bannis de leur

solitude par la grande Révolution, les Chartreux
n'avaient pu y rentrer qu'en 1816. Or, pendant les
huit années qui venaient de s'écouler, c'était à peine
si l'on avait pu s'établir d'une manière convenable.
Les ressources étaient plus que restreintes, les bâtiments avaient besoin de réparations énormes ; la
ferveur et l'abnégation des religieux ne pouvaient
suppléer à tout, et il fallait, bon gré mal gré, passer
par toutes les souffrances qu'entraîne nécessaire-
ment avec soi un travail de restauration aussi considérable que l'était celui du monastère de la Chartreuse.

Dom Jean-Baptiste sut se mettre au-dessus de ces
premières difficultés. Sa régularité, sa modestie, ses
progrès dans les vertus religieuses attirèrent bientôt
l'attention de ses supérieurs, qui purent fonder sur
lui les plus grandes et les plus légitimes espérances.

Il fut admis à faire profession le 24 juin 1825.

Presque aussitôt après cet acte solennel, on le
chargea d'enseigner la théologie aux jeunes religieux.
Puis on lui confia le soin d'initier les postulants à la
récitation de l'office divin et aux divers usages et
cérémonies propres à l'ordre de Saint-Bruno.

Au mois de septembre de la même année, ses supérieurs l'envoyèrent à Grenoble pour y recevoir
l'ordination sacerdotale. L'humble effroi que lui
inspirait le ministère du saint autel l'engagea à re-
culer au moment décisif ; il rentra sans être prêtre.
Aux Quatre-Temps de Noël, on l'envoya à Chambéry,
et ce fut Mᵍʳ de Rigex qui lui donna l'onction sainte
et lui conféra le pouvoir de consacrer le corps et le
sang du Sauveur. C'était le 17 décembre 1825.

Deux ans après, dom Jean-Baptiste fut chargé de la direction du noviciat de la Grande-Chartreuse. Inutile de dire qu'il s'acquitta de cet office à la satisfaction commune des supérieurs et des jeunes religieux qu'il était obligé de former. Austère et dur pour lui-même, son exemple était une exhortation continuelle à l'esprit de pénitence. Plein de tendresse et de vraie charité pour ses novices, il se montrait en même temps plein de vigilance, de zèle et de fermeté pour leur faire observer exactement la règle. Il leur enseignait la pratique de l'oraison, il leur inculquait l'amour de la solitude, l'obéissance, la fidélité à tous les exercices de la vie monastique ; il les soutenait dans leurs tentations et leurs épreuves et profitait de tout pour leur donner une haute idée et une véritable estime de leur sainte vocation.

En 1829, il fut nommé vicaire de Chartreuse. Le religieux désigné pour le remplacer dans la conduite du noviciat n'ayant pu accepter immédiatement cet office, dom Jean-Baptiste dut pendant quelque temps cumuler l'un et l'autre emploi.

En dehors de l'importance qu'il a par lui-même, le vicariat de la Grande-Chartreuse offrait alors des difficultés particulières. Le R. P. Général, dom Benoît Nizzatti, était profès de le maison de Turin ; ses infirmités ne pouvaient lui permettre un séjour prolongé au désert de saint Bruno ; il passait chaque année quelques mois à la petite chartreuse de Curière, dont le climat est notablement moins rude ; il faisait lui-même la visite des maisons d'Italie, se reposant, pour ce qui concernait sa principale communauté, sur les soins et l'intelligente direction du jeune religieux que Dieu lui avait donné pour bras droit. Le R. P. dom Benoît Nizzatti étant mort à Turin, le jour même de la fête de saint Bruno, 6 octobre 1831, après les jeûnes et les prières d'usage pour l'élection du nouveau supérieur général, les religieux durent manifester leur choix par le vote. Au premier tour de scrutin, presque toutes les voix nommèrent dom Jean-Baptiste Mortaize. Il n'avait que trente-trois ans.

Chargé si jeune de la direction de l'ordre auquel il appartenait, le nouveau Révérend Père avait une tâche immense à remplir.

A cette époque, le monastère de la Grande-Chartreuse était loin de l'état de prospérité où il se trouve aujourd'hui. Lorsqu'en 1816, le vénérable P. dom Romuald Moissonnier y était venu de la Part-Dieu (1), il l'avait trouvé dans un état de désolation indescriptible. Depuis, tant bien que mal, les religieux s'étaient installés, mais à elle seule cette installation avait absorbé tous les efforts des deux premiers supérieurs généraux, dom Grégoire Sorel et dom Benoît Nizzatti. Quinze années de travaux et de sévères économies n'avaient pu suffire à rendre le monastère entièrement habitable.

L'observance religieuse elle-même souffrait en plus d'un point du grand âge des religieux, de la diversité des us et coutumes apportés par eux de toutes les maisons dont ils étaient originaires, mais surtout de l'interruption forcée de toutes les tradi-

---

(1) Une des deux chartreuses de la Suisse, les seules qui n'aient pas été supprimées pendant la Révolution et l'Empire.

tions carthusiennes pendant les trop longues années de la République et de l'Empire.

Et cependant ce n'était là qu'une partie de l'œuvre que Dieu confiait à son serviteur. Cette œuvre, c'était la restauration de l'ordre de saint Bruno tout entier. De soixante-quatre monastères que cet Ordre célèbre comptait en France avant la grande Révolution, il ne restait absolument que la Grande-Chartreuse, avec Curière pour dépendance, et une maison récemment achetée à Mougère (Hérault). Quelques religieuses de l'Ordre avaient pu s'établir à Beauregard, en 1821 ; l'état de gêne dans lequel elles vivaient approchait fort de la misère.

Supprimés en Italie, comme presque tous les autres Ordres religieux, les Chartreux avaient pu se rétablir après la chute de Napoléon Ier, mais quelques-unes de leur communautés étaient si peu fournies de sujets que leur suppression était à peu près résolue.

En Suisse seulement, les deux chartreuses de la Part-Dieu, dans le canton de Fribourg, et celle d'Ittengen, dans le canton de Thurgovie, se retrouvaient à peu près telles qu'elles étaient avant les mauvais jours de 89.

Or, pour subvenir à tant de besoins et relever tant de ruines, les ressources étaient plus que modiques. La liqueur de Chartreuse n'existait pas encore ; les anciens religieux recevaient de l'Etat 500 francs de pension annuelle ; les prairies du monastère permettaient chaque année l'élevage de quelques pièces de bétail ; on vendait pour 4 ou 500 francs d'élixir, et c'était tout... Pour le surplus, chaque religieux devait tirer ce qu'il pouvait de son patrimoine. C'est dire qu'en ressources assurées il y avait à peine de quoi vivre.

Au dehors, et vis-à-vis des populations environnantes, le monastère se trouvait dans une sorte d'isolement. On ne pouvait faire encore les aumônes considérables qui devaient plus tard concilier tant de sympathies aux Chartreux. En 1792, leurs propriétés avaient été mises en vente et achetées à bas prix par des gens de la localité; elles devenaient pour leurs possesseurs, sinon une source de remords, au moins un sujet d'inquiétude; on semblait craindre qu'il ne vînt une heure où il faudrait restituer. L'Etat s'était adjugé les riches forêts de Chartreuse, sauf à concéder chaque année le bois de chauffage des religieux; et cette concession elle-même était si peu garantie, que l'année précédente (1830) il avait été question de la leur refuser. Généralement parlant, les idées du jour étant moins que favorables aux Ordres réguliers, les administrations locales suivaient le courant; se sentant soutenues, elles étaient facilement exigeantes et antipathiques.

Certes, il y avait de quoi effrayer le courage le plus intrépide et la volonté la plus absolue. Mais Dieu qui avait créé le nouveau supérieur général pour la mission qu'il lui donnait à remplir, lui avait aussi largement départi les dons de la nature et de la grâce nécessaires à l'accomplissement de son œuvre.

D'une taille à peine au-dessus de la moyenne, le R. P. dom Jean-Baptiste Mortaize était d'un tempérament fort et robuste, capable de supporter les plus rudes privations et les travaux les plus continus ; actif à l'œuvre sans empressement, on sentait, en le voyant agir, que tout ce qu'il faisait était pesé et mûri d'avance par l'habitude de la réflexion et de la vie intérieure. Avec une rectitude de jugement et une énergie de volonté peu communes, il allait droit au fond des choses ; s'il rencontrait quelque résistance, il savait attendre, mais non pas biaiser pour arriver à ses fins. La pratique de la mortification chrétienne lui avait donné sur lui-même un empire absolu : il en résultait dans toute sa conduite une parfaite égalité d'humeur. En affaires, il lui fallait peu de mots. Au premier abord, la modestie et l'humilité le faisaient paraître timide, réservé, presque froid ; et, à la vérité, il ne s'ouvrait pas indistinctement avec tout le monde ; mais dans les épanchements de l'amitié, son cœur se découvrait sans effort et laissait voir la bonté la plus exquise, avec des attentions et des délicatesses de charité dont ses amis eux-mêmes restaient quelquefois surpris.

A l'intérieur du monastère, rien n'échappait à sa vigilance : son coup d'œil était pénétrant, le discernement des esprits lui était en quelque sorte naturel. Il voulait la restauration complète de son Ordre, mais il ne pouvait la comprendre en dehors de l'observance de toutes les règles ; il les connaissait à fond, et on lui doit cette justice de dire qu'il ne négligea rien pour les faire exactement observer. A cet égard, peut-être, il dut paraître sévère à des âmes moins généreuses que la sienne ; cependant jamais il n'exigea de personne tout ce qu'il pratiquait lui-même, et quand il reconnaissait des besoins réels, il comprenait largement la nécessité des dispenses. Ajoutons encore que plus tard l'âge et la pratique des hommes semblèrent adoucir beaucoup ce qu'il pouvait y avoir d'un peu rude dans le jeune supérieur dont nous parlons ici.

Le jour même de son installation il se mit à l'œuvre, en réclamant la stricte observance du statut carthusien ; lui-même en devint l'expression vivante. Loin de se relâcher dans la pratique de ses austérités habituelles, on le vit réduire presque à rien le peu de temps qu'il accordait soit au repas, soit au sommeil. Les règles de l'Ordre prescrivent chaque semaine un jour d'abstinence au pain et à l'eau, il en fit trois. Toujours le premier au chœur, il animait tout le monde par son exemple, et même au plus fort de l'hiver, lorsqu'après les offices prolongés de la nuit, il rentrait dans sa cellule, il ne faisait pas de feu pour réchauffer ses membres engourdis par le froid.

Les ressources étaient modiques ; à force d'ordre, de vigilance, d'économie et de confiance en Dieu, on put satisfaire aux besoins les plus urgents ; la divine Providence envoya des aumônes, à la longue on acheva les réparations du monastère. Sans architecte, on vit le supérieur général diriger lui-même les travaux qu'il faisait entreprendre, et plus d'une fois mettre la main à la pelle et à la pioche comme le dernier des manœuvres.

En 1835, déjà la chartreuse de Valbonne, dans le département du Gard, et celle de Bosserville, près de Nancy (Meurthe), avaient été rachetées. Dom Jean-Baptiste sollicitait de Rome les dispenses né-

cessaires pour le rétablissement des chapitres généraux. Le 2 juillet 1837, toutes les difficultés étaient
aplanies, et ces grandes assises de l'Ordre, interrompues depuis près d'un demi-siècle, reprenaient définitivement leurs cours.

Il serait impossible, dans un abrégé aussi succinct
que celui-ci, de donner une idée exacte des travaux
accomplis par ces assemblées générales sous le gouvernement du R. P. dom Jean-Baptiste. Il suffit de
dire qu'en réunissant à des intervalles périodiques
tout ce que l'Ordre des Chartreux comptait d'hommes remarquables par leurs talents, leur expérience et leurs vertus, elles eurent pour résultat
premier de centraliser leurs lumières et leurs efforts,
et de les faire converger vers un seul et unique
but : la restauration de l'œuvre de Saint-Bruno.

En dehors de ce résultat général, procurer l'exacte
observance des statuts carthusiens, en éclairer les
passages douteux, statuer sur les mesures à prendre
pour le bon choix des jeunes religieux, établir une
digue à l'introduction de l'esprit du monde dans le
cloître, choisir et déléguer les hommes les plus capables de donner à la discipline religieuse une vigoureuse impulsion, délibérer sur toutes les affaires
les plus difficiles de l'Ordre, soutenir et fortifier,
quand cela était nécessaire, la haute sagesse du supérieur général, le maintenir au premier rang, malgré
tous les efforts de son humilité pour rentrer dans
l'obscurité d'une cellule, telle fut, en peu de mots,
l'œuvre des chapitres généraux présidés par le R. P.
dom Jean-Baptiste Mortaize.

La mission toutefois de cet excellent supérieur

ne devait pas rester circonscrite dans l'enceinte de son monastère. Pendant les premières années de son généralat, Dieu l'avait mis à l'épreuve ; il l'avait en quelque sorte laissé seul à la peine, sans ressources matérielles, sans appui au dehors ; l'heure arriva où il devait récompenser sa foi et son zèle. En ouvrant une nouvelle carrière à sa charité, il voulut lui donner de nouveaux sujets de mérites et rendre à l'Ordre de Saint-Bruno la considération et la juste part d'influence qu'il doit avoir au milieu de la société.

C'est vers l'année 1840 que fut découverte la liqueur de la Grande-Chartreuse.

Si modeste et restreinte que fût d'abord la fabrication de ce nouveau produit, son apparition ne tarda pas à susciter quelques inquiétudes parmi les religieux ; les plus fervents n'étaient pas les moins alarmés... L'épreuve du temps était nécessaire. Le Révérend Père consulta, il attendit ; le doigt de Dieu ne tarda pas à se montrer.

Le 16 octobre 1845, un incendie considérable se déclarait à Saint-Pierre-de-Chartreuse, en quelques instants le village tout entier fut détruit : le presbytère, l'église elle-même furent la proie des flammes ; il ne resta qu'une seule grange.

Appelé au moment même du sinistre, le R. P. dom Jean-Baptiste devint pour cette pauvre et malheureuse population l'instrument visible de la Providence. Des secours en argent et en provisions de toutes sortes furent immédiatement distribués ; le monastère ouvrit ses portes et les bâtiments de la correrie, pour loger les incendiés ; de toutes parts

les aumônes affluèrent à la Grande-Chartreuse, et
pendant plus de six mois, les victimes de ce désastre
purent y recevoir les vivres, les remèdes, les vêtements, les meubles et autres objets de toute nature
que réclamait leur triste situation. Pendant ce
temps, les religieux convers, aidés de leurs ouvriers, travaillaient à relever le village de ses ruines ; ils construisaient une nouvelle église plus belle
et plus spacieuse que l'ancienne, et tout à côté, dans
le site le plus convenable, l'habitation du pasteur
de la paroisse.

Ce fait a dans la vie du R. P. dom Jean-Baptiste
une importance particulière. Comprit-il alors ce
que Dieu demandait de lui ? Céda-t-il simplement à
l'attrait intérieur qu'il goûtait à soulager la souffrance? Nul ne le sait ; mais ce qu'il y a de certain,
c'est qu'à partir de cette époque, il sembla modifier
la ligne de conduite qu'il avait suivie jusque-là.
Depuis son élection, on ne l'avait vu que très-rare-
ment franchir la clôture du monastère : on eût dit
qu'il se réservait tout entier à ses religieux et à la
restauration de son ordre. Cette œuvre prospérait,
les vocations devenaient de jour en jour plus nombreuses. En 1843, on avait pu entreprendre la restauration de la chartreuse de Montrieux (Var), et en
1844, celle du Reposoir en Savoie. En Italie, grâce
à la générosité du comte de Mellerio et à la persé-
vérance invincible du R. P. dom Charles-Marie
Saisson, la splendide et monumentale Chartreuse
de Pavie avait été rendue par l'Autriche à sa desti-
nation primitive ; les hommes les remarquables,
par leur zèle et leurs vertus religieuses, étaient à

la tête de toutes les maisons de l'Ordre : le R. P. Général suivit la voie nouvelle que lui ouvrait la divine Providence.

Dès lors, il serait difficile de donner une appréciation exacte des aumônes prodigieuses qu'il répandit de toutes parts. Sans rien dire de celles qu'on faisait tous les jours à la porte du monastère en argent, pain, vêtements, semences pour la culture ; sans rien dire de celles qu'il faisait lui-même à tous ceux qui lui tendaient la main, on peut affirmer que les œuvres proprement dites, auxquelles il contribua par ses largesses, dépassent tout ce que l'on peut croire. Favoriser partout l'esprit religieux par l'érection, la réparation où l'ameublement des églises de paroisses, des sanctuaires de dévotion et autres monuments de la piété chrétienne, seconder les vocations sacerdotales dans les petits et les grands séminaires, soutenir les communautés religieuses et les missions soit en France, soit à l'étranger, créer des hospices pour les malades et les infirmes, fonder des écoles, donner du travail aux ouvriers, ouvrir des routes dans les pays perdus, tels que Saint-Pierre-d'Entremont et ailleurs, ne se refuser à aucun acte de bienveillance de quelque part qu'il fût demandé, telle fut la mission nouvelle que lui donna l'esprit de charité.

Non content de faire des aumônes pécuniaires, dont le chiffre réel n'est connu que de Dieu, il se prodigua lui-même. On eût dit qu'il se multipliait pour être partout à la fois. Toujours d'un facile accès avec ses religieux, affable et bon avec les étrangers qui réclamaient à l'envi l'honneur de le voir et de lui parler, ne se laissant jamais accabler par le nombre et l'importunité des visites, il trouvait encore du temps et des forces pour aller, quelquefois à de grandes distances, surveiller et encourager les travaux qu'il faisait entreprendre.

Son nom devint bientôt l'objet de la vénération générale. L'influence qui lui fut acquise élargissant peu à peu le cercle de son action, le bien qu'il fit est incalculable.

En dehors de ce premier résultat, ses aumônes extraordinaires obtinrent un autre effet, moins prévu peut-être, mais aussi précieux au bien de la religion, et en particulier à l'Ordre de Saint-Bruno.

Nous avons parlé plus haut des difficultés qui accueillirent les Chartreux à l'époque de leur entrée au désert, en 1816, et pendant les années qui suivirent. Isolément, vis-à-vis des populations environnantes, craintes et méfiances de la part des uns, vexations administratives de la part des autres, contradictions presque partout.

Lorsqu'on put voir les religieux dans la personne de leur supérieur, non-seulement ne rien demander à la charité publique, mais au contraire donner à pleines mains, soulager toutes les misères, secourir toutes les indigences, doter le pays de monuments, d'œuvres et de bienfaits sans nombre, toutes les difficultés tombèrent d'elles-mêmes, la confiance revint, un rapprochement s'opéra, on comprit davantage le mérite de celui que Dieu avait fait le dispensateur de ses dons ; ce fut une sorte de réconciliation des idées du monde avec l'habit monastique. Le monde est incapable de comprendre la vie contemplative, mais il crut comprendre les Chartreux, dès qu'il put voir en eux des hommes de charité.

De fait, Dieu parut en quelque sorte vouloir grandir ainsi son serviteur aux regards des hommes. En 1854, un nouvel incendie, plus terrible encore que celui de Saint-Pierre-de-Chartreuse, se déclarait à Saint-Laurent-du-Pont. En vingt minutes les flammes eurent tout envahi ; les récoltes étaient rentrées, le désastre fut immense. C'étaient près de quatre-vingts familles, qui se trouvaient en quelques instants ruinées, privées d'abri, de vêtements et de tous les objets les plus indispensables à la vie.

Le Révérend Père se trouvait au chœur avec ses religieux lorsqu'on vint l'avertir. Aussitôt il quitte l'église, rentre dans sa cellule, remplit ses poches et se charge de tout l'argent qu'il peut trouver, puis il se met immédiatement en route.

Rien de plus saisissant, de plus triste et, tout à la fois, de plus admirable que de voir ce moine austère, ému mais paisible, donnant aux uns, donnant aux autres, faisant naître pour tous l'espérance de voir bientôt le bourg se relever de ses ruines, et restant sur le théâtre de l'incendie jusqu'à une heure avancée de la nuit pour procurer le sauvetage de ce qui pouvait encore être soustrait aux flammes et trouver quelque abri provisoire à tous ces pauvres gens. Enfin, lorsqu'il n'y eut plus rien à faire, harassé de lassitude, il se retira à l'entrepôt de Fourvoirie pour y passer le reste de la nuit.

En trente et un ans de généralat, ce fut la seule fois qu'il se permit de ne point coucher dans sa pauvre cellule.

Inutile de dire que le bourg de Saint-Laurent-du-Pont, comme le village de Saint-Pierre-de-Chartreuse, fut en grande partie reconstruit aux frais du monastère.

Dom Jean-Baptiste avait alors cinquante-six ans. Sa réputation, depuis longtemps, était faite ; sa conduite en cette occasion acheva de porter son nom jusqu'aux nues. Il venait d'épuiser d'un seul coup toutes les provisions de sa communauté, mais en revanche son crédit n'eut plus de limites. Dès lors, rien ne lui résistait : il lui suffisait d'une lettre ou même de quelques mots pour obtenir, à quiconque méritait son appui, les emplois et les faveurs dont il exprimait le désir.

Sans doute, il éprouva encore quelques oppositions partielles au bien qu'il eût voulu réaliser, mais on peut dire qu'elles tournèrent toutes à son avantage, en manifestant avec plus d'éclat sa patience et sa grandeur d'âme. De fait, elles ne tardèrent pas à tomber devant la reconnaissance et l'admiration universelles dont il était l'objet.

Pour tout autre, ce flot de popularité eût été peut-être un écueil. Il ne changea en rien la vie du R. P. Dom Jean-Baptiste. A l'intérieur du couvent, il restait ce qu'il avait toujours été : humble et modeste, vigilant, pauvre et mortifié, assidu aux offices du chœur, bon envers tous de cette bonté cordiale et simple qui s'ignore complètement elle-même. Toujours calme et tranquille au milieu de tant d'affaires et de sollicitudes extérieures, on eût dit qu'il n'avait à se préoccuper d'autre chose que de la prospérité de son Ordre et, en particulier, du monastère de

Chartreuse. Dès l'année 1852, une nouvelle retraite avait été fondée à Montauban pour les religieuses chartreusines ; et si, en 1854, le gouvernement constitutionnel du Piémont lui arrachait la maison de Turin, en 1855 il faisait entreprendre la restauration de l'antique Chartreuse de Portes (Ain) ; en 1858, celle de Vauclaire (Dordogne), et, un peu plus tard, des négociations s'ouvraient avec le conseil d'État de Fribourg, en Suisse, pour le rétablissement de la Val-Sainte. Sa pensée s'étendait à tout ; et tandis que ses œuvres se multipliaient indéfiniment au dehors, au dedans il faisait, pour la troisième fois, reconstruire les tribunes de l'église, que l'affluence des étrangers avait démontrées peu solides ; il transportait à la correrie, nouvellement réparée, l'hospice des malades, établi depuis longtemps à la porte du monastère ; il élevait et reconstruisait en partie la chapelle consacrée aux frères et aux domestiques.

Mais, on le conçoit sans peine, tant de travaux devaient avoir un terme. Les occupations du Révérend Père Général étaient devenues écrasantes, sa correspondance illimitée ; avec l'habitude de tout faire par lui-même, de ne jamais compter avec ses forces, de se priver, non-seulement de ce qui eût pu le soulager, mais même de ce que la règle accorde comme une sorte de nécessité, il arriva à cette limite extrême devant laquelle, bon gré mal gré, le courage le plus intrépide ne peut rien. Le poids de l'âge se faisait sentir, les forces ne répondaient plus à l'énergie de la volonté, le cœur souffrait, la vue surtout était extrêmement affaiblie par l'excès du travail.

Pendant presque tout le cours de son généralat, il n'avait cessé de demander sa démission dans les assemblées des chapitres généraux ; il s'était adressé plusieurs fois â Rome sans pouvoir l'obtenir ; il réclama de nouveau, il usa d'instances, et cette fois elle lui fut accordée.

Le 16 février 1863 fut le jour de son abdication. Il quitta le monastère vers le soir, laissant au milieu des larmes et de la douleur la plus profonde tous ceux qui l'avaient connu.

Quelques jours après, il arrivait à l'improviste à la chartreuse de Pavie. Le vénérable père procureur le rencontre sur le seuil : surpris de le voir, il se persuade que Sa Révérence se rend à Rome pour quelque affaire importante. Dom Jean-Baptiste s'agenouille à ses pieds, et, les mains jointes, il demande : « *Une cellule dans le cloître.* »

Il était au comble de ses vœux, le reste de sa vie ne fut qu'une préparation à la mort.

Ce fut en vain que le R. P. Général Dom Charles-Marie Saisson, qui venait d'être élu à sa place, s'efforça de le rappeler à la Grande Chartreuse. Pour adoucir ses regrets personnels et ceux de l'Ordre tout entier, il ne put en obtenir autre chose sinon qu'il garderait son titre de Révérend Père, avec quelques distinctions honorifiques dans la nouvelle solitude qu'il s'était choisie.

Déchargé du lourd fardeau qui pendant plus de trente et un ans avait pesé sur ses épaules, l'ancien Supérieur Général oublia le monde, dont il ne voulait plus entendre parler, il laissa ses amis, il s'oublia lui-même et tout ce qu'il avait été pour ne songer qu'à Dieu et qu'à ses fins dernières. Fervent et ponctuel comme un novice, au chœur où il arrivait toujours le premier, il se mit à la dernière place, de crainte de gêner ses voisins par la faiblesse de sa vue. Dans la cellule presque tous ses instants furent partagés entre l'oraison et les lectures que de plus jeunes religieux étaient chargés de lui faire. Toujours d'un caractère égal, aimable même et gai pendant les récréations communes, son seul aspect était un sujet d'édification pour tous ceux qui vivaient avec lui.

Cependant, le pouvoir envahisseur du Piémont poursuivait le cours de ses détestables victoires contre l'Eglise, il opprimait de plus en plus le clergé et les monastères. La chartreuse de Pavie était frappée par la loi. Déjà plusieurs religieux avaient été rappelés en France ; malgré son âge, le R. P. Dom Jean-Baptiste put craindre de se voir obligé de repasser les monts…. Dieu lui épargna cette épreuve.

Le 15 janvier 1870, vers les dix heures du soir, il fut surpris par un violent accès d'endocardite. Par suite d'une chute qu'il avait faite quelques jours auparavant, un frère se tenait constamment auprès de lui ; il court en éveiller un autre, on appelle le vénérable Père Recteur, on va en toute hâte chercher le médecin ; le premier administre aussitôt le Sacrement de l'Extrême-Onction ; lorsque le second arriva, tout remède était devenu inutile.

A onze heures du soir, le R. P. Dom Jean-Baptiste Mortaize rendait à Dieu sa belle âme et allait recevoir dans le ciel la récompense méritée par soixante et douze ans de vertus et de travaux de tous genres.

Et maintenant, les nombreux étrangers qui viennent chaque année visiter le cloître de la Grande-Chartreuse, peuvent remarquer en entrant, au lieu où reposent les Pères, la première tombe à gauche, c'est celle de l'humble religieux dont nous venons d'esquisser à grands traits la vie.

GLOIRE A DIEU !

N° VII

Mademoiselle Buquin.

Le nom de Mlle Buquin vient se placer sous notre plume, parce que de cette amie des premiers jours, sœur Élisabeth parlait sans cesse : « Jamais je ne trouverai personne qui me porte à la vertu comme elle savait m'y porter, disait-elle au lendemain de sa mort. Quand j'étais triste, elle venait me consoler ; quand je souffrais, elle était là !... En vain, dans les commencements de la communauté, entendait-elle parler de nous avec mépris, elle rejetait ces calomnies, elle n'en concevait pas même un soupçon... Notre occupation, lorsque nous étions réunies, était l'exercice de la présence de Dieu, la prière, et la recherches des mortifications extérieures. Nous nous aimions... Oh ! comme elle nous a aidés ! » Et sœur Élisabeth, après avoir parlé des vertus de son amie, passait au récit de ces derniers instants. Sa mort avait été pour la mère Élisabeth un coup plus soudain que pour la chère défunte elle-même. Car elle s'y préparait tous les jours, le matin en communiant

en viatique, le soir en récitant à genoux, près de son lit, les prières de la recommandation de l'âme...
« Elle est venue me voir huit jours avant, disait la Mère Élisabeth ; elle allait bien, et chose étrange, elle n'avait plus aucune angoisse, plus aucune appréhension ; seulement elle me rappela une promesse que nous nous étions faite, il y a vingt-cinq ans, que celle qui mourrait la première appellerait l'autre, et elle ajoutait en me quittant : « Dieu me fasse la grâce de ne pas mourir après vous ! » son désir a été exaucé. La veille du jour de la fête de sainte Élisabeth, comme elle rentrait chez elle, sa bougie à la main, prête à enfoncer sa clef dans la serrure de sa porte, elle est tombée. Le bon Dieu lui a dit : Tu n'iras pas plus loin. Elle a été jugée à l'instant... Elle voulait entrer dans sa demeure, et Dieu l'a fait entrer dans l'éternité !... »

Les sœurs désiraient fêter leur mère, lors même qu'elle pleurait son amie : — « Non, non, dit-elle, laissez passer sainte Élisabeth sans fleurs : quand on est sur la croix, il suffit des épines du Seigneur Jésus. »

L'année d'après, sa pensée était encore trop vivement émue ; elle refusa la couronne de roses blanches que les jeunes filles de la classe du Pont avaient tressée : « — Mes pauvres enfants, leur dit-elle, cette couronne de fleurs n'est pas faite pour moi : si c'était une couronne d'épines, oh ! oui... »

Les jeunes filles n'oublièrent point cette parole et, l'année suivante, elles apportèrent une couronne d'épines... Celle-là fut acceptée et demeura long-temps suspendue au crucifix de la bonne mère.

TABLE DES MATIÈRES

Bourg, Imp. J.-M. Villefranche, place d'Armes, 1. — 283-79.